Alfons Rujner
Mit 17 Jahren hinter Stacheldraht

Alfons Rujner

Mit 17 Jahren hinter Stacheldraht

Die Geschichte einer Jugend
in russischer
Kriegsgefangenschaft

Lektorat: Cordula Führer, Berlin
Satz und Umschlaggestaltung: Hendrik Bäßler, Berlin
Umschlagfoto: Kriegsgefangene im Lager Wladimir, Juni 1948
(Autor: vordere Reihe Mitte)
Herstellung: Books on Demand GmbH, Norderstedt
ISBN 3-8311-2584-8

Gewidmet
meinen Söhnen und Enkeln

Wer das, was schön war, vergisst,
wird böse.
Wer das, was schlimm war, vergisst,
wird dumm.

Erich Kästner, In Memoriam Memoriae

Inhaltsverzeichnis

Vorwort

Ich war 17 Jahre alt, Soldat im letzten Aufgebot der deutschen Wehrmacht, als ich zunächst in amerikanische und dann in russische Kriegsgefangenschaft geriet.

Die Erfahrungen, Erlebnisse und Begegnungen meiner „Jugend hinter Stacheldraht" haben mich bis heute geprägt.

Die meisten Geschichten in diesem Buch haben sich zwischen Mai 1945 und September 1948 in den Kriegsgefangenenlagern Tabor, Focsani, bei Brjansk und Wladimir zugetragen.

Ich erzähle sie, weil ich weiß, dass es trotz Hunger und Schwerstarbeit dort auch Menschlichkeit, Mitgefühl und guten Willen gegeben hat – bei Deutschen und Russen.

Und weil ich – in schwerer Zeit – eine Ahnung von dem bekam, was man die „russische Seele" nennt.

Alfons Rujner
Sommer 2001

Das Fahrrad

Einen der glücklichsten Momente meiner Kindheit bescherte mir ein Fund auf dem Müllplatz. Es war ein altes Fahrrad, ein verbeultes Vehikel, verrostet, ohne Reifen und mit herausstehenden Speichen. Obwohl es unmöglich schien, dieses Rad wieder flott zu kriegen, nahmen mein Freund und ich es wie einen Schatz mit.

Ein Fahrrad war für einen Jungen in Stettin, meiner Geburtsstadt, einfach unentbehrlich. Direkt vor den Toren der pommerschen Hauptstadt, aber zu Fuß kaum zu erreichen, lagen die schönsten „Abenteuerspielplätze", die man sich nur vorstellen kann. Dichte Laubwälder, Heide und klare Seen umsäumten die „Stadt im Grünen", wie man Stettin auch nannte, und auch bis zur Ostsee war es nicht weit. In der wunderschönen Flussauenlandschaft der Oder konnte man wie in einem Urwald herrlich stromern, Versteck und Indianer spielen, Pilze sammeln, Fische fangen, baden und noch vieles mehr.

Ich war das jüngste von fünf Kindern einer Arbeiterfamilie in Stettin-Grünhof. Wir wohnten zuerst zu siebt in zwei Zimmern einer Hinterhofwohnung. Aber auch später, als die älteren Brüder schon zur Lehre aus dem Haus waren, war ein Fahrrad für mich als Kleinstem immer noch unerschwinglich. Nicht einmal mein Vater, der als Bauarbeiter oft auf weit entfernten Baustellen der Stadt arbeitete, konnte sich von seinem geringen Verdienst ein Rad leisten. Auch die Straßenbahn benutzte er nur selten, sondern ging die weite Strecke zur Arbeit oft zu Fuß. Für das gesparte Geld, von dem Mutter nichts wissen sollte, kaufte er sich zusätzlich eine Schachtel Juno-Zigaretten.

Zu Fuß schafften meine Freunde und ich es höchstens bis zur „Grünen Wiese", einer Badeanstalt in Stadtnähe. Der Weg dorthin, besonders wenn es heiß war, wurde uns oft lang. Viel schöner dagegen war das weiter draußen gelegene „Waldbad". Es war nur mit der Straßenbahn, Linie 3, für die oft das Geld fehlte, und anschließendem kleinen Fußmarsch zu erreichen. Wer kann sich also mein Glück vorstellen, als ich auf dem Müllplatz das Fahrrad fand.

Aber selbst ohne Fahrrad bot Stettin für ein Kind Abenteuer. Ich liebte das Wasser und Schiffe. Zu meinen schönsten Erinnerungen zählen die Einkäufe mit Mutter in der Stettiner Altstadt. In einer der schmalen Gassen neben dem Herzogsschloss gab es einen Rossschlächter. Dort kauften wir einmal in der Woche billiges Fleisch. Doch vor dem Einkauf steuerten wir meist unseren Lieblingsplatz an.

Fast wie eine Burg erhebt sich diese schöne Anlage mit riesiger Freitreppe, Rampen und Figuren und der 500 Meter langen Ufermauer stolz über dem Odertal – die Hakenterrasse. Selbst erwachsene Besucher bezaubert dieser Ort. Aber wie viel mehr erst ein Kind.

Dieser Platz an der Oder ist eine Welt für sich. Ich konnte mich von der Aussicht kaum losreißen: Ausflugsschiffe, große und kleine, dampften die Oder hinauf und hinab. Ganz nah und groß tauchten Frachtschiffe vor mir auf. Im Hintergrund sah man den damals größten Getreidespeicher der Welt und den geschäftigen Hafen. Aufgeregt hielt ich jedes Mal Ausschau nach großen Schiffen. Denn dann wurde die Baumbrücke in der Mitte hochgeklappt, um das Schiff hindurchzulassen. Möwen kreischten, es roch nach Wasser und Fisch.

Direkt am Oderufer hatten die Fischhändler ihre Buden aufgeschlagen. Frische Heringe, Makrelen, Schollen und Heilbutt boten die Händler unter lautem Geschrei feil. Mutter ging die Reihe der Buden lange ab und verglich Ware und Preise. Sie rechnete genau, ehe sie sich entschied. An den Ruf eines Händlers, der die Leute stets zum Lachen brachte, kann ich mich gut erinnern: „Kauft frische Heringe Leute! So dick und fett wie Hermann Göring!"

Freilich durfte, während er rief, kein Polizist in der Nähe sein.

Noch an manchem anderen war nach und nach auch für uns Kinder zu merken, dass eine „neue" – die braune – Zeit angebrochen war.

Ich musste mir als „Pimpf" – Angehöriger des „Jungvolks" – das vorgeschriebene helle Hemd und eine passende Hose kaufen. Vater schimpfte. Schimpfte er, weil wir das Geld für Wichtigeres brauchten? Oder hatte die Auseinandersetzung mit Mutter einen politischen Hintergrund? Jedenfalls war er oft ungehalten, wenn ich – in aller Frühe – begeistert zu einem Geländespiel des Jungvolks aufbrach. Wollte er nur ausschlafen, oder war er gegen das Ganze? Freilich, an manchen dieser Spiele konnte ich nicht teilnehmen. Denn oft ging es mit Rädern hinaus zu den Jugendherbergen.

Kinder wollen dazugehören. Sie wollen keine Außenseiter sein. Ohne Rad war ich von vielem ausgeschlossen gewesen. Aber das sollte nun anders werden. Ich besaß ja ein Fahrrad, es musste nur fahrtüchtig gemacht werden!

Aber wo anfangen? Mein Rad, spotteten die Kinder aus dem wohlhabenden Vorderhaus, war wirklich ein „Schrotthaufen". Dass aus dem Schrotthaufen wieder ein „Drahtesel" wurde, hatte mit ein bisschen Glück und viel Fleiß und Hartnäckigkeit zu tun.

Bei einem Fahrradhändler bot ich mich an, Botengänge und Hilfsarbeiten zu übernehmen. Er war ein freundlicher Mann, der mir viele Handgriffe für die Reparatur zeigte. Mein altes verrostetes Rad sollte ja wieder schmuck aussehen. Ein paar Wochen vergingen. In der einen Woche kaufte ich einen gebrauchten Lenker, in der nächsten neue Reifen für die Räder.

Das Rad nahm allmählich Gestalt an, aber ich brauchte mehr Geld für die Ersatzteile, als ich angenommen hatte. Ich suchte nach Lösungen, die ich auch bald fand.

Ich trug Brötchen für eine Bäckerei aus. In weißen Beuteln, auf denen die Namen der Kunden standen, brachte ich die duftenden Schrippen in die Häuser und hängte sie den Leuten an die Wohnungstür.

Zusätzlich stellte ich in einem Gartenlokal zwei Mal in der Woche Kegel auf. Damals ging das noch nicht automatisch, die Kegel mussten auf den Bahnen einzeln und per Hand wieder auf ihren Platz gestellt werden. Man musste fix sein und genau beobachten können. Es strengte zwar an, doch das frühe Aufstehen fürs Brötchenaustragen war unangenehmer. Die Brötchen mussten ja vor Schulbeginn ausgetragen werden, und ich war kein Frühaufsteher!

Doch ein wenig Ehrgeiz, den ich stets besaß, half mir, meine Ziele zu erreichen. Aber auch die große Familie unterstützte meinen Willen, in jungen Jahren ein wenig Geld zu verdienen. Wir im Hinterhaus waren zwar arm, doch die meisten Familien hielten fest zusammen.

Nun reichte mein selbst erarbeitetes Geld selbst fürs Kino oder für Besuche im Schifffahrtsmuseum nahe der Hakenterrasse. Ich konnte mir stundenlang die Modelle berühmter Schiffe ansehen! Ich unternahm Kurzfahrten mit einem Passagierdampfer auf der Oder. Die Dampfer hielten an Badeanstalten und kleinen Oderorten an. Nach ein paar Stunden Aufenthalt ging es, über uns die Möwen, auf dem Wasserweg wieder zurück nach Stettin.

Ein anderer großer Wunsch erfüllte sich unerwartet: Eines Tages, ich werde es nicht vergessen, sprach mich ein Junge aus dem Seitenhaus an, in dem die etwas besser Verdienenden wohnten. Er hatte gehört, dass ich Taschengeld besaß, und fragte, ob ich ihn beim Kauf eines Segels für sein Paddelboot unterstützen wollte. Dafür durfte ich im Boot mitfahren. Für mich ging ein Traum in Erfüllung, als wir, mit geblähtem Segel, vom Wind getrieben, durchs Wasser glitten. In stillen Seiteneinmündungen der Oder beob-

achteten wir Haubentaucher und teilten mit unserem Boot
„Seerosenwiesen“ ...

Die Fahrten im Boot, aber auch in Wald und Flur auf
dem Rad waren die schönsten Stunden meiner Jugend.

Aber das Rad machte mir Sorgen. Es hatte einen sehr
großen und vor allem hohen Rahmen. Das hatte ich in meiner Freude, ein eigenes Rad zu besitzen, nicht beachtet.
Meine Beine waren für diesen hohen Rahmen einfach zu
kurz. Vor Verzweiflung hätte ich heulen können. Doch das
durfte ich als „kühner“ und „harter“ deutscher Junge
nicht.

Der Fahrradhändler half mit einem Kindersattel, der direkt auf den Rahmen montiert werden konnte. Doch auch
das war vergebens. Denn auch jetzt noch erreichten meine
Fußspitzen nur knapp die Pedalen. Mein Freund kam auf
die Idee, ein Kissen, mit Riemen zusammengeschallt, direkt auf den Rahmen zu schnüren.

Das war die Lösung. Aber was würden die anderen Kinder aus dem Haus zu diesem Fahrradmonstrum sagen? Und
konnte ich – ohne Sattel – auch längere Strecken fahren?
Ich wusste, dass die Vorderhaus-Kinder mit ihrem Spott
nicht sparen würden. Doch bald wurde mir klar, dass ihr
Hohn gar nichts war gegen die Freiheit, zwei- oder dreimal
in der Woche mit dem Rad ins Grüne zu fahren.

Das Rad wurde mir mit der Zeit unentbehrlich. Die Botengänge für den Fahrradhändler brauchte ich nicht mehr
zu Fuß zu machen. Ich wurde sozusagen „Fahrradkurier“.
Ich konnte mehr Botenfahrten übernehmen und dadurch
meine kleine „Kasse“ auffüllen. In eine Sparbüchse steckte ich oft einen Groschen hinein, um mit diesem Geld den
Eltern zu Weihnachten eine kleine Freude machen zu können: warme Hausschuhe für Mutter, ein Päckchen Tabak
für Vater.

Mit Heinz, meinem ältesten Bruder, vollführte ich auf
dem Rad sogar kleine „Kunststücke“ in unserem Hinter-

hof. Ein Bekannter, der mein Talent als „Akrobat" beobachtet hatte, meldete mich im Turnverein „Fichte" zum Geräteturnen an.

Und vor allen Dingen konnte ich nun an den Wochenendfahrten des Jungvolks – der 10- bis 14-jährigen – teilnehmen. Ich war kein „Ausgeschlossener" mehr. Niemand konnte mehr mit Erlebnissen protzen, die ich nicht teilte. Jetzt war ich mit meinem Fahrrad dabei, und das alles ohne Sattel.

Nach dem Motto „Hart werden wie Kruppstahl" wurden wir bei Geländespielen und Sport „spielend" auf den Krieg vorbereitet. „Körperlich hart, charakterlich fest und geistig elastisch", sollte nach Hitlers Ideal der „deutsche Junge" sein.

Für uns waren diese Fahrten stets ein Abenteuer und eine Abwechslung vom sturen Schulalltag und vom Einerlei zu Hause. Wir fühlten uns wie „Helden", wenn nachts Alarm gegeben wurde und wir, unsere Angst bekämpfend, durch den Wald schlichen und den „Feind", eine andere Kindergruppe, ausspähten.

Ja, wir freuten uns sogar schon im Voraus auf den nächsten Ausflug. Die Nazis hatten uns mit Spiel und Lagerfeuerromantik dort gepackt, wo Kinder am leichtesten zu begeistern sind.

Während wir noch Krieg spielten, bereitete Hitler schon lange den „Ernstfall" vor.

Das gesamt öffentliche Leben wurde gleichgeschaltet. Auch mein Turnverein „Fichte" wurde – aus politischen Gründen? – aufgelöst.

Ich war im zwölften Lebensjahr, als am 1. September 1939 der Krieg ausbrach.

Wir besaßen bei Kriegsbeginn noch kein eigenes Radio. Erst später konnten sich meine Eltern den preiswerten „Volksempfänger" kaufen. So rief uns ein Nachbar aus dem Seitenflügel zu, was er gerade im Radio gehört hatte:

„Seit heute früh um 4.45 Uhr wird zurückgeschossen!"
Mit dieser Lüge, von der ich erst viel später erfuhr, begann
der Zweite Weltkrieg. Der Feldzug nach Polen begann.

Drei Tage später: Am 3. September erklärten Großbritannien und Frankreich dem Deutschen Reich den Krieg.

„Bomben auf Engelland ..."

In meiner Klasse in der Gneisenau-Knaben-Schule ließen
uns die Lehrer 1940 singen: „Hört ihr die Motoren singen:
Ran an den Feind. Hört ihr's in den Ohren klingen: Ran
an den Feind! Bomben! Bomben! Bomben auf Engelland!"
Das hochtrabende Lied, zu Propagandazwecken eigens
„komponiert", untermalte pathetisch auch die Wochenschaubilder: Sie zeigten deutsche „Jäger" und Kampfflugzeuge adlergleich am Himmel, die zu „Einsätzen" gegen
die britische Luftflotte und zu Bombenangriffen gegen London oder Industrieanlagen aufstiegen. Noch waren alle siegessicher.

Aber schon bald – Hitler hatte 1941, unter Brechung des
1939 abgeschlossenen Nichtangriffspaktes, hinterrücks
auch die Sowjetunion überfallen – trafen die ersten Frontbriefe mit Todesnachrichten in den Häusern unseres Viertels ein. Bei einem Mitschüler fehlte der Vater, beim nächsten der Bruder. Je länger der Krieg dauerte, desto mehr
häuften sich diese Nachrichten auch in verwandten oder
bekannten Familien. Anfangs von unseren Lehrern als
„Helden" gefeiert, übergingen sie die vielen Kriegstoten
bald. Die Verluste waren zu hoch. Trauer wäre „Wehrkraft
zersetzend" gewesen. Unser Glaube an den „Endsieg" sollte durch nichts erschüttert werden.

Auch mein ältester Bruder Heinz wurde zur Wehrmacht
eingezogen. Er kam zu den Luftwaffen-Nachrichten-Truppen.

Im Jahr 1942 begann ich – 14-jährig – meine Lehrzeit als Verwaltungslehrling in der Stettiner Stadtverwaltung. Mutter war sicher stolzer als ich, als ich an meinem ersten Ausbildungstag die große Freitreppe des wunderschönen Stettiner Rathauses aus rotem Backstein am Victoriaplatz emporstieg. Ihre älteren Söhne, darauf war sie stolz, hatten gute Berufe, alle im Handwerk, erlernt. Heinz, der Älteste, arbeitete als Buchbinder, Karl und Hans, die Zwillinge, absolvierten die Bäckerlehre. Elli, meine um ein Jahr ältere Schwester, wurde zur Verkäuferin ausgebildet. Aber für mich, ihren Jüngsten, der sich stets durch etwas Ehrgeiz ausgezeichnet hatte, wollte Mutter etwas „höher hinaus". Sie war treppauf, treppab zu Ämtern und Verwaltungen gelaufen, um eine gute Lehrstelle für mich zu ergattern.

Sicher hatte sie dabei auch Vaters Plackerei auf dem Bau und seine von der schweren Arbeit angegriffene Gesundheit vor Augen. Ihre Ausdauer siegte, und ihrer liebevollen Hartnäckigkeit musste ich mich beugen.

Der Krieg bestimmte den Alltag und den Lebensrhythmus von Stettin und in unserer Familie. Drei meiner Brüder kämpften nun an der Ostfront, da Hitlers „Blitzkriegsstrategie" gescheitert war. Die Rote Armee leistete hinhaltenden Widerstand und verzeichnete erste Erfolge. Mutter stand große Ängste um meine Brüder aus. Mein Vater hatte das wehrpflichtige Alter zu ihrem Trost schon überschritten.

„Engelland", das wir, wie der Liedtext verkündet hatte, siegesgewiss „zerschlagen" wollten, schlug mit Flächenbombardements auf deutsche Großstädte zurück. „Hauptangriffsziel soll von nun an die Moral der feindlichen Bevölkerung sein", so der britische Air Marshall Arthur T. Harris über die völkerrechtlich umstrittenen Angriffe auf zivile Ziele, an denen sich bald auch die Amerikaner beteiligten.

Flugblätter „regneten" auf die Stadt nieder. Lesen, Besitz und Weitergabe waren streng verboten, die unverzügliche Abgabe befohlen. Die Flugblätter forderten die Stettiner dazu auf, den Krieg zu beenden. An einen der Texte – schon zu Kriegsende – erinnere ich mich gut: „Stettiner Bürger! Macht Schluss mit dem Krieg! Andernfalls wird Stettin polnisch!" Immer öfter verbrachten wir die Nächte im Luftschutzkeller.

Wann immer die Sirenen in der Nacht aufheulten, stieg ich mit Mutter und Schwester die Treppen in den Keller hinab. Das hieß jedes Mal: Anziehen, Koffer mit warmer Kleidung, Decken und Lebensmitteln sowie Papiere nehmen. Gas und Licht abschalten. Manchmal – das jaulende und an den Nerven zehrende Geräusch wurde mit der Zeit unerträglich – heulten die Sirenen zwei- oder dreimal in der Nacht.

Während ich Mutter und Schwester im Keller zurückließ, eilte ich zum Stellplatz des HJ(Hitlerjugend)-Katastrophendienstes. Mit schriftlicher Weisung hatte man mich und andere Jungen meines Alters zum Dienst an der „Heimatfront" abkommandiert. Gemeinsam mit der Feuerwehr, anderen Hilfsdiensten und den in der Heimat verbliebenen älteren Männern löschten wir Brände, beseitigten Trümmer, befreiten eingeschlossene Menschen aus zusammengestürzten Kellern.

Manchmal konnten wir nur noch Tote bergen. Es war schwer für mich, einen Sechzehnjährigen, wenn wir – was mehrmals passierte – tote Kinder, auch Frauen, die von herabstürzenden Decken oder Mauern erschlagen worden waren, aus den Trümmern hervorziehen mussten. Unser Hass und die Erbitterung gegen Deutschlands „Feinde" wuchsen mit jedem Toten. Oft hörte ich von Feuerwehrleuten oder älteren Männern damals den Satz: „Das werden wir den ‚Tommys' (Engländern) und den Amis nie vergessen!"

Ich habe bis heute nichts von dem, was damals geschehen ist, vergessen können. Nur weiß ich heute, dass die Älteren damals nicht berücksichtigt haben, wer mit dem Bombenterror begonnen hatte. Unvergessen im Gedächtnis der Briten ist heute noch der schlimmste Angriff der Deutschen auf eine Stadt in Großbritannien: auf Coventry, das im November 1940 unter deutschen Bomben in Schutt und Asche fiel.

Mit seinen Kenntnissen als Bauarbeiter half auch Vater, wo er konnte: mauerte Kellerfenster zu, beseitigte kleine Schäden und half beim Löschen von Brandbomben auf unserem Dach. Durch seine Freundlichkeit und Hilfsbereitschaft erwarb er sich Achtung bei den Bewohnern des Hauses. Selbst die Leute aus dem Vorderhaus grüßten ihn nun freundlich, was in Friedenszeiten nicht üblich gewesen war.

Lebensmittel waren knapp geworden. Die Rationen für die Bevölkerung wurden mehrmals gekürzt. Fast alles war nur noch auf „Marken" erhältlich. Es gab Papier-Kupons für Butter, Zucker, Brot u. a. Kleine Abschnitte auf den Bögen vermerkten die Mengen der Waren in Gramm. Beim „Einkauf" wurde jeweils die betreffende Marke herausgeschnitten. Schon vorher hatte sich durch die ab 1933 betriebene Aufrüstung das Leben, besonders in den Städten, langsam, aber stetig verschlechtert.

Und die Bombenangriffe rissen nicht ab. 1943 hatte Stettin den 700. Jahrstag seiner Gründung begangen. Im selben Jahr legten angloamerikanische Bomber die wunderschöne Altstadt meiner Geburtsstadt – darunter das Stadtschloss an der Oder – in Schutt und Asche. Wie durch ein Wunder blieb die Hakenterrasse – einer der schönsten Plätze Stettins, mit dem ich viele Erinnerungen verbinde – unversehrt.

Obwohl ich nachts nach Fliegerangriffen einige Stunden im Katastrophendienst half, musste ich am Tag voll konzentriert meine Ausbildung in der Stadtverwaltung absolvieren. Sie war gut, abwechslungsreich und praxisbezogen organisiert. Ich durchlief die verschiedenen Abteilungen: Stadtplanung, Wohlfahrtsfürsorge, Kassen- und Verwaltungswesen, Hundesteuerabteilung, Katasteramt u. a. Praktische Arbeit und Unterricht in der Verwaltungsschule wechselten sich ab.

Im Katasteramt waren als Hilfskräfte für Vermessungsarbeiten auch gefangene „abgeschossene" englische Piloten tätig. Kontakte zu ihnen waren uns verboten. Aber diese „Tommys", aufgeschlossene Männer, besaßen so gar keine Ähnlichkeit mit den „Feinden" Deutschlands aus den Wochenschauen.

Eines Tages, Anfang Februar 1945, wurde ich zum Personalchef der Stadtverwaltung, ein gebildeter Mann, aber der strammste SA-Führer im Rathaus, gerufen. An Feiertagen trug er stets Uniform, die schwarz-glänzenden Stiefel bis zum Knie. Es ging nicht um meine Arbeit, wie ich zuerst angenommen hatte. Ich arbeitete fleißig und erzielte auch in der Verwaltungsschule gute Leistungen. Nein, er fragte nach meinen Brüdern, die alle an der Ostfront kämpften.

„Willst du hinter deinen Brüdern zurückstehen?", fragte er, während er, sicher und warm hinter seinem imposanten Schreibtisch verschanzt, saß: „Willst du nicht deine Pflicht am Vaterland erfüllen?" Allein die Frage genügte. Er brauchte mich nicht zu überzeugen. Ich wollte meinen Brüdern ins nichts nachstehen. Und vor allem wollte ich – das war Anfang Februar 1945 –, dass Deutschland siegen sollte. Ich meldete mich – 17-jährig – freiwillig zum Militär.

Zuvor konnte ich – vorfristig – meine Ausbildung abschließen und wurde zum Inspektoranwärter ernannt.

Ich wusste damals nicht, dass ich zum „letzten Aufgebot" der Faschisten zählte. Und dass sich die Nazis später nicht scheuen würden, selbst Vierzehnjährige als „Kindersoldaten" in den letzten Tagen des Krieges in den sicheren Tod zu schicken. Wie viele Deutsche glaubte ich auch jetzt noch an die ominösen „Wunderwaffen", die Deutschland zum „Endsieg" verhelfen würden.

„Genügt es nicht, dass deine Brüder an der Front sind?", fragte Mutter verzweifelt. „Musst du auch noch gehen?" Sie weinte. Doch die Ermahnung des Personalchefs – „Ein guter deutscher Junge verkriecht sich nicht in der Heimat!" –, hatte sich bei mir festgehakt, obwohl es wirklich besser gewesen wäre, den Bitten meiner Mutter zu folgen.

Ich wurde Soldat, und zwar Panzergrenadier. Durch die HJ gut vorgebildet, erhielt ich mit zahlreichen Kameraden meines Alters in einem Ausbildungslager nur ca. drei Wochen Kurzausbildung. Ende März stiegen wir in den Zug nach Südosten. Wir fuhren unserem ersten Fronteinsatz entgegen.

„Einigeln und ausharren"

Der Zug ratterte in Richtung Slowakei/Ungarn. Dort sollte die Heeresgruppe Mitte unter Generalfeldmarschall Schörner den Vormarsch der aus dem Balkan unaufhaltsam anrückenden Russen nach Deutschland aufhalten. Schörner, ein fanatischer Nazi und harter Vorgesetzter, versuchte mit allen Mitteln, Himmelfahrtskommandos und Erschießungen, die Front, die weithin längst in Auflösung begriffen war, zu „stabilisieren".

Letztes Atemholen, bevor es Ernst wurde: Auf slowakischen Feldern erhielten wir den letzten „Schliff": Schützengräben ausheben, Maschinengewehr-Training, Schießen mit Panzerfäusten, Begleitung und Schutz der Panzer, auf Panzer aufsitzen – wir nannten uns ja Panzergrenadiere. Übung mit den neu entwickelten Aufpflanzgeräten zum Abschuss von Kleinstgranaten für die Massenabwehr der begleitenden gegnerischen Infanterie beim Panzerangriff, von denen man Wunder erwartete. Nach wenigen Tagen ging es dann auf LKWs in Richtung Front.

Nach langer Fahrt stoppte die fast endlose Kraftfahrzeug-Kolonne. Wir hielten auf freiem Feld. Aus Waldschneisen ragten bedrohlich die Geschützrohre der Tiger-Panzer hervor. Befehle und Aufteilung in kleine Gruppen. Jeweils fünf bis sechs Mann saßen auf einem der schweren Kettenfahrzeuge auf. Die Fahrt zur zugewiesenen Frontlinie, Fahrtwind im Gesicht, dauerte nur wenige Stunden.

Kilometer für Kilometer näherten wir uns der Front, fast ohne Begriff von dem, was auf uns zukommen würde. Die Bilder „deutscher Helden" aus den Propaganda-Wochenschauen saßen uns fest im Kopf. Mutig bis ins Mark und unerschrocken bis zum Tod, so hatte der deutsche Soldat zu sein, der sein Leben stolz für „Führer, Volk und Vaterland" gab.

Zweifeln und Nachdenken hatten wir uns – noch im Zug – nicht gestattet. Laut tönten wir: „Sollen die Russen doch kommen, wir werden es ihnen zeigen!" Je tiefer die Angst sitzt, desto lärmender muss man sie übertönen. Wir taten alles, damit der Nebenmann und Kamerad die Beklemmung tief drinnen nicht bemerkte.

Verschnaufpause vor dem Inferno: Die Panzer hielten an der Frontlinie und setzten etwas zurück. Sie formierten sich zu einer Linie, Geschütze nach Osten. Wir hoben Schützenlöcher aus. Jeder Grenadier eines. Wir gruben lange. Der kleine Feldspaten fasste nicht viel Erde. Das Schützenloch war etwa einen Meter lang und 60 Zentimeter breit. Man konnte vollends in ihm in Deckung gehen. Nur der Kopf würde jeweils beim Feuern ein Ziel für den Gegner bieten.

Ein Freund aus Schleswig-Holstein, 17 Jahre alt wie ich, den ich im Ausbildungslager kennen gelernt hatte, grub sich etwa 50 Meter weiter ein. Wir winkten uns zu.

„Einigeln" und „Ausharren", so hatte Hitlers Befehl für die Soldaten in Stalingrad gelautet. „Kein Mensch", so hatte er erklärt, wird „uns von dieser Stelle mehr wegbringen". Eine ähnlich unlösbare Aufgabe war in letzten Apriltagen des Jahres 1945, als das „großdeutsche Reich" an allen Fronten zusammenbrach, den Soldaten unseres Truppenteils zugedacht.

Wir lagen ein paar Tage in den Schützenlöchern. Nichts bewegte sich. Nur manchmal, wenn der Wind in unsere Richtung stand, hörten wir in der Ferne ein leises Grollen. Die heranrückenden „Iwans". Ich war froh, dass ich nicht eines der schweren Maschinengewehre erhalten hatte. Man hatte mir neben dem Gewehr eines der neuen Aufpflanzgeräte anvertraut. Damit fühlte ich mich stärker als nur mit Gewehr. Es nahm mir einen Teil meiner Angst, die ich fühlte, aber keinem zeigte. Ich war neugierig, seine Wirkung kennen zu lernen.

Die Anspannung wuchs. Wir machten uns lärmend Luft. Wir rissen Witze, von einem Schützenloch zum anderen, und riefen: „Wann kommt der Iwan endlich?"

Wir hätten besser nicht gerufen.

Trotz Lauerns auf den Feind gelang es den Russen, uns zu überraschen. Noch vor Morgengrauen, alles war noch verschlafen, „weckten" uns ohrenbetäubend die Stalinorgeln – Raketenwerfer, die bis zu 48 Geschosse mit Reichweiten von bis zu acht Kilometern in schneller Schussfolge gleichzeitig abfeuern konnten –, auch Katjuschas genannt. Nichts wurde von den deutschen Truppen mehr gefürchtet. Sie eröffneten ein nicht enden wollendes Trommelfeuer, dass uns Hören und Sehen verging.

Es war furchtbar. Nicht beschreibbar. Nicht vergleichbar. Nie wieder habe ich solchen Schrecken, eine so tiefe Angst erlebt. Die Schreie von Verwundeten, das Getöse der Granaten, die Rufe der Kameraden, die Befehle, alles ging in eins unter.

Kurze Feuerpause. Mein Nachbar im nächsten Schützenloch schrie um Hilfe. Er war verwundet. Es waren entsetzliche Schreie, fast ein Heulen. Ich konnte es kaum aushalten.

Ich wollte ihm helfen, arbeitete mich aus dem Loch heraus. Kaum raus aus dem Schützenloch, schrie mein Feldwebel, der mich beobachtet hatte: „Sofort zurück! Befehl!“ Er brüllte mehrmals. Ich ließ mich zurückfallen.

Doch mein Kamerad schrie und hörte nicht auf. Sollte ich ihn seinem Loch verbluten lassen? Befehle waren Gesetze. Aber mein Kamerad ging mir, ich konnte nicht anders, in diesem Moment über das Gesetz. Ich sprang ein zweites Mal aus dem Schützenloch. Da war mein Feldwebel schon heran. Barsch brüllte er: „Weißt du nicht, was ein Befehl ist!“ Fast stieß er mich zurück ins Loch. Kaum hatte er sich selber in Deckung gebracht, begann das Feuern wieder.

Die Katjuschas feuerten fast bis zum Abend. Bis dahin hatte ich keine Gelegenheit gehabt, aus meinem Aufpflanzgerät, das längst nicht die notwendige Reichweite besaß, eine einzige Granate abzufeuern. In der Abenddämmerung wurde, es ging drunter und drüber, der Rückzug organisiert. Die Verwundeten wurden geborgen.

Heute ist mir klar, dass dieser Feldwebel mir das Leben gerettet hat. Unterwegs, beim Rückzug, erklärte er mir: Es galt, die Lebenden zurückzuführen.

In einer Marschpause, wir sammelten uns noch, die Panzer waren abgezogen, fragte ich nach meinem Freund aus Schleswig-Holstein. Ich sah ihn nirgendwo. Der Feldwebel wies bedrückt auf einen Wagen in der Kolonne.

Sofort ging ich zum Wagen. Ich entdeckte meinen Freund zwischen zum Teil schwer Verwundeten. Ihren Anblick werde ich nicht vergessen. Am Kopf meines Freundes klaffte eine große blutige Wunde. Er war tot. Ich will und kann heute nicht mehr sagen, wie mir zumute war.

Der Feldwebel war nachgekommen. Er sagte: „Das hätte dir auch passieren können, wenn du dem Befehl nicht gefolgt wärst."

An einem Tag hatte ich mehr begriffen als in allen Jahren vorher: Ich habe gesehen und in wenigen Stunden erlebt, was Krieg bedeutet.

Diese Grunderfahrung hat mich bis heute geprägt.

Erst viel später, als ich nachlas und diese letzten Tage des Krieges für mich rekonstruierte, verstand ich mehr über die damalige Lage an der Front. Ich erfuhr: Ich war auf den slowakischen Feldern einem der größten Artilleriefeuer des Zweiten Weltkriegs ausgesetzt gewesen.

Generalfeldmarschall Schörner, einer der hörigsten Soldaten Hitlers, übertraf andere Gefolgsleute des „Führers" auch an Grausamkeit. Überliefert ist sein „Gebot der Stunde" vom 23. April 1945 über „Widersetzlichkeiten" in seinem Einflussbereich – „Aus Dörfern, die in Flammen stehen, wird nie wieder geschossen". Noch Anfang Mai forderte er unerbittlich: „... einschreiten gegen Weiche und Säumige in den eigenen Reihen, die in dieser Stunde versagen".

Rückwärts, bis zur Kapitulation

In dem Frontabschnitt, auf den das große Trommelfeuer niedergegangen war, müssen mehrere, zusammengefasste Einheiten der Armee gelegen haben. Die Reste meiner Einheit wurden mit LKWs nach hinten, Richtung Deutschland, weit hinter die Frontlinie gefahren.

Alle Truppenteile hatten große Verluste erlitten. Es hieß darum: „Aus den Resten der verschiedenen Einheiten werden in den nächsten Tagen neue Truppenteile zusammengestellt!" Besonders die älteren Soldaten freuten sich über die gewonnene Zeit. Sie wussten: Jeder Aufschub war eine

Galgenfrist. Jeder Tag des Wartens konnte für uns das Leben bedeuten. Manche jüngere Soldaten, die neu zu uns gestoßen waren, wollten sofort wieder an die Front geführt werden. Sie hatten ja solche verheerende „Feuertaufe" wie ich noch nicht bestanden.

Aber wie harmlos klingt ein Wort wie „Feuertaufe" oder „Feuerprobe" als Beschreibung für das, was ich erlebt hatte. Man muss wohl treffender von einer „Schlachtbank" reden, zu der uns – trotz massiver Überlegenheit der Roten Armee – die Befehlshaber der Wehrmacht noch in den letzten Kriegstagen, den sinnlosen Tod Zehntausender zynisch in Kauf nehmend, geführt hatten.

Die Älteren sagten bereits offen: „Der Krieg ist verloren!" Sie vergewisserten sich vorher aber jedes Mal, ob kein Offizier in der Nähe war. Fanatiker unter den Offizieren befahlen immer noch Erschießungen von „Fahnenflüchtigen", deutsche Kriegsgerichte sprachen und – vollstreckten! – immer noch Todesurteile gegen „Deserteure". Jedes Wort, das als „Wehrkraft zersetzend" verstanden werden konnte, wurde mit Strafe geahndet.

Aber der „Nachschub", frische junge Leute, gläubig und verblendet, stand schon bereit. Zwölf Jahre Naziherrschaft wirkten in uns nach. Die Schule, die Propaganda, die Lieder, die man uns beibrachte, hatten uns eingehämmert: „Wir stehn mit unserm jungen Blut für Volk und Heimat ein!" – So das „Lied der Hitlerjugend". Ein anderes Lied, genauso oft gesungen, vertonte die Phrase vom „fehlenden Lebensraum" der Deutschen: „Nach Ostland geht unser Ritt ... Auf Brüder die Kräfte gespannt. Wir reiten in neues Land." Der Feind stand für uns immer noch im Osten.

Die Jüngeren und auch ich hielten demnach gar nichts von einem Zurückweichen vor den Russen.

Aber die LKWs fuhren immer weiter hinter die Frontlinie zurück. Von der „Neuaufstellung" neuer Truppenteile war nichts zu bemerken.

Nach einer längeren Marschpause Befehl zu einem großen Morgenappell. Wir waren verwundert. So etwas hatte es an der Front noch nicht gegeben. Appelle kannten wir nur von unserer Ausbildung in den Heimatkasernen.

Es musste etwas Besonderes los sein, wurde gemunkelt. Schon fuhren hohe Offiziere mit Kübelwagen vor die versammelten Einheiten vor – ein paar Tausend Mann. Kurze Absprache mit unserem Kommandeur, einem Oberst, und dann hörten wir, was uns bis dahin unmöglich erschienen war: „Das Oberkommando der Wehrmacht hat die Kapitulation Deutschlands bekannt gegeben."

Zunächst Stille.

Es folgten weitere Befehle. So über die Waffenabgabe, das Geschlossenbleiben in Einheiten und andere. Doch diese gingen im Tumult unter. Es hörte kaum noch jemand hin. Die Worte der Offiziere waren nicht mehr zu verstehen. Die meisten, besonders ältere Soldaten, riefen: „Endlich ist die Scheiße vorbei!"

Ich war fassungslos. Niedergeschlagen und entsetzt. Für mich ist in diesem Augenblick eine Welt zusammengebrochen.

Was sollte nun aus Deutschland werden? Waren die vielen Kriegsjahre, die unzähligen Kriegstoten und das Hungern der Zivilbevölkerung umsonst gewesen? Waren mein bester Freund und viele andere gute Kameraden umsonst gefallen? Meine Gedanken überschlugen sich.

Wir gaben – immer noch wie gewohnt in fast militärischer Ordnung – die Waffen gemäß Befehl ab. Auf der Wiese häuften sich die niedergelegten Karabiner, Maschinenpistolen, Munitionsgurte u. a. zu Bergen. Die Masse der Soldaten, der Befehl zum Zusammenbleiben blieb unbeachtet, strömte in kleinen und großen Gruppen in verschiedene Richtungen auseinander. Der Krieg war aus.

Aber nicht für alle. Ein Teil der Einheiten war noch auf dem Appellplatz versammelt. Da raste mit hoher Geschwindigkeit ein Kurier-Wagen auf den Platz. Ein Offizier sprang heraus und wollte ein Schriftstück verlesen. Aber niemand hörte mehr zu. Überall standen Soldaten in Gruppen zusammen und diskutierten erregt, andere waren damit beschäftigt, ihre Waffen an den dafür vorgesehenen Plätzen oder gleich bei den LKWs abzugeben.

Der Kurier, ein Hauptmann, verschaffte sich durch Schießen einer MP-Salve in die Luft Gehör. Er verlas eine Meldung. Sinngemäß hieß es darin: „Deutsche Soldaten! Bleibt – auch ohne Waffen – in euren Truppenteilen zusammen. Es gibt Verhandlungen darüber, inwieweit Amerikaner und Engländer mit deutschen Verbänden gemeinsam die Russen zurückschlagen."

Tatsächlich entfaltete die nationalsozialistische Führung selbst noch zur Stunde der Kapitulation fieberhafte Aktivitäten. Dönitz, der Hitlernachfolger, und sein Umkreis verfolgten Pläne, nach einer Teilkapitulation gegenüber den Westalliierten mit diesen zusammen gegen die Sowjetunion zu marschieren. Überliefert ist die Anfrage Generalfeldmarschall Albert Kesselrings an entsprechende Stellen: „Sind die Angloamerikaner nun bereit, mit mir gegen die Russen zu marschieren? Ja oder nein?" Die Westalliierten reagierten auf diese wahnsinnigen Machenschaften nicht.

Auf dem Platz schrien alle durcheinander. „Mit dem Feind paktieren? Wer hat sich denn das ausgedacht!", „Als Hiwis (Hilfswillige) unter den Amerikanern und Engländern? Kein Schritt!" Aber man hörte auch: „Hurra, mit den Amis und Tommys zusammen treiben wir die Russen zurück!" Jeder hatte eine andere Meinung. Viele, viele unterschiedliche Ansichten hörte ich noch. Teile einiger Kompanien blieben wirklich auf dem Platz versammelt.

Für mich war das alles verwirrend. Ich fragte meinen Feldwebel, ob die dort wirklich mit dem Feind gegen die Russen ziehen wollten. Er sagte geradeheraus und ziemlich laut: „Komm, mit den Amerikanern und Engländern kämpfen wir nicht gemeinsam. Sie haben unsere Städte zerbombt und Hunderttausende Frauen und Kinder dabei umgebracht." Obwohl kein Freund der West-Alliierten, wagte ich kleinlaut einzuwerfen: „Aber wir haben England ja auch jahrelang bombardiert."

Ohne zu antworten zog er mich am Arm, und halb entschlossen, halb zweifelnd ging ich mit.

Es war mein letzter Tag als Soldat des Dritten Reiches.

Erst sehr viel später erfuhr ich davon, dass sich Generalfeldmarschall Schörner, Chef der Heeresgruppe Mitte, mit einigen Truppenteilen in Böhmen erst am 10. Mai, zwei Tage nach der Gesamtkapitulation der deutschen Streitkräfte am 8. Mai 1945, ergeben hatte. Er wollte sich mit seinem Stab in Zivil westwärts absetzen, als ihn die Russen fassten. 1955 aus sowjetischer Kriegsgefangenschaft entlassen, wurde er im Westen Deutschlands von einem Gericht wegen Totschlags rechtskräftig verurteilt.

Laufen, laufen, laufen

Mein Feldwebel schlug mit mir die Richtung ein, die fast alle nahmen – heimwärts Richtung Westen. Zwei weitere junge Soldaten aus der Kompanie schlossen sich uns an. Für unseren Feldwebel war der Krieg zu Ende. Das machte er uns unterwegs klar. Er hatte selbst drei Kinder und fühlte sich wohl verpflichtet, uns ganz junge Soldaten heil in die Heimat zurückzubringen. Wir drei Siebzehn- und Achtzehnjährigen haderten mit unserem Schicksal, dem plötzlichen Kriegsende, aber noch viel mehr mit der Niederlage Deutschlands.

Tagelang sind wir gelaufen, durch Wald und Flur. An die vielen Orte – Städte haben wir bewusst gemieden – kann ich mich kaum noch erinnern. Die innere Aufregung war größer als der Wille, sich in der unbekannten Gegend genau zu orientieren. Wir befanden uns wohl kurz hinter der bayerischen Grenze. Unser Feldwebel – wir sprachen ihn immer noch so an – nannte uns jedes Mal dasselbe Ziel, das wir erreichen mussten: „die amerikanischen Linien". Wir liefen den Russen davon, um uns den Amerikanern zu ergeben. Und das bedeutete: Laufen, laufen, laufen.

Der Feldwebel, der mir das Leben gerettet hatte, wollte uns abermals beschützen. Dieses Mal vor einer Gefangennahme durch die Russen. Die Anwesenheit und der Zuspruch des viel Älteren, der froh über das Ende des sinnlose Blutvergießens war, gaben uns ein wenig Halt. Obwohl dieser Feldwebel völlig anders eingestellt war als wir jungen Soldaten, trieb auch ihn die Angst vor den Russen weiter. Die Russen waren uns ja nicht nur in der Schule, sondern auch in der Wehrmachtspropaganda als „Untermenschen", ja sogar als Mörder geschildert worden. Der Hass auf Russland und den Bolschewismus, den es „auszurotten" galt, war neben dem Antisemitismus eine Säule der faschistischen Ideologie gewesen.

In meiner Geburtsstadt Stettin hatte ich während meiner Schulzeit mit meiner Klasse eine große Propaganda-Ausstellung über den „verhassten Bolschewismus" gesehen. Die Russen hatte man dort wie böse Karikaturen, primitiv und grausam, dargestellt. Vor dieser Fratze der „rassisch minderwertigen" slawischen Feinde liefen wir davon.

Um den „Bolschewisten" nicht in die Hände zu fallen, liefen wir Kilometer um Kilometer. Am Rande von Dörfern fragten wir nach Übernachtungsmöglichkeiten in Scheunen. Da wir noch sehr jung waren, hatten manche Bauersfrauen Mitleid und steckten uns kurz vor dem Weitermarsch ein paar Eier und etwas Brot in unseren Feldbeutel.

Wer sich heute noch an das Kriegsende erinnern kann, der wird wissen, dass der Mai 1945 sehr warm war. Gleich uns zogen in dieser Zeit Millionen Deutsche, vor allem aus den früheren Ostgebieten, ziel- und heimatlos über Straßen und Landwege und waren froh, wenn sie wenigstens für eine Nacht in einer Scheune eine Bleibe finden konnten.

Stück für Stück ließen wir alles, was wir nicht brauchten, bei den Bauern. Zuerst unseren Feldtornister, dann tauschten wir Koppel und Ersatzunterwäsche gegen etwas zu Essen ein. Was die Bauern nicht haben wollten, schmissen wir weg, um schneller vorwärts zu kommen. Schließlich verhökerten wir auch noch unsere Wehrmachtsmäntel für Brot und Eier, was wir später sehr bereuen sollten. Doch damals dachte keiner von uns an „später". Es galt nur laufen, laufen, laufen. Keiner zählte die Kilometer, uns interessierte nur der Horizont, an dem die Sonne unterging. Nur je eine Decke behielten wir auf Rat unseres „Beschützers".

Dann, nach wenigen Tagen, wir kamen aus einer Waldschneise heraus, sahen wir einen Jeep auf der Straße stehen. Im gleichen Augenblick rief auch schon jemand, wir sahen nicht wer: „Hands up!" (Hände hoch). Wir rissen die Hände hoch. Zwei GIs traten hinter den Bäumen hervor. Die Amerikaner! Wir hatten unser Ziel erreicht.

Das war das Ende unseres Marsches. So dachten wir jedenfalls zunächst. Keiner von uns ahnte, dass wir – schon wenige Tage später – einen viel längeren Weg antreten mussten. Es zählte nur, was im Augenblick geschah. Wir waren Kriegsgefangene der Amerikaner.

Mit dem Jeep fuhren uns die GIs zu einer Sammelstelle. Es war eine Bauernscheune, in der sich schon etwa 150 deutsche Gefangene befanden.

Vor der Scheune standen Wachposten. Amerikanische Soldaten mit MP.

In der „amerikanischen Scheune"

Unser kleiner Trupp um unseren fürsorglichen Feldwebel hatte sich zu den Amerikanern durchgeschlagen. Das Ziel unseres langen Marsches war erreicht.

Wir waren gerettet.

Einige von uns störte sofort die Lässigkeit der GIs. Ungezwungen schlenderten sie durch das Lager. Ihre Helme saßen locker, die obersten Uniformknöpfe standen nachlässig offen. Unentwegt kauten und schnalzten sie – erst allmählich begriffen wir, dass das Kaugummi war, Bubble Gum, den wir bisher nicht gekannt hatten. Viele von uns fanden das unsoldatisch. Preußisch und zackig bewege sich der deutsche Soldat, so hatte man es uns während der kurzen Ausbildung beigebracht. „Richtige" Soldaten, so das Urteil, waren die Amis noch nie!

Zwischen weißen und schwarzen Amerikanern schien es Misstöne zu geben. Das fiel uns sehr schnell auf. Einmal beobachteten wir, wie ein Weißer einem schwarzen Soldaten einen Fußtritt gab. „Was ist dabei?", meinten manche. Empört sagte einer: „Fußtritte und Offiziersrute gibt es in Deutschland seit hundert Jahren nicht mehr!" Und: „Unsere eigenen Hiwis (Hilfswilligen) haben wir immer als normale Soldaten behandelt." – Als ob es die deutschen Rassengesetze nie gegeben hätte.

Unser Lager in der Scheune bestand aus dünnen Bündeln Stroh. Bevor wir jedoch unseren Platz unter den dort bereits gefangen gesetzten Kameraden suchen durften, hieß es in Zweierreihe antreten. „Passt auf", rief es aus der Scheune, „ihr werdet gefilzt!" Die Amerikaner wollten versteckte Waffen, Messer oder Pistolen, aufspüren. Die hatten wir aber längst weggeworfen. Man hieß uns, unsere Papiere abzugeben und mitgeführte Lebensmittel auf einen Haufen zu werfen. Ein Lehrer, der sich auf Englisch verständigen konnte, wagte zu fragen, ob wir sie nicht behalten dürften. Er hatte den Satz noch nicht ganz zu Ende gesprochen, als er schon einen kräftigen Stoß mit dem Gewehrkolben erhielt. Die englische Antwort konnte ich nicht verstehen.

Später zündeten die Amis unsere Verpflegung an. Entsetzt sahen wir zu.

Das hatte keiner von uns erwartet. Wir waren rat- und fassungslos. Warum, fragten wir unseren Feldwebel, bekommen nicht wenigstens die Kinder im Dorf unsere Vorräte, wenn man sie uns nicht lassen will? Warum sind wir vor den Russen davongelaufen, wenn es uns hier nicht viel besser ergeht? Übermüdet und ausgelaugt von den Strapazen des tagelangen Marsches schlief unser kleiner Trupp, obwohl es Tag war, ein.

Abends weckten uns englische Laute. Lachend und rauchend inspizierten drei bewaffnete Amerikaner die Scheune. Schließlich fanden sie, was sie gesucht hatten. In einer Ecke der Scheune hatten sich die Frauen unter den Gefangenen zusammengefunden und sich wie zum Schutz eng aneinandergehalten. Einige der vielleicht acht weiblichen Armeeangehörigen trugen Uniformen der Wehrmacht, andere Zivil. In allen Truppenteilen gab es weibliche Nachrichtensoldaten. Sie erfüllten Pflichten als Funkerinnen, Fernschreiberinnen oder Maschinenschreiberinnen. Die Amerikaner wählten drei der jüngeren Frauen aus und nahmen sie mit. Sie werden zum Verhör geführt, nahmen wir an. Denn sie gehörten ja zum Nachrichtenwesen der feindlichen deutschen Armee.

Wir hatten uns geirrt. Nach ca. einer Stunde waren wir eines Besseren belehrt. Zwei der Frauen kamen gefasst und mit Schokolade „beladen" zurück, die dritte, noch ein Mädchen, wirkte verweint und verstört. Bei uns Landsern waren die Nachrichten-Mädel ohnehin als Offiziersliebchen – auch manch derberen Ausdruck gab es für sie – ver-

schrien, und so tönte es den Frauen entgegen: „Hier treibt
ihr es für Schokolade, – und das mit dem Feind!"

Zuerst schwiegen die Frauen. Doch dann brach es aus ihnen heraus. Sie hatten keine Wahl gehabt. Das junge Mädchen hatte sich gewehrt, geschrien und geweint. Doch die
amerikanischen Soldaten hatten sich nicht rühren lassen.
Es war, ebenso wie die anderen, von vier Soldaten verge-
waltigt worden.

Ein älterer Nachrichtensoldat versuchte, das Mädchen zu
trösten. Schließlich beruhigte es sich ein wenig. Und nach
einiger Zeit rief es trotzig in die Scheune: „Die Schokolade
habe ich ihnen vor die Füße geworfen!"

In der Scheune war es still geworden. Nein, so hatten wir
uns unsere amerikanischen Retter nicht vorgestellt.

„Ich dachte, so etwas machen nur die Russen", sagte ich
zu meinem Feldwebel.

Eine Antwort wusste er diesmal nicht.

Die Übergabe an die Russen

Bei großer Hitze lagerten wir drei Tage in der Scheune unweit der bayerisch-tschechischen Grenze. Nur zur Verrich-
tung der Notdurft durften wir einige Schritte hinter den
Bretterbau treten. Etwa 150 Menschen drängten sich auf
engstem Raum, darunter, immer dicht beisammen, unsere
kleine Gruppe um den Feldwebel. Nur einmal während
dieser Zeit haben wir Proviant erhalten: zwei flache Do-
sen, eine mit Cornedbeef und Ei, die andere mit Brot – je
100 g. Unsere eigene Verpflegung hatten ja die Amerikaner vor unseren Augen verbrannt.

Aber wie sollten wir die Büchsen öffnen? Alles Nützliche hatte man uns beim Filzen abgenommen. Schließlich
stellte sich heraus, dass doch jemand ein Messer im Stiefel
hereingeschmuggelt hatte. Wenn man den erwischt hätte!

Das Messer machte die Runde, und wir ließen uns das amerikanische Dosenmahl schmecken. Auf eine weitere Mahlzeit hofften wir vergebens. Der Hunger nagte bereits sehr. Aber es kam kein Proviant.

Wir hatten nicht geahnt, dass die Ration für drei Tage reichen sollte. – „Dass die Amerikaner uns hungern lassen, verstößt gegen das Kriegsrecht, gegen das Haager Abkommen", fluchte ein Gefangener in Offiziersuniform. Die Schulterstücke hatte er ebenso wie die anderen Mitgefangenen in Offiziersrängen entfernt. Die Zweifel an unseren Rettern wurden größer. Enttäuschung machte sich breit. Was, fragten wir uns, haben die Amerikaner vor, wenn sie uns so behandeln?

Die Scheunenwände waren dünn. Durch die Bretterschlitze konnten wir das Treiben der Amis beobachten. Proviant schien es genug zu geben. Denn mehr als einmal konnten wir den GIs beim Verpflegung fassen und Essen zusehen. Jeeps mit Meldern kamen angefahren und fuhren nach einer Weile wieder weg. Die Amis redeten ungezwungen und laut. Allerdings verstand ebenso wie ich kaum einer der deutschen Gefangenen die fremde Sprache.

Um die Lage zu erkunden, ging der Englischlehrer auf Horchposten. Stunde um Stunde versuchte er, etwas Verwertbares herauszuhören. Das Ohr fest an die Bretterwand gepresst, gab er flüsternd an die neben ihm Stehenden weiter, was er verstanden hatte. Es war von „Lorries" die Rede, LKWs, die kommen und uns wegbringen würden. Aber wohin? Alle sprachen aufgeregt durcheinander. Bis der Horchposten ein Zeichen gab und uns verstummen ließ. Der Lehrer war bleich geworden. „Sie wollen uns verschachern", sagte er. Und fast tonlos gab er weiter, was er nur zu gut verstanden hatte: „Morgen werden wir an die Russen übergeben." – „Das dürfen sie nicht", „Das kann nicht stimmen", „Vielleicht hat der Kamerad ja etwas falsch verstanden?", tönte es aus allen Ecken und Enden der Scheune. Der Schreck war uns in die Glieder gefahren. Unser Feldwebel zeigte keine Regung. Auch er vermutete einen Übersetzungsfehler.

Aufregung und Hunger ließen uns nicht zur Ruhe kommen. Auch in dieser Situation erwies sich der Feldwebel als „Mutter der Kompanie": Er verteilte Beruhigungspillen an uns drei Jungs. Neben mir hörte ich einen Soldaten beten: „Gott, lass nicht zu, dass wir den Russen in die Hände fallen." Wie dieser Kamerad schickte sicher mancher ein Stoßgebet in den Himmel. Vielleicht dachten Einzelne unter den erfahreneren Soldaten auch zu Ende, was sie am meisten fürchteten: „Gott verhüte, dass die Russen uns vergelten, was wir ihnen angetan haben."

Die Angst lastete wie ein Stein auf uns.

Noch vor Sonnenaufgang wurde das Scheunentor aufgerissen. Ein Amerikaner hieß uns auf Deutsch heraustreten. Abgezählt in Gruppen von etwa einem halben Hundert, erwarteten wir auf einer Wiese die LKWs. Die Ladeflächen boten Platz für ca. 50 Gefangene. Etwa zehn offene Transporter, an der Spitze ein Kübelwagen, setzten sich, als der Tag anbrach, in Marsch. „Sicher bringen sie uns in ein größeres Gefangenenlager", beruhigten wir uns untereinander.

Bei der Verteilung auf die LKWs war es erneut zu Reibereien zwischen weißen und schwarzen GIs gekommen. Das Verhältnis zwischen ihnen war angespannt. Wir besaßen nur wenige und sehr vage Vorstellungen von unseren „Rettern" aus dem freien Amerika. Was wir sahen, passte nicht dazu.

Noch zweimal hielt die Kolonne, um weitere Gefangene aufzunehmen. Mehrmals kam es zu Zwischenfällen während des Transports. Einmal schoss ein amerikanischer Soldat weiter hinten im Fahrzeugpulk bei einem Halt scheinbar grundlos in die Luft. An einer Kreuzung hielt unser Militärfahrzeug so ruckartig, dass einige fast über das Fahrerhaus stürzten. Ein Kamerad fiel dabei unglücklich und brach sich ein Bein. Ein Insasse unseres LKWs wagte die Flucht. Er wusste, dass er die Erschießung riskierte. Ohne Vorankündigung sprang er in einer Kurve seitlich vom LKW hinunter. Das nachfolgende Fahrzeug, das nicht mehr bremsen konnte, erfasste ihn. Ob er verletzt oder getötet wurde, haben wir nicht gesehen und nicht erfahren.

Unser Feldwebel schnauzte nur: „Ich habe euch nicht so weit gebracht, damit ihr euren Arsch riskiert!" Doch wir Jungs hatten ohnehin die Hosen voll.

Es war ein schöner warmer Maitag. Wir fuhren der aufgehenden Sonne direkt entgegen. Die Ersten hatten es deshalb schnell begriffen. Der Lehrer hatte Recht gehabt. Wir fuhren nach Osten. – Weg von den amerikanischen Linien. Zum Iwan, den wir fürchteten wie die Pest. Einen kleinen Ort nach dem anderen passierten wir. Die Ortsschilder bestätigten, wohin die Reise ging. Es war alles umsonst gewesen. Unsere Flucht, unser Gewaltmarsch, unser Versuch, zu den Amerikanern zu kommen. Die Amis hatten uns verraten und verkauft.

Nach längerer Fahrt hielt der Tross außerhalb einer Ortschaft unweit der tschechischen Grenze. Hinter einem Hügel war in einiger Entfernung ein kleines Zeltlager aufgebaut.

Auf einem Militärjeep prangte der Sowjetstern. Slawische Wortfetzen drangen zu uns herüber. Eine Gruppe von Offizieren steuerte auf die Amerikaner zu. – Russen.

„Five, ten, fifteen, ..." In Fünferreihen wurden wir von den Amerikanern abgezählt. Die amerikanischen Offiziere, Papiere in der Hand, verhandelten mit den alliierten Partnern. Währenddessen schlenderten die amerikanischen GIs durch unsere Reihen. Ihre Worte und Gebärden waren diesmal für alle unmissverständlich. Mit den Händen am Hals entlangfahrend, gaben sie uns zu feixend zu verstehen: Euch wird sowieso bald die Gurgel durchschnitten, oder ihr landet in Sibirien. Ein deutscher Gefangener spuckte daraufhin einem Amerikaner ins Gesicht. Und kassierte einen Kolbenschlag dafür.

Die Unterredung der Offiziere war beendet. Die Russen übernahmen das Kommando. Die Amis zogen mit leeren LKWs ab. Sie ließen uns im Stich.

Ein hoher russischer Offizier trat vor unsere Reihen. Ein Dolmetscher übersetzte: „Gemäß Absprache zwischen den Alliierten werden Sie als Gefangene an die Sowjetunion übergeben. Sie werden Verpflegung erhalten und dann zu einem Sammellager marschieren. Sie müssen laufen, denn die Deutschen haben bei ihrem Rückzug viele unserer LKWs zerstört." – Letzteres glaubten wir ihm aufs Wort: Hieß es doch gemäß Führerbefehl, kein Haus, keine Brücke, keine Eisenbahnlinie und kein Transportmittel dem Feind zu überlassen!

Uns stand offensichtlich ein langer Marsch bevor. Unsere Flucht mutete nun im Rückblick wie ein Kinderspiel an. Doch das war ja erst der Beginn einer noch viel längeren Reise. – Es ging gen Osten.

Ohne jede Hoffnung lagerten wir uns, wie man es befohlen hatte, in der Nähe der Zelte auf einer Wiese. Was wir in der Gefangenschaft an Verpflegung zu erwarten hatten, wussten wir bereits. „Die geben uns nichts zu fressen, wie die Amis", meinten die meisten. Doch nach ca. einer Stunde näherte sich eine deutsche Feldküche – mit russischem Koch. In Windeseile formierten sich die gefangenen Soldaten zu einer Schlange. Jeder erhielt einen Schlag Erbsensuppe und ein Stück Brot. Nach der Dosenration vor drei Tagen war das die erste Mahlzeit. Wir schlangen sie hinunter.

Der Koch, ein fideler Bursche, zeigte sich unbeeindruckt von unserer Mutlosigkeit. Er sang russische Weisen, während er die Kelle schwang.

Ich war verwirrt. Wir waren zig Kilometer gelaufen, um nicht in die Hände der Russen zu fallen. Man hatte sie uns als „Untermenschen" geschildert. Nun aß ich, keine zwei Stunden nach der Übergabe durch die Amerikaner, russisches Brot. Was war richtig? Hatten Schule und Propaganda gelogen? Ich musste nachdenken, würde noch lange brauchen, um Antworten auf meine vielen Fragen zu finden.

Monate später hörten wir, dass im amerikanischen Kriegsgefangenenlager bei Bad Kreuznach in Hessen Tausende deutscher Soldaten gestorben waren. An Hunger.

Eine schwere Entscheidung

Eine Ewigkeit verging. Doch es geschah nichts. Wir blieben im Ungewissen. Von Stunde zu Stunde wuchs die Spannung unter den Gefangenen. Die Angst vor dem, was uns erwarten würde, war groß. Unser kleiner Trupp um den Feldwebel hatte sich bei den Wirren der Ankunft verloren.

Dann kam Bewegung in das russische Lager. Soldaten stellten mehrere Tische auf den Rasen, hinter denen je zwei uniformierte Schreiber Platz nahmen. Man nähme nun unsere Personalien auf, informierte der Dolmetscher. „Ohne Bürokratie kommen wohl auch die Russen nicht aus", spotteten unsere Leute. Man hieß uns, in Reihe an die Tische heranzutreten. Während die meisten noch auf der Wiese warteten, ließen sich die Ersten an den Tischen registrieren.

„Familja", „Imja", „Djen Roschdenja", „Mjesto Roschdenja" – Name, Vorname, Geburtsdatum, Geburtsort, lauteten die immer gleichen Fragen, die der Dolmetscher übersetzte. Der Schreiber am Ende meiner Reihe sprach gebrochen Deutsch. Einer nach dem anderen trat an seinen Tisch heran. Zügig und korrekt fertigte der Russe jeden ab. Nur wenigen Gefangenen stellte er Fragen. Drei oder vier der befragten Soldaten sonderte er aus. – Sämtlich ganz junge Gefangene, die sich hinter seiner Feld-Schreibstube einen Platz suchen mussten. „Die fahnden nach SS-Leuten", flüsterte jemand hinter mir. „Die werden gleich vors Kriegsgericht gebracht", vermutete ein anderer.

Die Ausgesonderten schienen nicht älter als ich zu sein. 17 oder 18 Jahre. Vor einer Befragung war mir nicht sonderlich bange: Ich hatte ja als Panzergrenadier gedient. Ein paar Kameraden weiter in der Reihe, befragte der Russe erneut einen jüngeren Soldaten. – „Geboren 1928? Du Dokument?" Der Befragte legte seinen Wehrpass vor und wurde von dem Schreiber zu den anderen jungen Soldaten geschickt.

Nun war das Rätsel gelöst. Der Dolmetscher erklärte den Wartenden, was sie nicht vermutet hatten: Soldaten des Jahrgangs 1928 – siebzehnjährig – fast Kinder noch – dürfen nach Hause. – So ein Befehl der russischen Heeresleitung. Wie ein Lauffeuer verbreitete sich die Nachricht unter den Wartenden. Aufgeregt rätselte man: Wie viele der Gefangenen würde das Glückslos treffen, wer würde die Heimat binnen kurzem wiedersehen?

Glück oder Schreck? Ich wusste nicht, was ich empfinden sollte. Mein Herz klopfte wie wild, die Hände waren feucht. Meine Gedanken überschlugen sich. Was tun? Was ist das Richtige? Wie soll ich mich entscheiden? Ich war siebzehn Jahre alt wie die anderen, die hinter dem Schreiber auf der Wiese saßen. Ich war nach dreijähriger Lehrzeit mit vorzeitigem Abschluss zu Hitlers letztem Aufgebot gestoßen: Soldat für 68 Tage. Und doch trennte mich etwas Entscheidendes von meinen fast gleichaltrigen Kameraden. Eine einzige, kleine Zahl. – Das Geburtsjahr. Ich war am 19. Dezember 1927 geboren. Dreizehn Tage vor dem gesetzten Stichtag! Ganze zwei Wochen entschieden nun über mein Schicksal: Heimkehr oder Gefangenschaft.

Es galt, eine schwere Entscheidung zu treffen. Minuten mussten dafür reichen. Denn in wenigen Augenblicken würde ich vor dem Russen stehen. Was sollte ich nur machen? Sollte ich schwindeln, eine Notlüge gebrauchen, um nach Haus zu kommen? Was würde passieren, falls sie mich überführten?

Ich ließ ein paar Mann nach vorn, um einen klaren Kopf zu bekommen. Wog Für und Wider gegeneinander ab. Papiere besaß ich nicht mehr. Die hatten mir die Amerikaner abgenommen. Bei der Übergabe an die Russen hatten wir sie nicht zurückerhalten. Ich konnte mich also ruhig zwei Wochen jünger machen, da ich keine Dokumente bei mir trug.

Meinem Hintermann war mein Zögern aufgefallen. Schnell erzählte ich ihm von meiner Not und fragte nach seiner Meinung. Es blieben nur Sekunden. Wohl selbst zweifelnd, gab er mir schließlich den Rat: „Bleib ehrlich Junge. Falls sie deine Angaben in der Heimat prüfen, verurteilen sie dich wegen Betrug.“

Das gab den Ausschlag. Lügen haben kurze Beine. Dieses Sprichwort kannte jedes Kind. Die Angst überwog.

Am Tisch angelangt, gab ich meine richtigen Personalien an. Der russische Schreiber, ein älterer, bedächtiger Soldat, schaute mich mehrmals prüfend an und schüttelte den Kopf. Mit meinen 1,63 m Körpergröße und ca. 55 kg Gewicht, dem runden Jungsgesicht und den kurzen dunklen Haaren sah ich nicht älter als 15 Jahre aus.

Ich hatte entschieden. Aber die Zweifel blieben. Eine einzige Frage bohrte sich in mir fest: Warum habe ich nicht geschwindelt.

Aber es ließ sich nichts rückgängig machen. Ich war als russischer Kriegsgefangener registriert.

Die SS-Leute, von denen sich einige unter den Gefangenen versteckten, atmeten auf. Die Russen suchten bei dieser Registrierung nicht nach ihnen, sondern nach den „Kindersoldaten“ in Hitlers Armee.

Der lange Marsch

Es war ein Marsch ins Ungewisse, den wir Mitte Mai 1945 antraten. Nahe Regen setzte sich, eingeteilt in Kolonnen von je hundert Mann, unser Zug Gefangener in Bewegung. Keiner der russischen Posten nannte den Zielort. Wir kämen ins „Lager", hieß es nur lapidar. Wie in alten Wochenschauen rollen die Bilder von damals vor mir ab: Flüchtlingstrecks, die ziel- und wurzellos über Deutschlands Straßen ziehen. Verzweifelte Menschen auf der Suche nach einer Bleibe. Die langen Kolonnen der Kriegsgefangenen auf dem Weg in die Lager. – Elendsbilder.

Von Ort zu Ort, über Straßen und Landwege schleppte sich kilometerlang unser trauriger Zug. Er passierte Regen, eine Kleinstadt in Niederbayern. An den kleinen bayerischen Orten und den abgelegeneren Dörfern schien der Krieg fast spurlos vorübergegangen zu sein. Die Häuser wirkten unversehrt. Eine trügerische Idylle. Manchmal steckte eine der Bäuerinnen Einzelnen unter den Gefangenen Brot zu. Ich sah weinende Frauen am Straßenrand, die bei unserem Anblick vielleicht an ihre Männer und Söhne dachten. Viele waren verschollen oder teilten unser Los. Von meinem Feldwebel und den Kameraden war ich während der Registrierung getrennt worden. Ich war nun auf mich allein gestellt.

Immer weiter bewegten wir uns auf die tschechische Grenze zu. Manchmal liefen wir stundenlang durch den Wald, vereinzelte Dörfer und Gehöfte hinter uns lassend. Etwa nach drei Tagen passierte der Zug die tschechische Grenze. Die Begegnungen mit der tschechischen Zivilbevölkerung waren beschämend und erniedrigend. Die Tschechen ließen uns ihren Hass spüren. Frauen spuckten Gefangenen ins Gesicht. In einigen Orten kippten Dorfbewohner Nacht- oder Jaucheeimer über uns aus. Demoralisiert und voller Scham liefen wir weiter.

Schon längst waren wir von Hunger und Anstrengung entkräftet. Die wunden Füße schmerzten. Nahrung gab es nur selten: hin und wieder ein Stück Trockenbrot. Auch die russischen Posten führten nicht viel mehr in ihrem kleinen Rucksack mit. Trinkwasser holten wir uns an den Pumpen der Bauern. Es war ein Gewaltmarsch, der von Tag zu Tag mehr zum Martyrium wurde. Dabei verschafften mir meine Jugend und die gute, durch regelmäßigen Sport erworbene Konstitution einen Vorteil vor vielen anderen. Mit jedem Tag wurde das Tempo schleppender. Wer fiel und nicht wieder aufstehen wollte oder konnte, den trieb ein Kolbenhieb des russischen Postens wieder hoch. Womöglich rettete ihn dieser Schlag sogar vor Schlimmerem; denn, kilometerweit entfernt von jedem Dorf, konnte niemand, der vor Schwäche liegen blieb, auf Hilfe hoffen.

Wir liefen und liefen. Abgestumpft und gleichgültig. Immer im Tritt. Nur nicht zurückbleiben. Nur nicht ausscheren. Wohin – egal. Wo wir waren – egal. Nur eines zählte – durchhalten, um zu überleben. Nach ein paar Tagen kam es trotz Angst vor den russischen Bewachern zur Meuterei. Unsere letzten Kräfte waren aufgezehrt: Wir würden nicht weitermarschieren, wenn wir nichts zu essen erhielten!

Die russischen Posten berieten sich mit ihrem Offizier. Schließlich suchte ein Sergeant aus den Reihen der Gefangenen zehn Männer aus und verschwand mit ihnen. „Standgericht", pflanzte sich das Gerücht von Mann zu Mann fort. Doch ca. zwei Stunden später war der Trupp wohlbehalten zurück. – Beladen mit Brot.

Die zehn Teilnehmer der Expedition berichteten erregt von ihrem Beutezug. Mit dem Sergeanten und einigen russischen Soldaten waren sie zum nächsten Dorf gelaufen. Vor dem Bäckerladen hatten sie Halt gemacht. Unter vorgehaltener MP musste der Bäcker seinen gesamten Brotvorrat herausgeben. Der Bäcker wehrte sich und verfluchte die Russen. Doch es half ihm nichts. Er musste den ganzen Laden leer räumen. Ob dieser tschechische Bäcker eine Quittung erhalten hat, haben wir nicht erfahren.

Hunger tut weh. Jeder, der ihn einmal gespürt hat, weiß das. Ein andermal lagerten wir auf dem Gelände eines Gutshofs. Auf dem Misthaufen verrotteten Tomaten und Kartoffeln. Trotzdem stürzte sich eine Gruppe Gefangener gierig auf das verfaulte Zeug. Um die verwesenden Abfälle kam es sogar zu einem handgreiflichen Streit. Als Städter an die knappen „Markenrationen" der letzten Kriegsjahre und einen knurrenden Magen gewöhnt, hielt ich mich bei dem Sturm auf die Abfälle zurück.

Hin und wieder – in Waldstücken oder bei Stallungen – gelang einem der Gefangenen die Flucht. Das Abhauen war, da die Wachtposten nicht ausreichten, nicht schwer, aber gefährlich. Weder in die Hände von tschechischen Zivilisten zu fallen war ratsam noch von der Miliz aufgegriffen zu werden. Beide lieferten die Flüchtlinge wieder an die Russen aus. Wenn sich einer absetzte, verhielten sich die Übrigen still. Aber wie abhauen, wie die Posten ablenken? Niemand verpfiff einen Kameraden.

Zwei bis drei Posten führten je eine Hundertschaft Gefangener. Wir liefen in Reihen von fünf Mann, die sich gut abzählen ließen. War ein Gefangener aus dieser Fünferreihe verschwunden, füllte der russische Posten sie wieder auf. Dabei war er sehr erfinderisch. So schnappte er sich junge Tschechen, die uns mit Tritten drangsalierten, und zwang sie mitzumarschieren. Er hatte 100 Mann übernommen und lieferte 100 Mann wieder ab, so die einfache Rechnung. – Was es heißt, Befehle auszuführen, wussten wir Deutschen ja. War erst das Lager erreicht, wurden die tschechischen Bürger schnell entlassen.

Am schlimmsten waren die Nächte. Die Temperaturen kletterten im Mai 1945 sehr hoch, während sie in der Nacht stark abfielen. Die Kälte kroch uns in die Glieder. Oft fanden wir keine Scheune für die Rast. Trotzdem schliefen wir erschöpft dort ein, wo gerade Halt befohlen worden war. Mancher blieb vor Schwäche mitten auf der Straße auf hartem Kopfsteinpflaster liegen. Die meisten suchten am Wegrand noch nach einem Stück Gras. Kraft- und willenlos stand mancher am Morgen nicht mehr. Mit einem Kolbenstoß zwang ihn der Posten zum Weiterlaufen.

In einem größeren Dorf, vielleicht nahe Pisek, stockte der Zug. Wir machten auf einer Wiese Halt. Je 100 Mann wurden, eskortiert von zwei Posten, zu einem nahe gelegenen Gutsgebäude mit großem Vorhof gebracht. „Immer 100 Mann nach vorn zum Genickschuss", meinte ein Zyniker unter uns. Die Angst im Nacken, brachten andere noch ähnliche Parolen auf. Als die ersten 100 Gefangenen zurückkamen, klärte sich alles auf: Tschechische Partisanen suchten unter den Gefangenen nach SS-Leuten und Angehörigen von Sonderkommandos, die in Prag und Umgebung an Verbrechen beteiligt gewesen waren.

Langsam schritten sie unsere Front ab und schauten auch mir aufmerksam ins Gesicht. Ein Gefangener wendete sich ab. Mit einem Gewehrkolben schlug der Tscheche sein Gesicht nach oben. Empört berief sich der Kamerad auf die Genfer Konvention. Der Tscheche, in gebrochenem Deutsch, schrie ihn an: „Gestern haben SS-Leute einen Anschlag auf unser Dorf verübt." Und: „Zwei Familien, die keine Verpflegung herausgeben wollten, wurden von ihnen erschossen. Wo war da deine Genfer Konvention?" Einige SS-Leute, die sich im Zug versteckt hatten, waren bereits aufgespürt und zum Verhör gebracht worden. Mehrmals haben wir aus den Kellern des Hofgebäudes Schreie gehört.

Tatsächlich kämpften noch Tage nach Kriegsende versprengte deutsche Truppenteile in den tschechischen Wäldern. Viele in unserem Zug hatte kein Verständnis mehr dafür. Drastisch verfluchten besonders ältere Soldaten und Unteroffiziere den „Scheißkrieg". „Wer hat uns die Suppe eingebrockt?" und „Wer muss sie nun auslöffeln?" Das klang ganz anders als die Durchhalteparolen, die noch vor Wochen zu hören gewesen waren – „Nach Ostland geht unser Ritt …" Mit Verwandten, die als Neubauern in den annektierten Ostgebieten zu Land und Wohlstand gekommen waren, prahlte nun niemand mehr. Aufmerksam und zweifelnd hörte ich auf diese neuen Töne.

Einigen der Gefangenen war es während des Durcheinanders der Befragung gelungen, sich abzusetzen. Aber ich dachte nicht an Flucht. Ich wollte nicht in den Verdacht kommen, zu denen zu gehören, die diesen verdammten Krieg in den Wäldern weiterführten.

Stunden danach ging der Marsch weiter. Nach zwei Tagen erreichten wir Tabor, ein Sammellager, ca. eine Autostunde von Prag entfernt.

In nicht viel mehr als einer Woche waren rund 250 Kilometer marschiert.

Das kleine Erntekommando

Das mittelalterliche Tabor mit seinen Zinnen und Türmen liegt malerisch auf einer Anhöhe. Historische Stadtmauern umschließen den Ort, über dem die Stadtkirche aufragt. Von hier aus führten im 15. Jahrhundert die „Taboriten" – ein Flügel der Hussiten – ihren Glaubenskampf gegen die Ausplünderungen durch die katholische Kirche. Den Taboriten schwebte eine Gemeinschaft vor, in der alle gleich waren. Aber davon wussten wir, als unser Zug Ende Mai 1945 Tabor erreichte, nichts.

Das Kriegsgefangenenlager lag in einem alten Kasernenviertel etwas außerhalb der Stadt. Für uns war das Lager nur Durchgangsstation, letzte Etappe auf dem Weg nach Osten. Tausende Kriegsgefangene lebten primitiv in Zelten oder heruntergekommenen Baracken. Manche Landser besaßen noch eigene Zeltbahnen, die als Notdach gegen Regen und Wind dienten. Aber einige Tausend mussten draußen auf bloßer Erde lagern. Dass Deutschland im Mai und nicht erst im Herbst oder Winter kapituliert hatte, bedeutete für diese Gefangenen das Überleben.

Die Transporte nach Osten gingen in größeren Abständen ab. Vorerst hieß es deshalb warten auf ein ungewisses Schicksal. Die Unsicherheit über unsere Zukunft zehrte an den Nerven. Die Untätigkeit machte mürbe und führte zu Reibereien unter den Gefangenen. Nur wer für Arbeiten außerhalb des Lagers abgestellt wurde, konnte dem eintönigen Lagerleben entfliehen.

Eines Tages kam erneut eine Anforderung für ein Arbeitskommando. Fünf Mann jeder Kompanie sollten sich als Freiwillige melden. Viele Gefangene hielten sich zurück, um nicht, wie es schon vorgekommen war, zum Straßenreinigen oder Toilettenputzen abgestellt zu werden. Ich hatte von Langeweile und fruchtlosen Diskussionen genug und meldete mich mutig. In Gruppen zu 25 Mann eingeteilt, fuhren uns LKWs ins nächste Dorf. Auf dem Dorfplatz wurden wir erneut aufgeteilt und – bewacht von tschechischen Partisanen – zu verschiedenen Bauerngehöften gebracht.

Es war inzwischen Juni geworden. Auf dem Lande stand die Heumahd an und das Rübenhacken. Mit anderen half ich Heu und Stroh auf einen Erntewagen zu laden. Wieder andere misteten Ställe aus oder versorgten das Vieh. Als Schüler und Lehrling hatte ich in den Kriegsjahren oft an Ernteeinsätzen teilgenommen. Landarbeit war mir deshalb gut vertraut. Gemeinsam mit den Bauern packten wir zu. Die Tschechen verhielten sich uns gegenüber zurückhaltend, achteten aber unseren Fleiß. Offenbar zufrieden mit uns, verpflegten uns die Bauernfamilien mit Brot und Kartoffeln. Manchmal konnten wir einen Kanten Brot retten und mit ins Lager bringen, um ihn dort gegen etwas anderes einzutauschen.

Das brachte uns manche Neider unter den Kameraden ein. Um ebenfalls an kleine Zusatzrationen zu kommen, beantragten sie, die Gruppe der Erntehelfer täglich auszutauschen. Doch daraus wurde nichts. Die Bauern wollten ihre bewährten Helfer wiederhaben. Ein wenig Glück, dachte ich, braucht der Mensch in allen Lebenslagen.

Mehrere Tage arbeitete ich bei demselben Bauern. Der tschechische Posten nahm es mit der Bewachung nicht so genau. Er konnte etwas Deutsch und machte gern ein Schwätzchen. Ja, des Mittags schlief er sogar ein Stündchen. Es wäre ein Leichtes gewesen, sich aus dem Staub zu machen. Manche Kameraden im Lager rieten zur Flucht. Dann könnten uns die Russen nicht nach Sibirien verschleppen. Andere hatten Bedenken. Was ist, sagten sie, wenn euch die Tschechen schnappen? Sie werden keinen Unterschied zwischen euch und denen, die sich in den Wäldern verstecken, machen. Das leuchtete mir ein. Ich ließ die Gelegenheit ungenutzt, wollte nicht zu denen gerechnet werden, die den Krieg verlängerten.

Ein paar Tage später erlebte ich etwas, das ich wie etwas Kostbares über die Jahre der Gefangenschaft in meinem Gedächtnis bewahrt habe. Die Bäuerin hatte einen Gefangenen für Sonderaufgaben auf dem Hof angefordert. Sie hätte ausdrücklich nach mir verlangt, wie der Posten sagte. Fragend stand ich nach einer Weile vor ihr, einer mütterlichen Frau in mittleren Jahren. Durch Zeichensprache bedeutete sie mir, erst einmal mit in die Küche zu kommen.

Die Küche war riesig, gemessen an der Küche in meinem Elternhaus in Stettin-Grünhof. Trotzdem war die kleine Küche der Lebensmittelpunkt unserer siebenköpfigen Familie gewesen. Hier wurde gekocht, gegessen, geredet und gespielt.

In der Küche der Bäuerin standen ein großer Herd und viele Vorratsregale. In der Mitte war Platz für einen langen Tisch. Dorthin sollte ich mich setzen, zeigte mir die Bäuerin. Sie stellte einen dampfenden Topf Kaffee vor mich hin und holte aus einem Behälter ein duftendes rundes Brot. Davon schnitt sie eine dicke Scheibe ab und legte sie mir auf den Teller.

Ich wagte weder mich nicht zu rühren noch das Brot zu nehmen. Doch die Bäuerin wiederholte, dass ich zulangen sollte.

Die Szene ist in mir heute noch so lebendig wie damals: Während ich aß, strich mir die Bäuerin zwei-, dreimal über den Kopf. Dabei sprach sie mehrmals dieselben Worte. Sie bedeuteten, wie ich später erfuhr: So jung! Die Mahlzeit in der Küche war für mich wie ein Geschenk. Einen kleinen Moment lang durfte ich mich – Kriegsgefangener in einem fremden Land – am Küchentisch der tschechischen Bäuerin wie daheim fühlen.

Auch in den nächsten Tagen – ich musste Holz hacken und stapeln – erhielt ich Kaffe und Brot in der Küche. Ich fragte mich, ob die Bäuerin vielleicht einen Sohn in meinem Alter hätte, konnte aber keinen gleichaltrigen Jungen entdecken. Blieb Brot übrig, durfte ich es nicht mit ins Lager nehmen. Vielleicht hätten die Posten die Treffen in der Küche sonst verboten.

Noch heute bin ich dieser Frau, die mich an meine Mutter erinnerte, dankbar. Auch meine Mutter, eine kleine und zierliche Frau, hatte ein großes Herz. Es war im vorletzten Kriegsjahr, als eine Kolonne russischer Kriegsgefangener durch das Viertel, in dem wir wohnten, zum Arbeitseinsatz zog. Ein trauriger Zug. Meine Mutter lief schnell nach oben in die Wohnung, holte etwas Brot und verteilte es an die Russen. Ein deutscher Posten stieß sie brutal beiseite.

Infolge des Stoßes musste meine Mutter unseren Hausarzt aufsuchen. Der Arzt, ein freundlicher und vorsichtiger Mann, warnte sie davor, noch einmal so unbedacht zu handeln. Aber meine Mutter meinte: „Ich habe drei Söhne an der Front. Es hätten auch meine Söhne sein können."

Jeden Abend, wenn ich in das Lager zurückkehrte, dachte ich an zu Hause: Mutter wird warten.

Der Hitlergruß

In Tabor lagerten Tausende Gefangene bei Wind und Wetter im Freien. Mir selbst war es gelungen, in einem kleinen Zelt mitunterzukriechen. Mit vier Kameraden teilte ich mir den schon etwas zerschlissenen Unterschlupf. Durch die Zeltplane regnete es durch, und durch die Ritzen pfiff der Wind. Aber die Nähe der Kameraden wärmte, und vor den gröbsten Wetterunbilden waren wir geschützt.

Anders als auf dem hinter uns liegenden Hungermarsch in das Sammellager, erhielten die Gefangenen täglich — wenn auch knappe – Verpflegung. Die Tagesration bestand meist aus einer Suppe und etwa 300 g Brot. Das Essen nahmen wir bei unseren Schlafplätzen ein.

Um die Versorgung der Gefangenen zu sichern, überbrachte jede Kompanie täglich eine Stärkemeldung in das Hauptgebäude. Der Weg dorthin war lang, denn die Verwaltung war am anderen Ende des Lagers untergebracht. Deshalb übernahm jeden Tag ein anderer Gefangener die Aufgabe des Melders. Gemäß seinen Angaben erfolgte dann die Essenzuteilung an die Kompanie.

Eines Tages war ich an der Reihe, die Tagesmeldung fortzubringen.

Der Kompanieverantwortliche schärfte mir ein, mich bei der Meldung besonders diszipliniert zu verhalten. Gerade halten, exakt melden, laut und deutlich sprechen, mahnte er. Der Melder, so der Kompanieverantwortliche, sei ein Spiegelbild des Zustandes seiner Kompanie.

Um eine ordentliche Meldung war mir nicht bange. Alle Kommandos beherrschte ich im Schlaf. Ob in der Schule oder in der Wehrmacht – Disziplin hatte man uns von Kindesbeinen an beigebracht. Guter Dinge machte ich mich auf den Weg ins Hauptgebäude. Immerhin erlebte ich eine kleine Abwechslung vom tristen Lageralltag.

Beim Zimmer des zuständigen Leutnants angekommen, klopfte ich respektvoll an die Tür. Man hieß mich eintreten. Wie es unser Kompanieverantwortlicher verlangt hatte, nahm ich Haltung an, knallte zackig die Hacken zusammen und meldete stramm: „Kompaniestärke beträgt ...“

Noch ehe ich die Meldung vollendet hatte, brüllte mich der Leutnant, der wahrscheinlich wegen seiner guten Russischkenntnisse den Posten erhalten hatte, zusammen. Ob ich verrückt geworden wäre? Ob ich die Russen provozieren wollte? Ob ich noch immer nicht genug vom Krieg hätte? Eine ganze Tirade von Beschimpfungen folgte. Er nahm meinen Namen und die Kompanienummer auf und drohte: „Das wird ein Nachspiel haben!“

Ich stand reglos und verdattert. Ich hatte doch alles, was man mir aufgetragen hatte, getan. Diszipliniert meine Meldung abgegeben. Ordentlich Haltung angenommen. Die exakte Mannstärke angegeben. Das Herz rutschte mir in die Hosen. Irgend etwas, dachte ich, musste ich falsch gemacht haben. Aber was? – Bis es mir durch Mark und Bein ging und ich plötzlich meinen Fehler begriff: Ich hatte – wie gewohnt – den Arm zum „deutschen Gruß“ ausgestreckt.

Während der deutsche Offizier noch brüllte, war ein russischer Kapitan hinzugetreten. Er hörte sich die Standpauke, die über mich erging, zu Ende an. Dann begann er auf Russisch einen Disput mit dem Schimpfenden. Dieser setzte zur Widerrede an. Da wurde der Russe scharf. Obwohl ich kein Russisch verstand, so viel begriff ich doch – es ging auch um mich.

Wieder bei der Kompanie angelangt, erwartete ich ängstlich meine Strafe. Doch weder am nächsten noch an den folgenden Tagen rührte sich in der Angelegenheit etwas. Um Klarheit zu erlangen, versuchte ich, vom Dolmetscher etwas über die Folgen meiner schlimmen Entgleisung zu erfahren. Seine Antwort überraschte mich.

Der Kapitan hatte die Schuldfrage andersherum gestellt. Ja, er hatte mich sogar vor dem deutschen Offizier in Schutz genommen. Nicht ich – fast noch ein Junge – hätte Strafe verdient, sondern diejenigen, die uns zu solch blindem Gehorsam erzogen hatten. Schuld sei der faschistische Drill, der schon Kinder erfasste.

Tatsächlich unterschied sich mein Lebenslauf in nichts von dem meiner Kameraden: Mit zehn Jahren zum Jungvolk, mit vierzehn zur Hitlerjugend, von dort zum Arbeitsdienst oder mit siebzehn – wie ich – zur Wehrmacht. – Schritt für Schritt hatte man uns zu gehorsamen Soldaten des Führers getrimmt. Aus den Abenteuern beim Geländespiel – Schießen, Sport und Exerzieren – war blutiger Ernst geworden. Von den Exerzierplätzen waren wir direkt aufs Schlachtfeld marschiert.

Erst Jahrzehnte später, als ich Hitlers Ausspruch über die Jugend von 1938 las, wurde mir das volle Ausmaß unserer Indoktrination wirklich klar – „... und sie werden nicht mehr frei ihr ganzes Leben".

In dem Zelt, in dem ich untergekrochen war, reagierten die Kameraden zunächst ungläubig auf die Erklärungen des Dolmetschers. Warten wir es ab, meinten sie skeptisch, ganz ungeschoren kommst du bestimmt nicht davon.

Aber nichts geschah. Ich wurde noch nicht einmal zum Kompanieältesten bestellt.

Tage später sollte ich erneut die Tagesmeldung überbringen. Ich erfand eine Ausrede und bat darum, einen anderen zu schicken. Auf jeden Fall wollte ich einen Fehler wie den vor kurzem geschehenen vermeiden.

Auf dem Weg nach Focsani

Um vieles größer als das Lager Tabor war Focsani, eines der größten Sammellager deutscher Kriegsgefangener in Rumänien. Etwa Mitte Juli bestiegen Hunderte deutsche Gefangene des tschechischen Durchgangslagers Tabor den Zug in Richtung Balkan. Die Fahrt ging nach Südosten, zum äußersten Rand der Ostkarpaten – in die südliche Moldova.

Wie lange die Fahrt dauerte – genau weiß ich es nicht. Vielleicht drei, vielleicht auch vier Wochen. Über die Böhmisch-Mährischen Höhen, durch Südmähren, die Kleinen Karpaten, das Ungarische Tiefland und Siebenbürgen rollte der Gefangenentransport in endloser Fahrt.

Landschaften und Länder, Stationen und Bahnhöfe, die wir durchfuhren – wir sahen sie nicht. Zusammengepfercht zu etwa 80 Mann, waren wir in den Güterwaggons eingesperrt wie in einem Gefängnis. Wenigen Fahrtstunden folgten halbe Tage auf dem Abstellgleis. Nachts kalt wie ein Eisschrank, erhitzten sich die Wagen am Tage zu Backöfen. Luft drang nur durch die Ritzen der Waggonwände. Setzte sich der Zug in Bewegung, ging ein Aufatmen durch den Wagen.

Auch am Tage herrschte Halbdunkel. Denn nur ein einziges „Fenster" spendete Luft und Licht. Aus den Bohlen hatte man ein winziges Guckloch ausgeschnitten. Hinauslehnen war unmöglich; denn vor dem Luftloch spannte sich Stacheldraht.

Nur bei längerem Halt ließ der Kommandant die Türen der Waggons für eine Weile öffnen. Aussteigen, um sich die Beine zu vertreten, war verboten. Oft genug setzte sich der Zug ohne Vorwarnung und Signal wieder in Bewegung. Was nicht zuletzt auch an Verständigungsschwierigkeiten zwischen den russischen Posten und dem tschechischen, später ungarischen und rumänischen Bahnpersonal gelegen haben mag.

Ob es einen Speisewagen im Zug gab? In unserer Phantasie erschufen wir uns einen. Um das Mitropaabteil – und seinen täglich neuen Speiseplan – drehten sich in Gedanken all unsere Wünsche und Träume. Die Realität sah anders aus. Die „Marschverpflegung" – auch für die Posten – bestand aus getrocknetem russischem Brot, das, in Papiersäcke gefüllt, in die Wagen gereicht wurde. Außerdem gab es Trockenfisch. Der war für uns neu und ungewohnt. Er schmeckte sehr salzig, aber Durst hatten wir ja schon genug. Trotz Hunger verzichteten deshalb manche auf den Fisch.

Und doch gab es einen Weg, unsere Nahrungsmittelbestände aufzustocken. Bei einem längeren Halt kamen Rumänen zum Handeln an die Waggons, um Geschäfte mit den Russen zu machen. Mancher Posten ließ auch den Tauschhandel mit Gefangenen zu. Oder die Händler nutzten ein Schläfchen des russischen Wächters, um mit den Gefangenen ins Geschäft zu kommen. Eine Art Tauschbörse entwickelte sich, mit allem, was den Rumänen irgend brauchbar schien.

Dieser Handel ging so: Neben dem vergitterten Ausguck besaß der Wagen eine zweite Öffnung, die, anders als das in Mannshöhe angebrachte Guckloch, nicht vergittert war. Die Öffnung war im Boden des Waggons ausgeschnitten und mit einem Deckel versehen. Groß genug, um „Handelsware" durchzureichen, zu klein, um einen Menschen durchzulassen. Verhökert wurde alles, was uns entbehrlich schien: Tabaksdosen, Zigarettenetuis, Gürtel, Schnallen, ja selbst Unterwäsche.

Um ihre „Waren" anzupreisen, stellten die Gefangenen ihre Schätze zunächst im oberen Guckloch aus. Durch den Stacheldraht hindurch begutachteten die Rumänen die Sachen. War das Geschäft perfekt, ging durch die untere Wagenöffnung der Tausch vonstatten. Die Ware wechselte den Besitzer. Also – oben zeigen und unten durch.

Das Geschäft musste schnell abgewickelt werden; denn der Zug konnte jeden Augenblick weiterfahren.

Weintrauben, ein Kanten Brot, eine Tomate, ein Stück Speck fanden durch die untere Wagenöffnung ihren Weg in den Waggon, um – meist sofort – verschlungen zu werden.

Aber es gab ein Problem dabei. Dieser „Handelsweg" hatte einen entscheidenden, ja lebensgefährlichen Makel.

Die Luke im Boden diente nämlich auch – welche andere Möglichkeit hätte es denn gegeben – als Abort. Höchstens 30 mal 30 cm maß unsere „Toilette". Wie es den Zustand des Plumpsklos – benutzt von allen Wageninsassen – bestellt war, muss nicht näher ausgemalt werden. Abgestumpft, verzweifelt und resigniert, gehörte Hygiene nicht zu den vorrangigen Bedürfnissen vieler Gefangener. Morgens bildete sich eine Schlange vor dem Loch im Boden. Oft gab es Krach, wenn Einzelne sich gar nicht zusammenrissen und das Loch verfehlten.

Dieses „Sch…loch", die unwürdigen Umstände, unter denen wir während des Transports vegetierten, gehören zu den schlechtesten Erinnerungen meiner Gefangenschaft.

Schmutz und Gestank, die von dem Loch ausgingen, waren aber nicht das Schlimmste. Von der Luke im Boden gingen Gefahren aus, von denen wir zunächst nichts ahnten. Bis eines Tages ein gefangener deutscher Arzt im Auftrag der Russen von Wagen zu Wagen ging und uns warnte: Durch die mit Fäkalien verschmutzten Lebensmittel würden Krankheiten eingeschleppt. Der Tauschhandel würde Infektionen Tür und Tor öffnen. Und tatsächlich: Schon bald kam es zu ersten, durch Kolibakterien hervorgerufenen Durchfällen und Darmerkrankungen. – Ruhrverdacht!

Wohl gaben die Ermahnungen des Arztes vielen – und auch mir – zu denken. Doch die Sehnsucht nach etwas Frischem war zu groß. Bei jedem Halt hielten wir weiterhin Ausschau nach den rumänischen Händlern und versuchten, sie mit ihren Leckerbissen heranzuwinken. Der Hunger war übermächtig. Wir tauschen weiterhin Lebensmittel mit „kleinem Beigeschmack" ein.

Die Warnungen des Arztes verhallten ungehört.

Tod im Waggon

Die Tage und Nächte auf der langen Fahrt nach Focsani erschienen uns wie Wochen. Besonders in der Hitze Rumäniens wurde jeder Tag zur Qual. Mehr noch als der Hunger peinigte uns, eingeschlossen in heißen Waggons, der Durst. Jeder der Gefangenen bekam ca. einen Viertelliter Wasser pro Tag zugeteilt, viel zu wenig, um den ständigen Durst zu löschen. Schlückchen für Schlückchen ließen wir uns das kostbare Nass durch die Kehle rinnen. Es hieß, die Wasserration gut einzuteilen.

Es war ein besonders drückender Tag, als der Zug wieder einmal außerplanmäßig anhielt. Wir hörten, wie die Posten von Wagen zu Wagen gingen. Waggontür für Waggontür wurde aufgeschoben. In den Wagen fiel die Sonne, wir konnten endlich Luft schöpfen. Die Insassen von jeweils drei Waggons mussten hinausklettern und antreten. Kurze Information. Dann der schönste Befehl seit Monaten: Kompanie zum Baden fertig machen!

Vor uns lag ein kleiner See. Das Wasser glitzerte in der Sonne, die Wellen kräuselten sich im Wind. Lachend und aufgeregt stürzte alles – ohne auf weitere Kommandos zu warten – zum Ufer. Kaum einer hörte auf die Warnung des deutschen Arztes oder nahm sie ernst: Auf keinen Fall, so der Arzt, sollten wir vom dem Seewasser trinken. Seuchengefahr!

Ein Sanitäter aus unserem Wagen rief mir und ein paar Kameraden zu, Feldflasche und Trinknapf mitzunehmen. Er wolle nach Trinkwasser graben. Einige lachten ihn aus, was ihn nicht kümmerte. „Willst du", spotteten die Kameraden, „mit deinen Freunden im Sand buddeln?" Ein etwa gleichaltriger Kamerad und ich taten, was der Sanitäter empfohlen hatte, denn wir hatten schon manchen guten Ratschlag von ihm bekommen.

Während die anderen schnell die Kleider abwarfen und nackt ins Wasser stürmten, fing der Sanitäter tatsächlich an zu buddeln. Napf für Napf hob er eine kleine Kuhle aus. Nach kurzem Bad kehrten wir zu ihm zurück und halfen beim Graben. „Macht weiter, bis ihr auf Grundwasser stoßt", sagte er, schnell selbst zum See laufend, um auch ein kurzes Bad zu nehmen. Wir buddelten im Eiltempo weiter. Schließlich stießen wir, wie der Sanitäter gesagt hatte, auf eine dünne Kiesschicht. Das darunter spärlich sickernde Grundwasser war wie durch ein Filter gereinigt.

Zu dritt füllten wir unsere Feldflaschen bis zum Rand mit der kostbaren Flüssigkeit, die – in der Hitze der Waggons – mehr wert war als ein halbes Königreich. Dass wir in den nächsten Tagen unseren Durst löschen konnten, hatten wir dem Sanitäter zu verdanken. Aber ganz allein und ohne unsere Hilfe hätte er es in der kurzen Zeit auch nicht geschafft, das tiefe Loch auszuheben.

Die anderen hatten ausgiebig gebadet und sich erfrischt. Aber wir besaßen unsere gefüllten Feldflaschen, auf die nun die Kameraden neidisch schauten.

Der Sanitäter empfahl, als Schutz vor Keimen ein sauberes Taschentuch über die Flaschenöffnung zu halten. Aber wer besaß im dritten Monat unserer Gefangenschaft noch einen solchen Luxusgegenstand? Ein vierter Kamerad kam uns zu Hilfe. Seit Jahren, so erzählte er, hatte er beim Kommiss ein sauberes Taschentuch in der oberen Brusttasche getragen. Bei Hygienekontrollen konnte er so seinem Unteroffizier stets ein pieksauberes Tuch vorweisen und war damit immer fein raus. Das Ausleihen des Taschentuchs kostete jeden von uns ein paar Schluck Wasser. So konnte sich, diesmal nicht durch Tausch, sondern durch Ausborgen, noch ein Kamerad an dem herrlichen Trunk laben. Es galt, unsere Sonderration so lange wie möglich zu strecken.

Andere waren genauso durstig wie wir gewesen. Aber sie hatten jede Vorsicht außer Acht gelassen. Noch beim Graben hatten wir vom See her Schüsse gehört. Wir beobachteten, wie zwei, drei Posten Warnschüsse in die Luft abfeuerten. Andere russische Wächter trieben Gefangene mit Tritten aus dem seichten Wasser. Aber es lagen immer noch einige im knietiefen Uferbereich flach und schlürften gierig das schmutzige Seewasser. Die Warnungen des Arztes in den Wind schlagend, konnten sie sich nicht beherrschen. Selbst die Tritte und Schüsse hielten sie nicht vom Trinken ab. Bis die Russen schließlich alle Gefangenen aus dem Wasser jagten.

Ihr Leichtsinn forderte die Kameraden einen hohen Preis – manchmal das Leben. Unser Sanitäter wurde in den nächsten Tagen oft in die benachbarten Wagen zur „Arbeit" gerufen. Durch ihn erfuhren wir, dass bei fast jedem Halt erkrankte Kameraden von den Gesunden isoliert und in einen separaten Waggon verlegt wurden. Das waren die Ruhrverdächtigen. Manchmal konnten wir durch unseren Ausguck beobachten, dass aus der rollenden Isolierstation jemand in Decken hinausgetragen wurde. Die Sanitäter kamen mit leerer Decke zurück. Bald hieß der Wagen mit den Kranken unter uns nur noch „Todeswagen". In den Todeswagen zu kommen, davor hatte jeder Höllenangst.

Ironie des Schicksals. Manchen, der heil durch die furchtbaren Kriegsjahre gekommen war, kostete schmutziges Badewasser das Leben. – Und zu Hause würde es dann heißen: Mann, Bruder oder Onkel haben die Russen umgebracht.

Eines Nachts geschah es. Ich wurde jäh wach. Heftige Bauchkrämpfe plagten mich. Die Schmerzen zogen sich vom Magen bis zum Unterbauch. Schnell versuchte ich, die rettende Luke zu erreichen. Und tatsächlich: Nun hatte es auch mich erwischt. – Diarrhö! Wie die meisten anderen hatte ich ja aus Hunger auch von den durch den Abort gereichten verschmutzten Lebensmitteln gegessen.

Angstvoll weckte ich den Sanitäter, um mich mit ihm zu beraten. Durch die Geschichte mit dem Trinkwasser war der Ältere mir fast ein Freund geworden. Laut ärztlicher Weisung, das wusste ich, hätte ich am nächsten Morgen meinen Durchfall melden müssen. Ich würde zu den Ruhrverdachtsfällen gerechnet und in den Isolierwagen gebracht werden. Nein, ich wollte nicht in den Todeswagen kommen! Nicht krepieren! Die Verlegung, so schien mir, wäre mein Todesurteil. Ich war der Jüngste im Waggon, was sollte ich unter wahrscheinlich Schwerkranken, die mich vielleicht erst mit Ruhr infizierten? Meine Angst war riesengroß.

Wieder einmal wusste der Sanitäter – ich werde es ihm niemals richtig danken können – Rat. In der Dunkelheit des Waggons gab er mir im Flüsterton Anweisungen: Ich sollte drei Tage nichts essen und trinken. Vor allem aber zu keinem im Waggon ein Wort sagen. Zwei meiner Tagesrationen tauschte er im Arztwaggon gegen Medikamente ein. Und er tat noch viel mehr für mich.

Denn – einmal auf dem „Örtchen“ – ließ sich mein Durchfall nur schwer verheimlichen. Mal hustete der Sanitäter laut, mal tat ich es, mal schnäuzte er sich lange und laut die Nase, um verdächtige Geräusche auf der Toilette zu übertönen. Ein andermal erzählte er einen anzüglichen Witz nach dem anderen, um die am nächsten Sitzenden zum Lachen zu bewegen. Oder fing volltönend ein Gespräch über seine „Kriegsabenteuer“ an. So gut es ging schirmte er mich ab.

Niemand im Wagen durfte von unserer Absprache wissen. Bei Kenntnis meines Zustandes hätten die anderen kein Pardon gekannt. Sie hätten mich nach der Morgenvisite gnadenlos aus dem Waggon gejagt. Die Angst vor Ansteckung war zu groß. Auch der Sanitäter wäre nicht un-

geschoren davongekommen. Auch für ihn hätten sich die
Kameraden, die nur den Teufel mehr als die Ruhr fürchteten, eine empfindliche Strafe ausgedacht.

Angst und Selbstbeherrschung waren meine Rettung. Ich
hielt mich an die Ratschläge des Sanitäters. Aß und trank
drei Tage nicht. Eine furchtbare Qual. Wie betäubt, kaum
wahrnehmend, wie die Zeit verging, hielt ich Stunde um
Stunde durch. Aber das Grauen vor dem Sterbewaggon
trieb mich an. Nur mit Mühe und eiserner Energie über-
wand ich die drei Fastenstage. Der Sanitäter half mir die
Zeit überstehen.

Am Ende des dritten Tages kamen wir in Focsani, einem
Massenlager für Zehntausende Gefangene, an. Die Höllen-
fahrt war zu Ende. Ein neues Kapitel unseres Lebens in
Gefangenschaft begann. Was würde uns nun, in Focsani,
erwarten? Wir wussten es nicht. Alles Nachdenken, alle
Spekulationen über unsere Zukunft hatten keinen Sinn. Jeder einzelne Tag musste neu durchgestanden werden. Darüber hinauszudenken lohnte nicht.

In der Krankenstation von Focsani konnte man ein paar
Pillen gegen den im Lager weit verbreiteten Durchfall erhalten. Aber für alle Kranken reichten die Medikamente
nicht aus. Wir suchten deshalb nach anderen Hilfsmitteln.

Heimlich machten wir Feuer, verbrannten Holzstücke zu
Kohle und zerrieben dann mit Steinen die Kohle zu Staub.
Zusammen mit Trockenbrot bildete dieser Kohlestaub ein
wirksames Medikament gegen Diarrhö. Doch trotz Pillen
und den Versuchen, uns selbst zu helfen, konnten manche
der Kranken nicht mehr gerettet werden.

Ganz allmählich ging es mir Tag für Tag ein wenig besser, und nach einer Woche war ich wieder ganz gesund.

Ein fester Wille und die Hilfe eines warmherzigen, fast
unbekannten Menschen, wie ich sie noch manche während
der Jahre der Gefangenschaft traf, haben mir über sehr
schwere Tage hinweggeholfen.

Im großen Lager
Focsani

Sanfte Täler und steile Höhen wechseln sich nahe der Stadt Focsani am Rande der Ostkarpaten ab. Die Hügel der Umgebung sind dicht bepflanzt mit Weinstöcken. Es heißt, dass hier, an der Grenze der altrumänischen Fürstentümer Moldau und Walachei, der beste Wein der Moldau gedeiht. Träge fließt der Fluss Milkow an Focsani vorbei.

Im schroffen Gegensatz zur Schönheit der Landschaft standen die Verhältnisse, unter denen wir im Gefangenenlager Focsani lebten. Massen von Gefangenen bevölkerten das riesige Hauptlager, bestehend aus alten Fabrikhallen, Garagen, Baracken, Zelten. Mehrere Teillager lagen verstreut über die ganze Stadt. Schon nach dem ersten Weltkrieg hatte es bei Focsani ein großes Kriegsgefangenenlager gegeben. Einzelne Kameraden erinnerten sich noch an Erzählungen ihrer Väter über deren tragische Erfahrungen im Lager. Über das Leben und Leiden der Gefangenen nach der deutschen Niederlage von 1918 erzählt auch ein Buch – sein Titel lautet „Die Hölle von Focsani".

Vielleicht nicht die Hölle, aber zumindest den Vorhof der Hölle haben wir in Focsani kennen gelernt. Einige Gefangene waren auf dem Transport krank geworden. Andere litten an nicht ausgeheilten Wunden. Ruhr und Typhus grassierten. Andere waren nicht körperlich, sondern psychisch krank. Sie hatten Schreckliches erlitten, vielleicht auch Schreckliches getan. Dieser Schrecken wirkte nun nach. Manche der Gefangenen wirkten teilnahmslos und phlegmatisch. Andere erzählten aufgedreht von ihren Kriegsabenteuern. Manche der Aufschneidereien hatten mit dem Furchtbaren des Durchlebten nur wenig zu tun.

Uns alle beherrschte die Angst vor dem Morgen. Eine Zukunft sahen wir nicht, denn an Heimkehr war lange, lange nicht zu denken. Die Rückkehr nach Hause zu den Familien stand in den Sternen. Auch Focsani war ja nur eine Etappe auf dem langen Weg, der uns bevorstand. Nach Tabor die nächste Station auf dem Weg nach Osten. Nur auf eines kam es deshalb zunächst an: den nächsten Tag zu überleben.

Wir waren zur Untätigkeit verurteilt. Arbeit gab es – bis auf Reinigungsarbeiten in den Unterkünften und im Gelände – im Lager nicht. Die Zeit floss deshalb noch zäher dahin. Immer gleich der Inhalt der Gespräche: Geschichten über das Essen und die Heimat. Kriegserlebnisse. Klagen über den Mangel, der praktisch an allem Lebensnotwendigem bestand: Lebensmitteln, Medikamenten, Wasser.

Der Sommer war drückend und heiß. Manchmal erreichten die Temperaturen wohl 40° C. Wasser wurde mehr und mehr zur Mangelware. Man schöpfte es aus den Brunnen der umliegenden Gehöfte. Auch im Lager selbst gab es drei oder vier – stets gut bewachte – Ziehbrunnen. Doch nach Stunden des Abschöpfens waren die Brunnen bis auf den letzten Tropfen versiegt, die Eimer blieben leer. Die Wasserrationen wurden immer knapper. Das alles beherrschende Gefühl war der Durst.

Nur selten brachte ein Tankwagen zusätzlich Wasser. Doch die Tankfassung war ein Tropfen auf den heißen Stein. Wenn der Wasserwagen kam, brach der Sturm los. Ein Wettlauf gegen die eigenen Kameraden begann. Der Kampf ging um einen vorderen Platz in der Schlange, nahe am Wasserhahn. Wer zu schwach war und im Zelt liegen blieb, brauchte auf die Zusatzration erst gar nicht zu hoffen. Wer nicht schnell genug lief, hatte Pech gehabt. Wer stürzte, der wurde n i c h t aufgehoben. Man sprang über ihn hinüber. Jeder war sich selbst der nächste. Und jeder kämpfte für sich allein.

Wo war, fragte ich mich, unter den harten und extremen Bedingungen des Lagerlebens die Zusammengehörigkeit, die Kameradschaft in der Armee geblieben? Wie oft und mit wie viel Gefühl hatten wir alle in der Vergangenheit das Lied „Ich hatt’ einen Kameraden“ gesungen.

Ich war unsicher, musste lernen mich zu behaupten, um nicht unterzugehen. – Und habe doch – wie schon auf dem Transport – manchen Schluck mit einem Kameraden geteilt.

Ein ähnlicher Tumult brach aus, wenn das Essen ausgeteilt wurde. Die Suppe wurde in riesigen Bottichen herangetragen. Die Behälter waren so groß, dass man vier Mann brauchte, um sie zu bewegen. Die Träger trugen das Suppenfass an Stangen über den Schultern. Der Ansturm auf den enormen Topf war eines Tages so groß, dass der erste, der nach vorn gestürmt war, von denen, die danach kamen, in die heiße Suppe geschubst wurde. Die Folge war ein großes Durcheinander. Der wütende Hilfskoch, ebenfalls Gefangener, der die Suppe austeilte, schlug mit seiner Kelle dem Nächsten auf den Kopf. Statt Suppe zu bekommen erlitt der Erste Verbrennungen und der Zweite eine Prellung. Die zwei mit dem Wolfshunger wurden ins Sanitätszelt geschafft.

Um etwas Ordnung bei der Essenausgabe zu schaffen – denn so ging es nicht weiter –, ließ man uns von nun an bei der Austeilung der Tagessuppe antreten. Geschlossen und im Schritt näherten wir uns kompanieweise dem Bottich und nahmen einer nach dem anderen unseren Schlag Bohnen oder Erbsen in Empfang. Vielen gefiel das nicht. Marschiert waren wir lange genug.

In einer Kompanie ließ ein besonders strammer Feldwebel seine Truppe sogar die letzten Schritte vor dem Essentisch im Exerzierschritt zurücklegen. Er hatte sichtbar Freude am preußischen Drill und kostete die wenige ihm verbliebene Macht aus. Das war zu viel. Sein Übereifer wurde diesem überstrammen Spieß, der sicher auch schon vor der Gefangennahme seine Leute gepiesackt hatte, zum Verhängnis. Er konnte von der alten Gewohnheit einfach nicht lassen. Einige der von ihm Gezwiebelten, die ihn für einen unverbesserlichen Kommisskopf hielten, gedachten, ihm eine gepfefferte Lehre zu erteilen. Die Strafe, wenn er seinen Exzerzierfimmel nicht aufgab, solle möglichst drastisch ausfallen, meinten sie. Statt mit ihm zu reden, führten sie eines Nachts den geplanten Streich aus.

Sie nahmen den Feldwebel zu mehreren in Gewahrsam und führten ihn zur Kloake außerhalb des Lagers, dem Donnerbalken. Für Massen von Gefangenen angelegt, war die zur „Sanitäranlage" erhobene Grube auf einer Waldlichtung entsprechend lang – ca. 50 m. Und sie war ziemlich tief. Um den „Schinder" zu strafen und ein Versprechen zur Besserung zu erpressen, hielt man den Feldwebel kopfüber in die Senkgrube. Das Bild des Jammers, das er bot, entschädigte bereits manchen der Gedrillten für das erlittene Unrecht. Aber damit nicht genug, trieben andere die Geschichte weiter.

Über das, was dann im Einzelnen geschah, kursierten im Lager später zwei Versionen, die ganz und gar unterschiedlich waren. Die einen meinten, dass offensichtlich jemand von den Kameraden nicht fest genug zugepackt, zu früh losgelassen oder den Halt verloren hätte. Die Sache sei also ein Unfall gewesen. Die anderen behaupteten, dass die Tat verabredet und vorausbedacht war. Ein geplanter Racheakt. Jedenfalls stürzte der Feldwebel kopfüber in die bis zum Rand gefüllte Grube.

Obwohl man ihn schließlich herauszog, konnte er nicht mehr gerettet werden. Noch auf dem Weg ins Krankenhaus verstarb er. Er war elend in der Kloake umgekommen.

Der Tod des Feldwebels wurde sowohl bei den Russen als auch in der deutschen Lagerleitung als schwere Verfehlung und besonderes Vorkommnis ausgewertet. Auch in den Kompanien sollten Belehrungen erfolgen, Gespräche mit allen Gefangenen demnächst beginnen.

Ob die Täter bestraft worden sind, erfuhr ich jedoch nicht mehr. Denn etwa zwei Wochen nach meiner Ankunft in Focsani hatte ich unverhofft großes Glück. Ein Arbeitskommando sollte zusammengestellt werden, informierte ein russischer Offizier über den Dolmetscher. Kaum hatte der Dolmetscher die Aufforderung „Freiwillige vor!" übersetzt, sprangen schon Dutzende Gefangene nach vorn. Ein paar Ältere wurden von dem Russen zurückgewiesen, denn es würden auch schwere Arbeiten zu leisten sein. Ich war ebenfalls schnell nach vorn gestürmt, Untätigkeit und Langeweile waren mir unerträglich geworden. Ich war jung und ein guter Sprinter und gehörte deshalb zu den von dem Offizier Auserwählten. Die Namen wurden notiert, am nächsten Tag sollte es losgehen.

Aber der Gedanke an den toten Feldwebel ließ mich nicht los. Dieser „Streich" war hart gewesen. Was als Lektion gedacht war, endete mit dem Tod eines Menschen. Der Feldwebel hatte die schweren Kriegsjahre überlebt, war vielleicht Familienvater. Das hässliche Ende in der Kloake, auch wenn er exerzieren ließ, war keinesfalls zu rechtfertigen. Warum hatte man nicht zuerst versucht, ihn in einem Gespräch zur Vernunft zu bringen? Was waren das für Menschen, die ihn in die Grube stießen oder einfach fallen ließen? Was hatte der Krieg, die Naziideologie aus „anständigen Soldaten" gemacht? Viele verhielten sich hart und rücksichtslos, ja verroht. Teilnahmslos hatten sie geschehen lassen, dass ein Mensch verletzt wurde und seinen Tod in Kauf genommen.

Doch auch heute noch, fünfzig Jahre später, kann man diese ziel- und sinnlose Gewalt erleben. Jede noch so schlechte Idee findet ihre Anhänger. Sie muss nur laut genug herausgebrüllt werden. Grölt einer eine gängige Losung, grölen viele andere mit. Motive sind oft nicht erkennbar. Wie viele Menschen sind – stumpf und brutal – in Deutschland in den letzten Jahren zu Tode geprügelt worden? Welche Wut haben die Täter an ihren Opfern abgeladen? Damals wie heute stellen sich mir diese Fragen.

Rettung
eines Mädchens

Nach mehrstündiger Fahrt auf dem LKW erreichte unser Arbeitskommando am nächsten Tag Galati, eine Hafenstadt an der Donau. Wie ein Amphitheater breitet sich der Ort, der sich in Alt- und Neustadt unterteilt, am sanften Abhang eines Hügels aus, der von der Donau umspült wird. Im Hafenbecken ankerten Schiffe aller Art, vor allem Frachter und Fischerkähne.

Unser neues Quartier lag am Stadtrand. Nach der Massenunterbringung in Focsani erschien uns diese Unterkunft nun geradezu luxuriös. Nur etwa 300 Gefangene bewohnten den roten Backsteinbau, vorher vielleicht ein Gerichtsgebäude oder eine Schule. Wir lagen zwar auf Strohsäcken, hatten aber ein festes Dach über dem Kopf. Im Haus befand sich eine Arztstation, in der ein russischer und ein deutscher Arzt Dienst taten. Die Seitenflügel des Gebäudes umschlossen einen großen, schattigen Innenhof. Dieser Hof barg die eigentliche Attraktion des Lagers. – An einer der Hauswände spendete ein Wasserhahn, so oft man nur wollte, Wasser, da das große Haus an die örtliche Wasserversorgung angeschlossen war. Der Durst hatte – wenn auch nur für uns Gefangene dieses Teillagers – ein Ende.

Ein russischer und ein deutscher Kommandant leiteten das Lager. Die Russen suchten für solche Funktionen oft die ranghöchsten Unteroffiziere einer Kompanie, Feldwebel oder Wachtmeister, aus, die sich unter den Gefangenen Respekt verschaffen konnten. Der Deutsche war unter anderem für die Zusammenstellung der Arbeitskommandos und den reibungslosen Ablauf der Arbeiten verantwortlich.

Täglich rückten größere und kleinere Gruppen von Gefangenen zur Arbeit in Schneider-, Tischler- oder Schuhmacherwerkstätten oder zu Verladearbeiten am Hafen aus. Nach Monaten des Wartens und der Untätigkeit war ich froh, mich beschäftigen und, wo auch immer, nützlich machen zu können. Da ich keinen handwerklichen Beruf erlernt hatte, wurde ich den Verladearbeitern, dem „Bahnhofskommando", zugeteilt.

Der Verladebahnhof lag direkt am Donauufer. Am Kai wurden Transportgüter von der Schiene auf das Schiff geladen, nahe des Piers wechselte das europäische Normalspurschienennetz in die russische Breitspurweite über. Alle hier ankommenden Waren mussten demnach aus- und in entsprechend größere Waggons umgeladen werden. Die Güter, die per Schiff transportiert wurden, gelangten über die Donau zum Schwarzen Meer und von dort nach Odessa oder in andere Schwarzmeerhäfen. Die Transportgüter bildeten Reparationsleistungen aus Deutschland, Militärgut, Maschinen und Anlagen.

Die Arbeit war schwer und kostete viel Kraft. Aber sie war nach den Wochen des Nichtstuns auch eine Erlösung aus Resignation und Langeweile. Die überwundene Anstrengung schweißte die Kameraden unseres Arbeitskommandos enger zusammen.

Wir waren mit dem Abladen eines Waggons beschäftigt, als wir eines Tages aus Richtung des Hafenbeckens laute Schreie hörten. Es waren entsetzte, angstvolle Rufe. Die Schreie eines Kindes, die mehr und mehr in ein unartikuliertes Weinen und Heulen übergingen. Schnell unterbrachen wir die Arbeit, setzten die abgeladenen Sachen ab und liefen, ohne auf die russischen Posten zu achten, los. Die Wachposten taten es uns gleich, schulterten die Gewehre ab und rannten zum Kai. Ebenso wenig wie wir wussten sie, was am Ufer geschehen war. Aber vielleicht würden wir helfen können. Andere liefen aus Neugier mit. Doch was war passiert?

Am Ufer stand ein kleiner, vielleicht neunjähriger rumänischer Junge. Zitternd und gestikulierend wies er auf das Wasser und hörte nicht auf zu schreien. Weder die Russen

noch wir konnten seine Sprache verstehen, begriffen aber
– in die gewiesene Richtung schauend – schnell, was passiert war. Zwei Mädchen waren, vielleicht beim Spielen, ins
Wasser gefallen. Von einem der Kinder sah man noch die
Haare an der Wasseroberfläche, das zweite Mädchen schlug
mehrmals um sich, ehe auch die kleinen Hände im Wasser
versanken.

Wir überlegten nicht lange. Mehr als eine Verständigung
durch Augen und Gesten brauchte es nicht. Die Mädchen
drohten zu ertrinken. Russen wie Deutsche zögerten keinen
Augenblick. In Windeseile zogen zwei oder drei Gefangene und zwei russische Posten Schuhe und Stiefel aus. Der
dritte Posten nahm die Gewehre seiner Kameraden. Die
Russen waren die Ersten, die das Wasser erreichten. Denn
anders als die Deutschen, die auch noch die Jacken auszogen, stürzten sie sich in voller Montur ins Wasser. Der Uferbereich war an dieser Stelle gepflastert und fiel zum Wasser hin schräg ab.

Kopfüber sprang der erste Russe in das Hafenbecken
und zog sich, da er offenbar zu kurz gesprungen war, eine
Kopfwunde zu. Sein Kamerad, der ihm folgte, rief ihn zurück und schwamm nun selber auf die Stelle, an der eben
noch die Kinder zu sehen gewesen war, zu. Inzwischen waren auch die deutschen Gefangenen dort angekommen.
Aber von den Kindern war nichts mehr zu entdecken. Beide Mädchen waren schon untergegangen. Gemeinsam
tauchten der Posten und die Gefangenen, bis sie das erste
Kind gefunden hatten. Einer zog es ans Ufer, und wir anderen trugen das Mädchen die Böschung hinauf und legten
es hin.

Aufgeregt tönte es auf Russisch und Deutsch durcheinander. Ein Arzt, ein Krankenwagen müsste her. Der Dolmetscher sagte, dass der Postenführer beides schon angewiesen hätte. Aber was bis dahin tun? Keiner wusste recht,
was das Richtige in dieser Situation war. Das Mädchen war

ohnmächtig. Blass und reglos lag es da. Mir schoss durch den Kopf, dass ich diesen Erstfall ja schon mehrmals trainiert hatte. Daheim in Stettin hatte ich der DLRG – der Deutschen Lebens-Rettungs-Gesellschaft – angehört. Vom Tauchen über den Rettungsgriff bis zu Wiederbelebungsversuchen hatte man uns das Wichtigste für die Rettung von Ertrinkenden beigebracht.

Erst schwankte ich, sollte ich mich vordrängen? Kurz entschlossen beugte ich mich nieder, legte den Kopf des Mädchens auf die Seite, nahm seine Arme und begann mit der Wiederbelebung. Von der Brust zur Seite, von der Brust zur Seite. Immer und immer wieder. Ohne Pause wiederholte ich ein ums andere Mal alles so, wie ich es gelernt hatte. Es war gegen Mittag und brütendheiß, bald ging mir die Puste aus. Ein Posten, nicht viel älter als ich, bückte sich ebenfalls, sah mir genau zu. Zuerst dachte ich, er kontrolliere mich. Doch dann verständigten wir uns mit Augen und Gesten. Er löste mich ab.

Kurz bevor der Krankenwagen eintraf, hievte man das zweite Mädchen an Land. Der Arzt, der einige Worte Deutsch sprach, konnte nur noch den Tod des Kindes feststellen. Aber bei „unserem“ Mädchen gab es Hoffnung. Der Arzt gab dem Russen und mir zum Dank die Hand, und zwar beiden gleichzeitig: dem einen die Rechte, dem anderen die Linke. Offensichtlich lobte er uns in seiner Muttersprache und sagte zu mir dann auch auf Deutsch „Danke“. Der Russe und ich schauten uns an. Wir lächelten und nickten uns zu. Wir freuten uns zusammen, vielleicht hatten wir das Leben dieses Kindes gerettet.

Lange sah ich diesen Posten nicht wieder. Doch eines Tages, als wir von der Arbeit nach Hause marschierten, lief er neben meiner Reihe. Er rief etwas und lachte. Ich hörte nur: „Malenko!“ – Kleiner. Er hob den Daumen. Ich winkte ihm zu. Keiner verstand die Sprache des anderen. Und trotzdem fühlten wir, vor kurzem noch Feinde, uns in diesem Augenblick nah. Vielleicht war es hier, am Kai von Galati, als ich zum ersten Mal dieser besonderen russischen Mentalität begegnet bin. Für das, was man im Deutschen Gemüt nennt, kennen die Russen einen viel treffenderen Ausdruck – „russische Seele". In meinen fast vier Lagerjahren habe ich viel Schweres durchlitten, aber auch immer wieder diese spontane, warme Herzlichkeit bei Begegnungen mit russischen Menschen erlebt.

Die Ereignisse am Hafen waren natürlich Tagesgespräch im Lager. Leider erfuhren wir nicht, ob „unser Mädchen" durchgekommen war. Doch die drei Posten, erzählte der Dolmetscher, waren für ihr Verhalten belobigt worden. Die Platzwunde des einen musste genäht werden.

Die Rettungsaktion an der Donau war fast vergessen, als es etwa eine Woche später wieder Aufregung auf dem Verladebahnhof gab. Die deutschen Gefangenen waren in Aufruhr. Erregt diskutierten sie und standen tatenlos herum. Das hatte es hier bislang noch nicht gegeben. Keiner hatte auch nur daran zu denken gewagt: Die Deutschen verweigerten die Arbeit. Wir riskierten eine Menge. Denn niemand wusste, wie die Russen auf den „Streik" reagieren würden. Die Posten fluchten und drohten, wollten uns antreiben und zeigten demonstrativ auf ihre Gewehre. Ein Dolmetscher, der die Situation klären konnte, war nirgends zu sehen. Worum ging es?

Schwere Drehbänke aus Deutschland sollten auf einen Waggon geladen werden. Einer der Gefangenen, ein Maschinenschlosser, erklärte, dass er mehr als zwanzig Jahre an solchen Anlagen gearbeitet hatte. Je nach Größe, so schätzte er, würden die Drehbänke ein bis zwei Tonnen wiegen. Ohne Kran, stellte er fest, würde niemand diese enormen Gewichte bewegen können. Wir stimmten ihm zu. Wie festgegossen standen die Riesenmaschinen vor uns. Wie sollten wir diese Gewichte auf den Güterwagen stemmen? Ohne Hebevorrichtung ging gar nichts. Der Iwan hatte Ideen, – unglaublich! Schließlich kam der Dolmetscher. Im Hafen gäbe es nur zwei Kräne, erklärte er. Beide würden für den Umschlag auf das Schiff benötigt.

Postenführer und Dolmetscher berieten sich. Wir dagegen freuten uns. „Pause, Männer“, „Heute machen wir blau“, „Feierabend“, riefen wir. Der Postenführer schaute uns abfällig an und sagte, ehe er sich entfernte, mehrmals zu dem Maschinenschlosser, der das Wort führte, „Durak“, das russische Wort für Dummkopf.

Später erklärte uns der Dolmetscher seine Worte: „Die Deutschen stellen sich an wie Dummköpfe. Wenn sie keine Technik zur Verfügung haben, müssen sie sich eben andere Hilfsmittel suchen, improvisieren.“ Wir waren empört. Sollte der uns doch vormachen, was er meinte, mit seinen Leuten selber die Maschine anheben.

Mit ein paar zivilen Hafenarbeitern, zwei Russen und zwei Rumänen, kehrte der Postenführer zurück. Die Docker suchten sich unter den Gefangenen ein paar Helfer, und alle zusammen brachten wenig später starke Bohlen und lange, runde Holzstämme herbei. Andere holten Eisen- und Brechstangen und lange Seile. Dann begann die Lektion, die Russen und Rumänen den deutschen Arbeitsverweigerern erteilten. Mit den Brechstangen hoben sie die Drehbänke auf die Holzstämme, die als Rollen fungierten. Mittels der Seile und unter Schieben und Zupacken auf Kommando landete die Drehbank auf dem Wagen. Gute 20 Zentner. Ohne Kran. Danach wurde die Maschine mit Holzklötzen verkeilt und mit Drähten an allen Seiten festgespannt.

Danach ließ uns der Russe über den Dolmetscher wissen: „Nun Deutsche, seht, es geht!“

Wir hatten es gesehen. Die Lektion hatte gesessen. Wir schwiegen betreten. Keiner von uns hatte gedacht, dass das schwere Ding, die Werkbank, ohne Kran auch nur einen Zentimeter verrückt werden könnte.

Wo ein Wille ist, da ist ein Weg, bei den Russen stimmte offenbar das Sprichwort. Während des Krieges – und erst recht nach Kriegsende – hatten sie mit manchem Mangel zu kämpfen, mussten nach unkonventionellen und einfachen Lösungen suchen. Ein Kamerad erzählte davon, dass er nach Gefechten geknackte russische Panzer gesehen hatte, die noch nicht voll ausgerüstet waren. In einigen fehlten sogar die Sitze. An ihrer Stelle standen Holzkisten. Die Russen hatten den Deutschen trotzdem die Hölle heiß gemacht. Ja, es ging auch ohne Sitze.

Auch in den nächsten Tagen verluden wir Drehbänke und andere Maschinen. Es klappte wie am Schnürchen. Als ob wir nie anders gearbeitet hätten. Auch die russischen und rumänischen Helfer brauchten wir nicht mehr.

Manchmal begegneten uns die Männer noch auf dem Hafengelände. Wir grüßten sie dann freundlich – die Rumänen auf Rumänisch und die Russen auf Russisch – und sie erwiderten unseren Gruß.

Speck und Weintrauben

Im Vergleich zu den Gefangenen im Massenlager Focsani erlebten wir – etwa 200 Arbeiter des Bahnhofskommandos von Galati – den Himmel auf Erden. Aber das sollte sich erst nach geraumer Zeit herausstellen. Täglich mussten wir den langen Fußmarsch vom Lager am Stadtrand bis zum Hafen hin und zurück machen. Der Weg war lang und die Arbeit schwer. Von allen in dem großen Backsteinbau untergebrachten Kriegsgefangenen schienen wir das schlechteste Los gezogen zu haben.

Wenn wir abends müde bis zum Umfallen auf die Strohsäcke sanken, lag ein lag ein harter Tag Knochenarbeit hinter uns. Mir, erst 17 Jahre alt und kein Schwergewicht, fiel das Wuchten der schweren Transportgüter nicht leicht.

Aber ich biss die Zähne zusammen, wollte den Älteren in nichts nachstehen und strengte mich an. Weit besser, so schien es uns, waren die Schneider, Schuhmacher oder Tischler dran.

Was zuerst ein Nachteil schien, schlug bald in unseren Vorteil um. Nicht nur schweres Gerät, Maschinen und Anlagen, wurden nämlich auf dem Verladebahnhof und am Kai von Galati umgeschlagen, sondern auch allerlei Gebrauchsgüter, insbesondere Kleidung. Das reichte von der dicken russischen Wattejacke bis zu blanken Militärstiefeln oder Unterwäsche aus Armeebeständen. Ganze Waggonladungen dieser Schätze lagerten tagelang auf dem Bahnhofsgelände, ehe wir sie weiterverluden.

Wir bestaunten die Reichtümer, die zum Greifen nah vor uns lagen. Nach Monaten der Gefangenschaft wirkten einige Gefangene, mit abgelaufenem Schuhwerk und zerschlissener Kleidung, schon recht abgerissen. Wie gut könnte man das eine selbst gebrauchen und das andere vielleicht bei den Rumänen tauschen. Die Verlockung war groß. Und bei all dem herrschenden Mangel, vor allem an Lebensmitteln, ließen wir uns diese Chance nicht entgehen.

Am Bahnhofseingang kontrollierten ständig Posten die Gefangenen, die am Abend den Bahnhof verließen. Selbstverständlich war das Mitnehmen – sprich Klauen – von Gütern aller Art streng verboten. Dieben drohten empfindliche Strafen. Sie landeten für einen Tag im „Karzer", einem engen Raum auf dem Boden unseres Lagers, ohne Strohsack und Verpflegung. Ließ sich jemand mehrmals erwischen, wurde er zusammen mit anderen Delinquenten als „zum Arbeiten ungeeignet" in das Massenlager Focsani zurückgeschickt.

Beim Passieren der Pforte mussten wir die Jacken aufschlagen. Stichprobenartig wurden einige auch strenger gefilzt und abgetastet. Aber es gab viele Tricks, die russischen Kontrolleure zu überlisten. So bot es sich an, z. B. ein

Hemd unter die Mütze zu stopfen oder auf der Toilette eine zweite Unterhose über die erste zu ziehen. Diese Beute während des Heimwegs wieder loszuwerden, war allerdings ein bisschen schwierig. Drei Mann leisteten Schützenhilfe beim Ausziehen – zwei Kameraden griffen dem Unterhosen-Besitzer unter die Arme, der dritte zerrte ihm die Hose aus. Feixend beobachteten die anderen die Aktion.

Anders die russischen Posten. Eingeweiht und an unseren Geschäften beteiligt, schauten sie sich in dieser Zeit angestrengt die schöne Umgebung an. Der begleitende Offizier durfte von dem Handel natürlich auf keinen Fall erfahren.

Ich hatte meinen eigenen Dreh beim Schmuggeln. Ich hatte mir ein paar Schuhe besorgt, die zwei bis drei Nummern zu groß waren. Diese Quadratlatschen bildeten ein wunderbares Versteck. Je ein dünnes Hemd als Fußlappen um den Fuß gewickelt, verließ ich schlurfend das Bahnhofsareal. Morgens noch gut zu Fuß, musste ich abends oft humpeln. Beim Ausziehen halfen wieder die Kameraden. Sooft ich meinen Schuhtrick auch anwendete, der Begleitoffizier hat nie etwas bemerkt. Andere erfanden ebenso raffinierte Kniffe.

Immer dieselben Posten begleiteten uns vom Verladebahnhof zum Lager am Stadtrand. Unser Verhältnis zu ihnen war bestens. Anders als die Wachposten am Bahnhof wurden „unsere Posten" bald zu unseren wichtigsten Vermittlern und Helfern, um die Sachen überhaupt an den Mann bringen zu können. Während des Heimmarsches verhandelten sie mit den Rumänen, die schon verstohlen am Straßenrand warteten, und mit uns. Egal was wir zum Tauschen anbieten konnten – Posten und Gefangene haben immer halbe-halbe gemacht. Die Rumänen kannten diese ungeschriebenen Geschäftsbedingungen und hatten die Sachen jeweils schon vor der Übergabe in zwei Hälften geteilt.

Was wir gegen Hemden und Unterhosen eintauschten? Vor allem Lebensmittel. Ein Stück Speck oder Wurst. Weintrauben und anderes Obst. Die Lagerverpflegung war äußerst knapp und einseitig. Morgens stand z. B. Erbsensuppe auf dem Speiseplan, mittags Erbsenbrei und am Abend eingedickte Erbsensuppe. So ging es wochenlang. Kartoffeln gab es fast nie. Die Russen hatten ja Zigtausend deutsche Kriegsgefangene in Rumänien, aus dem sie das mit Hitler verbündete faschistische Antonescu-Regime verjagt hatten, zu versorgen. Speck und Weintrauben konnte man wiederum gegen anderes eintauschen. Im Lager machten wir Bahnhofsarbeiter mit den „Handwerkern" kleine Geschäfte und wechselten Speck in Tabak ein oder Weintrauben in Brot. Ebenso hielten es die russischen Posten untereinander, die nicht besser als wir verpflegt wurden.

Einige Zeit später drohte unser Kleinhandel zu platzen. Die Gefahr, geschnappt zu werden, war zu groß. Denn einige Gefangene hatten begonnen, ihre „Geschäfte" auszuweiten. Sie hatten von Maschinen, die zum Umladen bereitstanden, die Motoren abmontiert. Auch diese wollten sie an die Rumänen verhökern und versprachen sich saftige Gegenleistungen dafür. Im geeigneten Augenblick legten sie die Motoren am Zaun des Verladebahnhofs ab, um sie nach Verlassen des Geländes über die Umzäunung zu hieven. Ein paar Mal gelang ihnen der Deal. Aber irgendwie kam dann der Diebstahl heraus.

Nun hörte der Spaß auf. Das war keine Kleinigkeit mehr, über die man hinwegsehen konnte. Die Kontrollen wurden verschärft, fast jeder am Ausgang gefilzt. Die Maschinen, die dringend für den Wiederaufbau Russlands benötigt wurden, erklärte der Dolmetscher, seien ohne die Motoren vollkommen wertlos. Mit Motoren wollten auch unsere Posten nichts zu tun haben. Während sie für unseren „Mundraub" Verständnis gehabt hatten, denn er entsprang ja unserem Lebenserhaltungstrieb, wollten sie Handlungen zum

Nachteil ihrer Heimat nicht dulden. Ihr Tonfall und die Mienen verrieten es, als sie die ertappten Motorendiebe zur Rede stellten.

Damit unser Kleinhandel weitergehen konnte, mussten wir uns mit den Motorenschmugglern auseinandersetzen. Wegen der strengen Kontrollen hatten wir das Schachern zeitweilig aufgegeben. Wir stritten mit den Motorendieben. Fast kam es zum Gerangel. Für die Maschinen bekamen sie nämlich, falls es klappte, eine schöne Stange Geld. Aber diejenigen, die vom „kleinen Handel" profitierten, waren in der Überzahl. Nur unsere Übermacht brachte die anderen dazu, die Schmuggelei mit den wertvollen Wirtschaftsgütern aufzugeben. Und so konnten wir nach einiger Zeit unsere harmlosen Mausereien wieder aufnehmen.

Durch die Zusatzverpflegung und das gute Verhältnis zu den Wachposten war das Leben in diesem Lager wirklich erträglich. Im nachhinein waren wir waren froh, uns zur Arbeit gemeldet zu haben. Die Tätigkeit am Hafen bescherte uns nicht nur manche Sonderration, sondern lenkte auch von dem, was noch kommen würde, ab. Währenddessen saßen Massen von Gefangenen untätig im Lager Focsani fest.

In dem kleinen Lager am Rande von Galati wären wir gern bis zum Ende unserer Gefangenschaft geblieben. Doch nach unseren Wünschen wurde in dieser harten Zeit nicht gefragt. Auch dieses Lager wurde nach einigen Wochen aufgelöst. Wie Tausende Gefangene aus Focsani wurden wir in Waggons weiter in Richtung Osten transportiert. Wehmütig mussten wir Weintrauben und Speck Ade sagen.

Die Nacht im Karzer

Doch vorher muss eine Begebenheit, die ich in Galati erlebt habe, ergänzt werden. Wie schon erwähnt gab es in unserem Lager in Galati neben dem russischen auch einen deutschen Kommandanten. Er war kein „scharfer Hund" und wurde von den Gefangenen allgemein als „umgänglich" eingeschätzt. Diese „Umgänglichkeit" des deutschen Lagerchefs, eines Oberfeldwebels, wäre mir kurz vor Ende unserer Gefangenschaft in Galati fast zum Verhängnis geworden.

Unser Lager hieß unter den Gefangenen auch „Schuster- und Schneiderlager". In mehreren Werkstätten waren Gefangene damit beschäftigt, Schuhe, aber auch Kleidungsstücke, insbesondere Wintersachen, für das große Lager in Focsani zu reparieren bzw. durchzusehen und zu sortieren. Auf Hockern oder Bänken sitzend, sortierten sie Uniformen, nähten Knöpfe an, hefteten Risse wieder zusammen, nagelten Schuhsohlen fest.

Aber wozu brauchten wir Wintersachen? Wir stöhnten seit Wochen unter der rumänischen Sommerhitze. Wir mussten uns offenbar auf einen längeren Aufenthalt in Rumänien einstellen, wo auf trocken-heiße Sommer oft schneereiche kalte Winter folgen, wie uns die rumänischen Transportarbeiter erzählten. Kaum einer besaß noch einen Wintermantel. Und die kleinen schwarzen Jacken der Panzerbesatzungen oder die kurzen grauen Panzergrenadierjacken waren ja nur Sommerjacken. Dass wir den Winter bereits viele Längengrade weiter östlich, tief in Russland, erleben würden, damit rechneten wir damals freilich noch nicht.

Das Nähen und Ausbessern der Sachen war eintönig. Abwechslung gab erst abends, wenn unser Bahnhofskommando ins Lager einrückte. Kaum hatten wir den Schlafraum betreten, bestürmten uns die Schneider und Schuhmacher. – „Was habt ihr heute zum Tauschen mitgebracht?" Bevor man uns zur Abendsuppe „einlud", verwandelte sich der Schlafsaal regelmäßig in eine Art Basar. Ein Hemd gegen ein halbes Kilo Weintrauben, ein Stück Speck für einige Zigaretten. Nicht alle beteiligten sich an den Tauschgeschäften, denn die Angst vor Bestrafung, dem Karzer oder – schlimmer – dem Rücktransport nach Focsani, war immer da.

Man durfte sich eben nicht erwischen lassen. Falls man doch einmal ertappt wurde, erging es dem „Ersttäter" gar nicht so schlimm. Ihm blühten eins, zwei Tage Karzer. Der „Bau", ein Raum mit Zementfußboden, in der Mitte ein Abflussloch, vielleicht für eine ehemalige Waschküche, befand sich auf dem Dachboden. Das „Gefängnis" war kahl, Betten oder Strohsäcke gab es dort nicht. Während der Haft musste man selbstverständlich Kohldampf schieben. Beim zweiten Mal Klauen hieß es für den „Rückfälligen" endgültig: zurück nach Focsani, ins Massenlager. Ich hoffte, dass ich Focsani nie wiedersah und auch die Zelle niemals betreten musste. Doch es kam anders.

In Rumänien, am Tage Hitze und nachts sehr kühl, kann man sich leicht erkälten. Wir wunderten uns täglich, dass die rumänischen Transportarbeiter breite warme Wollschals um den Bauch gebunden trugen. Gehörte das zur traditionellen Bekleidung? Nein, erklärten die Rumänen. Den Wechsel von Hitze und kaltem Wind vertragen die Nieren nicht. Jung und leichtsinnig, wie ich damals war, nahm ich mich trotzdem nicht in Acht.

Es dauerte nicht lange, und ich hatte mich stark erkältet. Der Lagerarzt schrieb mich einige Tage „innendienstfähig". D. h. ich durfte etwa eine Woche nicht im Bahnhofskommando arbeiten. Der Innendienst säuberte den Hof und die Räume, fegte, wischte und putzte die Toiletten. Auch das kleine Gebäude, in dem der deutsche Kommandant untergebracht war, musste gereinigt werden.

Eines Tages fragte mich der Kommandant, ob ich nicht mitkommen wolle in die Stadt, um ein Stück Kuchen zu essen. Ich lachte und sagte: „Ja, im nächsten Jahr, in Deutschland!" Seine Frage konnte ja nichts anderes als ein Witz gewesen sein.

Doch ich erfuhr, dass der deutsche Arzt und der Kommandant das Recht hatten, in Begleitung von Posten in der Stadt Kleinigkeiten für das Lager einzukaufen. Tags darauf hieß es vormittags: „Wir gehen in die Stadt, du hilfst beim Tragen."

Der Kommandant, ich und ein weiterer Kamerad, der ebenfalls Innendienst schob, zogen los. Begleitet von zwei Posten, darunter ein russischer Sergeant. Es war aufregend, sich zwar mit Wachposten, doch nicht wie üblich in Kolonne fast „frei" durch die Stadt bewegen zu können. Wir sahen am Hafen die Schiffe ankern, die Sonne schien. Der Kommandant und der russische Sergeant schienen sich gut zu verstehen. Der Oberfeldwebel hatte offensichtlich während des Russlandfeldzuges ein paar Brocken Russisch gelernt. Das war unser Unglück: Die beiden verstanden sich zu gut.

Wir klapperten ein paar Geschäfte ab. Die nächste Station – wir freuten uns auf den versprochenen Kuchen – war ein Café in der Innenstadt. Wir nahmen in einem Hinterzimmer Platz, der Kommandant verhandelte mit der rumänischen Kellnerin. Er und der Sergeant verschwanden, während der andere Posten bei uns blieb. Nach einer langen Hungerstrecke gingen uns nun die Augen über: Die Kellnerin brachte einen großen Teller Kuchen, sogar Tortenstücke dabei, ebenso lecker anzusehen wie schmackhaft. Wir konnten essen, so viel wir wollten, es war alles bezahlt. Aber mitnehmen durften wir nichts. Dem Posten brachte die freundliche junge Kellnerin Tabak und Wein.

Wir verputzten restlos alles, bis auf den letzten Krümel. Wer weiß, wann wir jemals wieder Kuchen sahen. Der Posten bot meinem Kameraden von seinen Machorka-Zigaretten an.

Wir hatten allerdings begriffen: Von diesem „Einkauf" und dem „Kaffeeklatsch" durfte niemand im Lager erfahren. Sonst würde es mächtigen Ärger geben. Wir beschlossen, kein Sterbenswörtchen über unseren „Caféhausbesuch" zu verlieren. Die anderen hätten es ohnehin für ein Märchen gehalten.

Was der Kommandant und der Sergeant in dieser Zeit taten? Ich weiß es bis heute nicht. Allerdings schien er diesmal zu leichtsinnig gewesen zu sein. Er hatte sichtlich einen über den Durst getrunken, als er uns, begleitet von dem russischen Sergeanten, abholte. Wein- und redselig verwickelte er sogar uns einfache Soldaten ins Gespräch. Das konnte nicht gut gehen!

Kaum zurück im Lager, setzte schon an der Wache ein Donnerwetter ein. Der Wachhabende stellte den Sergeanten scharf und bellend zur Rede. Mein Kamerad und ich duckten uns. „Faschist", hörten wir mehrmals heraus. Das klang gefährlich. Wir konstatierten: Wie kann man mit den Faschisten trinken!

Unser „Sonderausgang" endete mit Bestrafung. Mein Kamerad und ich landeten im Karzer. Mit uns jungen Hanseln saß der deutsche Kommandant in der Zelle ein. Er war immer noch nicht ganz nüchtern.

Wir saßen dort, wo wir nie hingewollt hatten. Die Nacht war kühl, der Fußboden – ohne Decke – eiskalt. Der Kommandant, inzwischen wieder klar, beruhigte uns. „So schlimm wird es schon nicht kommen!"

Aber es kam doch schlimm. Sehr früh am Morgen weckten uns der russische Kommandant und zwei Wachposten mit „Stiefeln". Der Russe brüllte den Deutschen zusammen. Sein Geschrei war noch unten im Schlafsaal zu hören, wie uns die Kameraden später mitteilten. Eingeschüchtert wichen wir in eine Ecke zurück. Wir verstanden fast nichts, konnten uns aber unseren Teil denken.

Unser Chef verschlimmerte die Sache noch, als er auch zu brüllen begann. Das machte den russischen Lagerchef noch wütender. Er zog seine Pistole, um sich Respekt zu verschaffen. In seiner Erregung fuchtelte er mit der Waffe umher. Mehrmals zeigte der Lauf auch in unsere Richtung. Wir verhielten uns mucksmäuschenstill und hofften, unser deutscher Vorgesetzter würde Vernunft annehmen und lieber schweigen.

Der russische Kommandant musste sehr verärgert gewesen sein. Er war schließlich für Ordnung und Disziplin in der Wachmannschaft und im gesamten Lager verantwortlich. „Eigenmächtigkeiten" wie die des Oberfeldwebels konnte er nicht dulden. Wir hatten ihn vorher als ruhig und ausgeglichen kennen gelernt. Er zählte nicht zu den „Deutschenhassern". Wir wünschten inständig: Hoffentlich verlor er nicht die Nerven! Es hätte sich nicht gelohnt, für ein paar Stücke Kuchen zu sterben.

So dicht hatte ich die Mündung einer Waffe bisher noch nicht vor mir gesehen. Selbst nicht unter Trommelfeuer an der Front. Dort hatte uns ein „anonymer" Gegner mit seinen Katjuschas beschossen und das Fürchten gelehrt.

Aber beide Kommandanten beruhigten sich langsam. Ich glaube fast, ich konnte den Stein hören, der mir in diesem Moment vom Herzen plumpste. Während die Posten den Kommandanten in die Mitte nahmen und abführten, mussten wir noch ein paar Stunden „brummen". Was die Russen mit unserem Kommandanten wohl vorhatten? Wir befürchteten das Schlimmste!

Wer kann sich unser Erstaunen am nächsten Tag vorstellen: Einträchtig nahmen der russische und der deutsche Kommandant den Morgenappell ab. Ganz so, als ob nichts vorgefallen wäre!

Hatte der russische Kommandant so schnell vergessen können? Wollte er die „Undiszipliniertheit" unseres Kommandeurs vor den Gefangenen nicht öffentlich machen, um die Ordnung nicht noch mehr zu untergraben?

Uns brauchte er nicht erst zum Schweigen über das Vorgefallene zu verpflichten, was er auch nicht tat. Wir hatten die Hosen sowieso voll, und was ging unser „Ausflug" unsere Mitgefangenen an?

Aber trotz der Todesangst, die wir für ein paar furchtbare Minuten empfunden haben. – Der Kuchen, in vielen Jahren der Gefangenschaft der einzige, den wir zu kosten bekamen, hat einfach köstlich geschmeckt.

Von Galati nach Russland

Nach Galati, der Hafenstadt an der Donau, sollten wir uns später, im Rückblick, noch oft zurücksehnen. Aber das konnten wir, als wir Anfang September in Güterwaggons weiter nach Osten rollten, noch nicht ahnen. Wieder galt es, sich auf dem Boden oder auf erhöhten Pritschen inmitten der Kameraden einzurichten, sich, so schwer es auch fiel, abzufinden: mit der Enge, der kargen Nahrung, mangelnder Hygiene. Was blieb uns anderes übrig, als dem Schicksal seinen Lauf zu lassen? Flucht oder Auflehnung waren unmöglich. Wir hatten den Krieg verloren, waren als Gefangene den Russen auf Gedeih und Verderb ausgeliefert.

Dabei war ich einem anderen, möglicherweise schlimmeren Schicksal vielleicht nur knapp entgangen. Erst viel später begriff ich, in welcher Gefahr ich in Galati geschwebt hatte, als ich mich auf Gespräche mit einigen undurchsichtigen Gestalten, Rumänen, einließ, die die Nähe der deutschen Kriegsgefangenen gesucht hatten.

Unsere kleine Gruppe Gefangener war dabei, im Hafen Zuckersäcke zu verladen, als sich rumänische Zivilisten näherten. Sie verteilten an Posten und Gefangene Zigaretten. Obwohl sie weder Deutsch noch Russisch zu beherrschen schienen, leisteten sie uns Gesellschaft. Sie hatten anscheinend viel Zeit und nichts Besseres zu tun. Am nächsten Tag kamen sie wieder. Diesmal brachten sie Weintrauben mit. Die Posten hatten Vertrauen zu ihnen gefasst und ließen sie gewähren. So fiel ihnen auch nicht weiter auf, dass die Rumänen plötzlich doch ein paar Worte in Deutsch an uns richteten. Sie wollten, so sagten sie, uns zu Flucht verhelfen.

Hatten wir richtig gehört? Konnte das möglich sein? Wir konnten es kaum glauben. Unsere Aufregung über dieses Angebot ließ sich nur schwer verbergen. Für einen kurzen Augenblick blitzte Hoffnung auf. Was wäre das für ein Glück – nach Hause, zur Familie in die Heimat zu kommen. Einem der Kameraden gelang es, hinter einem Waggon versteckt von den Rumänen Genaueres über die angebotene Fluchthilfe zu erfahren.

Die Rumänen meinten ihr Angebot ernst, berichtete der Kamerad später im Lager. Alles sei vorbereitet. Unsere Helfer würden auf dem unübersichtlichen Hafengelände einen Weg finden, die Russen abzulenken und uns herauszuholen. Wirklich? Das wollten wir von den Rumänen selber hören.

Am nächsten Tag stießen unsere neuen „Freunde", während wir arbeiteten, wieder zu uns und bestätigten alles. Ohne zu überlegen waren drei, vier Kameraden sofort bereit zu fliehen. Aber plötzlich schienen unseren Rettern doch Bedenken zu kommen. Sie schüttelten den Kopf. Nein, ganz so war das nicht gemeint. Nein, nicht für alle sollte ihre Offerte gelten. Nur den Jüngeren unter uns, den Kräftigen und Gesunden, galt das Angebot. Auch ich, sportlich und durch die „Zusatzverpflegung" in guter Verfassung, gehörte mit zwei wenig älteren Kameraden zu den Auserwählten für die geplante Flucht. Fast drängten unsere Helfer. Wir sollten uns schnell entscheiden. In den nächsten 24 Stunden würden sie unser Verschwinden organisieren.

Wir waren stutzig geworden. Warum nur die Jungen? Wir weihten ein paar Kameraden im Lager ein. Es stellte sich heraus, dass auch andere jüngere Gefangene entsprechende Angebote erhalten hatten. Bei ihnen waren die Rumänen deutlicher gewesen. Sie hatten den Grund für ihre „Hilfsbereitschaft" genannt. Sie suchten junge, kräftige Gefangene für den Dienst in der Fremdenlegion. Wir sollten als Söldner ins Ausland angeworben werden. Sicher würden die Rumänen für jeden Einzelnen von uns ein saftiges Kopfgeld von ihren Auftraggebern kassieren.

Aber nein, für uns alle drei kam das nicht in Frage. Wir waren heil aus dem Schlamassel herausgekommen. Und nun wieder in den Krieg ziehen? Wieder das Leben, diesmal für fremde Ziele zu riskieren waren wir nicht bereit. Auch das Geld konnte uns nicht locken. Solche Abenteurer waren wir nun doch nicht. Als am nächsten Tag die Rumänen wiederkamen, stießen sie bei uns auf taube Ohren. Später fragte ich mich viele Male, in welchem Zipfel der Welt ich wohl gestrandet und wie mein Leben verlaufen wäre, wenn ich mich auf dieses „Abenteuer" eingelassen hätte ...

Endlos ratterte unser Zug Tag und Nacht ins Unbekannte. In den halbdunklen Waggons durchfuhren wir Moldawien und die Ukraine. An Stationen dieser eintönigen Reise kann ich mich kaum noch erinnern. Dafür spult sich anderes in meinem Gedächtnis immer wieder ab: Zur Untätigkeit verdammt, hatten die Kameraden, um die Zeit totzuschlagen, begonnen, reihum von ihren Kriegserlebnissen zu berichten. Die Enge im Waggon hatte eine seltsame Nähe unter den darin Eingeschlossenen geschaffen.

So kam – in dieser Situation unfreiwilliger Zusammengehörigkeit – auch manches Unaussprechliche zur Sprache. Einige Geschichten kannte ich schon bis zum Überdruss aus dem Lager. Aber anderes war neu und kaum zu glauben. Schrecklich. Während die Kameraden, von denen ich einige ganz gut zu kennen glaubte, auf langer Fahrt erzählten, brach eine Welt für mich zusammen.

Es gab auch lustige Geschichten. Manche Landser hatten während des Krieges die Welt gesehen. Sie waren in

Frankreich oder Italien dabei gewesen. Sie hatten den Eiffelturm und den schiefen Turm von Pisa bestaunt. Hübsche Französinnen und Italienerinnen kennen – und lieben! – gelernt. Wie schöne Urlaubserinnerungen muteten ihre Berichte nun im Rückblick an.

Andere Geschichten hatten einen ersten Hintergrund. An der Ostfront hatte ein Kamerad in der Gegend von Kursk gleich mehrere Panzer geknackt, zwei andere während des Rückzuges unter Feindbeschuss eine Brücke vermint. Wie viel davon Prahlerei war, war schwer zu erraten. Schwäche wollte keiner im Waggon vor den anderen zeigen.

Ich dachte an meine Feuertaufe in der Slowakei zurück, wagte aber nicht davon zu erzählen. Zu unbedeutend schienen mir im Vergleich zu den Leistungen der Altgedienten meine Verdienste. Ich hatte, als es ernst wurde, in meinem Schützenloch zwar einem der größten Trommelfeuer des Krieges mit der Stalinorgel standgehalten, wie ich später erfuhr. Aber bevor die Russen mit Panzern und Infanterie vorrücken konnten, war der Befehl zum Rückzug gekommen. Ich schämte mich. Eingesetzt an der vordersten Frontlinie, hatte ich doch mit meinem Aufpflanzgerät für das Abfeuern von Kleinstgranaten – einer Neuentwicklung – nicht einen einzigen Schuss abgefeuert!

Ja, damals schämte ich mich. Heute bin ich froh, keinen Schuss abgegeben zu haben.

Jedes Mal, wenn der Zug anhielt, sagte derjenige, der oben auf der Pritsche, in der Nähe des Ausgucks, lag, die Namen der Bahnhöfe an. Hunderte Kilometer legte der Gefangenentransport zurück, über Kischinjow und Kiew bis Brjansk – quer durch die einst von der Wehrmacht besetzten Gebiete. Einige der Landser in unserem Wagen waren – in unterschiedlichen Truppen- und Landesteilen – während des Krieges im Osten stationiert gewesen. Besonders diese erfahrenen Russlandkämpfer hatten viel zu erzählen.

In der Gegend von Orjol, so erinnerte sich einer der Landser, hatte er an einer Strafaktion seiner Kompanie gegen ein Dorf mitgewirkt: „Die Verpflegung war ausgegangen, denn der Tross war noch nicht da. Also wollten wir beim Iwan etwas zu essen organisieren. Aber die Leute waren verstockt. Sie wollten nichts rausgeben. Wir haben 20 Frauen und Kinder zusammengetrieben und gedroht: ‚Verpflegung her, dann lassen wir sie laufen. Gebt ihr nichts, dann werden sie erschossen.‘"

Wollten die Dorfbewohner nicht verstehen, oder hatten sie, ohne Dolmetscher, die Forderungen der Deutschen gar nicht begriffen? Egal. Ungerührt sagte der Erzähler: „Wir haben sie erschossen." Einige Soldaten hätten sich damals geweigert zu schießen, meinte er noch. Jemand rief aus einer Ecke des Waggons „Ich hätte auch nicht geschossen!", und fand Unterstützung bei seinen Waggonnachbarn. „Iwanfreunde" war noch die harmloseste Beschimpfung, die ihnen aus dem Wagen entgegenflog.

Ein anderer war stolz auf sein „gutes" Verhältnis zur russischen Bevölkerung. „Wir haben – die Offiziere haben das gar nicht gern gesehen – mit dem Russen öfter Wodka getrunken. Und die Russinnen", sagte er schwärmerisch, „ ja, die waren auch nicht ohne ..." Um junge Frauen und Mädchen näher „kennen zu lernen", hatte man seine Tricks gehabt. Die Landser waren in den Ortschaften von Haus zu Haus gezogen und hatten in Wohnungen und Kellern „nach versteckten Waffen" gesucht. Dass sich die Mädchen und Frauen in Verschlägen und Kammern verkrochen hatten, nutzte ihnen meist nichts. Die Deutschen spürten sie doch in ihren Verstecken auf, nahmen sie mit oder missbrauchten sie, oft zu mehreren, gleich dort.

„Erinnerst du dich an die Blonde mit den Zöpfen, Paul?", fragte der Landser einen mir gut bekannten, freundlichen Kameraden vom Bahnhofskommando Galati. „Die hätte gut und gern auch ein BDM-Mädchen abgegeben." Paul zögerte, ihm war sichtlich unwohl, ehe er schließlich antwortete. Die Blonde, so erfuhren wir, hatte den Erzähler mit einem Steintopf verletzt, ehe vier Mann sie schließlich bändigen und in einem Schober „zur Ruhe" bringen konnten. Paul und seine Freunde, so stellte sich heraus, hatten in vielen Häusern „nach Waffen gesucht".

Ich wollte nichts mehr wissen. Ich drehte mich auf meiner Pritsche um und konnte doch nicht weghören. Das alles konnte, durfte nicht stimmen. Empfand denn niemand Schuldgefühle? Schämte sich niemand außer Paul? Im Gegenteil. Der Erzähler war sogar noch stolz auf seine Taten. Ich erkannte meine eigenen Kameraden nicht wieder. Es war nicht die Mehrzahl der vielleicht 80 Soldaten im Waggon. Aber es waren doch mehrere Landser, die solche „Geschichten" erzählten.

Hatten sie bei ihrem Tun nicht an die Frauen und Mädchen in Deutschland gedacht? Sie waren doch Ehemänner, Väter, Söhne, Brüder. Es war schließlich nicht vom Mut vor dem Feind die Rede. Sie sprachen von Vergewaltigung und Mord. „Anständigkeit" und „Ehre" – die Werte deutschen Soldatentums. Deutschland – „ein Hort von Geist und Kultur". Alles nur Phrasen. Der Erzähler fühlte sich sogar im Recht. Schließlich war Krieg gewesen, und offenbar änderte das alles. Menschenrechte und Menschenwürde galten nichts mehr.

Aus den Lazaretten und aus der Gefangenschaft heimgekommen, haben später viele Soldaten, die während des Zweiten Weltkriegs im Osten gekämpft hatten, zeitlebens über manches dort Erlebte geschwiegen.

Ich verhielt mich still. Wie sollte ich das verdauen? Auch heute noch, in der Erinnerung, laufen mir die Bilder von damals im Kopf nach. Mit Paul, dem Kumpel vom Bahnhofskommando, und seinem Freund, dem Erzähler, habe ich nie wieder ein Wort gesprochen.

Auch das offizielle Schweigen über dieses Thema hält heute – selbst nach über 50 Jahren – noch an. Aber die Fragen sind geblieben. So erregt seit einigen Jahren eine Ausstellung in Deutschland Aufsehen. In welcher Stadt sie auch gezeigt wird, stets werden Proteste gegen sie laut. Neonazis, aber auch alte Frontkämpfer demonstrieren oder versuchen, die Schau zu stören. Denn ihr Thema ist auch noch nach einem halben Jahrhundert bei vielen Deutschen tabu. „Die Verbrechen der Wehrmacht" werden mit Originaldokumenten, Fotos und Schriftstücken, an zahlreichen, unwiderleglichen Einzelbeispielen dokumentiert. Belegt wird, dass nicht nur Hitlers Einheiten der SS und des SD im Osten Verbrechen begingen und Zivilisten umbrachten – in den besetzten Teilen Russlands mindestens eine Million Menschen –, sondern auch reguläre Einheiten der Wehrmacht am Morden beteiligt waren.

Viele Angehörige von Gefallenen wollen davon nichts hören. Sie wollen das Andenken ihrer Toten nicht beschmutzen. Aber wie hätten – in diesem schmutzigem Eroberungskrieg – die Soldaten sauber bleiben können?

An Anstand und Ehre in den eigenen Reihen konnte ich, am Ziel unserer Fahrt angekommen, nicht mehr glauben.

Ein rätselhafter Todesfall

Wer den russischen Winter und seine klirrende Kälte nicht erlebte, kann sich kaum eine Vorstellung vom Leben in diesem Land machen.

Unser Lager, zu dem wir aus Rumänien nach Russland – den Begriff Sowjetunion kannten wir noch nicht – kamen, war ein abgebranntes Dorf in der Nähe von Brjansk. Von vielen Häusern und Scheunen standen nur noch die Grundmauern. Verkohlte Balken ragten aus den Trümmern. Über dem Ort der Verwüstung wehte ein kalter Wind.

Es war bereits Ende September, die Kälte drang empfindlich in unsere zerschlissenen Uniformen, und mit den Temperaturen sanken unser Mut und unsere Moral. Nirgends war eine Behausung oder Unterkunft für unsere Gruppe von etwa 300 Gefangenen zu entdecken. Aus dem warmen Rumänien waren wir in die Kälte Russlands gekommen.

In der ersten Nacht unter freiem Himmel hielt uns der scharfe Wind, mehr noch aber unsere Verzweiflung wach. Schock oder Lethargie beherrschten viele meiner Kameraden. Schlimme Befürchtungen machten die Runde: „Hier werden sie uns verrecken lassen“, „Nun werden sie sich rächen“, „In Russland wird niemand von uns den Winter überstehen.“ Noch zu lebendig war in unseren Köpfen die Nazipropaganda: Die Russen machen keine Gefangenen.

Ich, noch unter dem Eindruck des im Waggon Gehörten, war tief bedrückt. Nur zu wahrscheinlich erschien mir, was die anderen vermuteten: Nun würden uns die Russen das vergelten, was wir ihrem Volk angetan hatten. Ich hatte zwar den Krieg überlebt. Das war viel. Als einer der Gesündesten in der Gruppe hatte ich die Strapazen des Transports besser als andere ertragen. Dabei war mir meine Jugend zugute gekommen. Aber wie lange würde meine Kraft für das, was uns hier – am Ende der Welt – bevorstand, reichen?

Kurz nach Sonnenaufgang befahl der Kommandant, ein Oberstleutnant der Roten Armee, zum Appell. In Reih und Glied hörten wir seine militärisch knappe Rede. Der Dolmetscher übersetzte: Noch heute werden Zelte eintreffen. Jedes Zelt erhält einen eigenen Ofen. Später werden wir selbst feste Unterkünfte bauen. Und in weniger als sechs Wochen hätten wir ein festes Dach über dem Kopf: mit Holzpritschen und Strohsäcken. Der letzte Satz veranlasste viele Gefangene, laut und hämisch zu lachen.

Tatsächlich fuhren nur wenige Stunden später klapprige LKWs mit Ladungen olivgrüner russischer Militärzelte vor. Mit Hilfe der sowjetischen Soldaten schlugen wir die ersten Planen über die Zeltstangen. Inzwischen hielten mehrere, von mageren Pferden gezogene Panjewagen, voll beladen mit Stroh.

Jedes der Zelte bot Raum für etwa 15 Männer. Zu meinen Schlafgefährten gehörten Rudolf, ein Junge aus Magdeburg, und Manfred, der aus einem Dorf bei München stammte. Fast gleichaltrig, hatten wir während des Transports einander Mut zugesprochen: Wir waren jung, und wir wollten leben! Erschöpft sanken wir am Ende dieses Tages auf unsere Lager und fanden – komfortabler als in der Nacht vorher – sogar Schlaf: unter einem Segeltuchdach auf russischem Stroh. Hinter dem Zeltlager dehnte sich das weite und bewaldete Brjansker Land.

Am Morgen darauf kam der „Ofenbauer", wahrscheinlich aus dem nahen Dorf, in dessen Ruinen sich die Menschen so gut wie möglich und kaum besser als wir behalfen. Im ersten Zelt türmte er aus von uns abgerissenen und geputzten Ziegeln einen kleinen, sehr flachen Ofen auf, wobei er mit dem mitgebrachten Lehm sehr sparsam umging. Beim nächsten Ziegelofen packten die Maurer und andere Handwerker unter uns mit zu. Stein für Stein bekam nach und nach jedes der mehr als 20 Zelte seinen Ofen.

Die Plätze am Ofen waren äußerst begehrt. Jeden Abend versammelten wir uns zum Aufwärmen und Reden um den kleinen Ziegelofen. Mit der Wärme, die der Ofen spendete, kehrte ganz allmählich auch meine Zuversicht zurück.

Die Techniker unter uns, manche versierte deutsche Ingenieure, besahen staunend die Wunderwerke russischen Improvisationstalents. Und diejenigen, die hasserfüllt vorher von russischen „Untermenschen" gesprochen hatten, wurden ein wenig stiller.

Die Öfen in Gang zu halten war allerdings nicht einfach. Zu großer Hitze hätten unsere Ziegelöfen nicht standgehalten. Auf keinen Fall aber durfte die Feuerstelle ausgehen. Jede Nacht beaufsichtigte deshalb einer von uns als Nachtwache das Feuer. Wer die Nachtwache verschlief und den Ofen kalt werden ließ, bezog Dresche. Die Schläge waren oft derb, und mancher Hüter des Ofens humpelte nach der Abreibung geschunden zum Zelt des Arztes.

Etwa 20 russische Soldaten bewachten das Lager. Außerdem umzog ein Stacheldrahtzaun das Gelände. Regelmäßig patrouillierten sowjetische Posten durch das Lager. Auf einem dieser Kontrollgänge geschah es: Nahe des Arztzeltes wurde ein toter deutscher Gefangener entdeckt.

Das ganze Lager geriet in Aufruhr. Ein außerordentlicher Appell wurde angesetzt. Scharf und eindringlich forderte der Kommandant eine Erklärung. Die überzeugten Nazis bekamen Oberwasser und meinten: „Seht ihr, den Ersten haben die Russen massakriert."

Wochen vergingen. Doch der Fall blieb ungeklärt.

Im Lager breitete sich Misstrauen aus. Den Wachmannschaften schlug Feindseligkeit und Angst entgegen. Auch der deutsche Kommandant – wieder war neben dem russischen ein deutscher Lagerleiter, ein Hauptfeldwebel, eingesetzt worden – hieß uns die Geschehnisse zu überdenken. Offenbar erahnte er die Wahrheit. Doch die Gefangenen schwiegen.

Erst nach und nach bröckelte die Mauer des Schweigens unter den beteiligten Lagerinsassen. Und nur von Mund zu Mund wurde die wahre Version weitergetragen. In einem der Zelte hatte der zur Nachtwache eingeteilte Gefangene den Ofen ausgehen lassen. Seine Kameraden verabreichten ihm die üblichen Prügel. Der bedauernswerte Nachtwächter stürzte dabei unglücklich mit dem Kopf auf die Kante des Steinofens. Die Zeltbewohner schafften ihn in Panik aus Angst vor harter Strafe aus dem Zelt und legten ihn, wohl in der Hoffnung, dass noch rechtzeitig Hilfe käme, in der Nähe der Arztstation ab.

Ein Insasse des Nachbarzeltes, der als Sanitäter beim russischen Arzt aushalf, bestätigte später, dass am Kopf des

Toten eine Platzwunde geklafft hatte. Freilich fiel es den Unbelehrbaren unter uns nicht leicht, die Wahrheit über den rätselhaften Todesfall zu glauben.

Inzwischen, der Oktober neigte sich dem Ende zu, schneite es hin und wieder.

Das Winterquartier

Draußen wehte ein scharfer Wind und trieb manchmal schon Schnee gegen unsere Zelte. Immer öfter sanken die Temperaturen nachts unter Null. Über der Landschaft lag bisweilen eine dünne weiße Schneedecke. Unversehens war die Kälte über das Lager hereingebrochen. Schon längst reichten die kleinen Öfen zum Erwärmen der Zelte nicht mehr aus. In den frostigen Abendstunden konnte man seinen Atem wie Rauch aufsteigen sehen.

Sollte unser Winterquartier rechtzeitig fertig werden, müssten wir unverzüglich mit dem Bau beginnen. Aber weder Baumaterial noch Werkzeuge waren irgendwo im Lager zu entdecken. Nach jeder der kalten Nächte zweifelten wir mehr am Wort des Kommandanten: Bei Wintereinbruch, so war sein Versprechen bei unserer Ankunft im Lager gewesen, würden wir ein selbsterbautes Winterquartier beziehen können.

Der deutsche Lagerkommandant, dem wir unsere Sorge vortrugen, verwies uns an den Russen. Aber ehe wir eine Abordnung zu ihm schicken konnten, erfuhren wir beim nächsten Morgenappell: Ab morgen wird gebaut. Der Bauplatz lag am äußersten Rand des Lagers – die Ruine einer riesigen Scheune, die vielleicht einmal der örtlichen Kolchose als Lager für Getreide oder Stroh gedient hatte.

Aber womit bauen? Als Bauleiter hatte der Oberstleutnant einen Gefangenen, Bauingenieur oder Maurermeister, eingesetzt. Dieser hatte sich gründlich auf seine Aufgabe vorbereitet. Zeichnungen, Zahlen und Formeln bedeckten die vorbereiteten Blätter, von denen er während des Appells ablas. An Baumaterial würden ganze Wagenladungen Holz gebraucht, referierte er. Vierkanthölzer, Durchmesser 15 Zentimeter, etwa 60 bis 80 Stück. Vierkantlatten, wohl an 2 000 Exemplare. Bretter, 3 000 bis 4 000 an der Zahl. Alles maschinell geschnitten. Und vieles, vieles andere mehr. Akkurat trug der künftige Baustellenchef seine Berechnungen vor.

Wir alle, auch der Kommandant, hatten dem Fachmann aufmerksam zugehört. Manchmal schmunzelte der Russe, unterbrach aber den Vortragenden nicht. „Schön und gut", setzte er an, als der Bauleiter mit seinen Erklärungen am Ende war, und ließ uns über den Dolmetscher sagen: „Schaut euch um, Deutsche. Seht das Dorf dahinten. Kaum eines der Häuser ist noch heil. Baumaterial haben wir selbst nicht. Auch Maschinen zum Schneiden der Hölzer und Werkzeuge fehlen. Ihr werdet euch selbst helfen müssen." Und in weitem Bogen beschrieb er mit den Armen eine Bewegung hin zum Wald.

Wovon redete der Russe? Wollte er uns auf den Arm nehmen? Wusste er überhaupt, wovon er sprach? Hinter dem Lager erstreckte sich ein dichter Laubwald, Buchen, Erlen und Birken, auf deren Ästen manchmal schon der Schnee liegen blieb. Vereinzelt hatten die Kämpfe auch hier ihre Spuren hinterlassen. Deutsche und russische Panzer hatten Schneisen durch das Waldstück geschlagen, aber viele prachtvolle Bäume waren unbeschädigt stehen geblieben: unser Baumaterial! Wir waren sprachlos.

Unser Fachmann winkte ab. Von Brettern, nicht von ganzen Bäumen hatte er gesprochen. „Unmöglich", urteilte er abfällig, und: „Russenwirtschaft." Wir sahen das genauso. Ein Protestmurmeln ging durch die Reihen. Laut wagte niemand zu widersprechen. Der Russe fertigte uns barsch ab. Unverzüglich, so befahl er, sollten wir Arbeitsgruppen für die verschiedensten Tätigkeiten bilden. Morgen würden wir mit der Arbeit beginnen.

Was blieb uns übrig? Wir mussten diesen unsinnigen Befehl befolgen. Der Bauleiter begann mit der Aufteilung der Gefangenen in über zehn Kommandos.

Vom russischen Wesen hatten wir damals noch nicht viel begriffen. Tatsächlich haben die Menschen in der Nachkriegszeit mit nicht viel mehr als der Kraft ihrer Hände begonnen, ihre zerstörten Dörfer und Städte wieder aufzubauen. Sie hatten gelernt, sich nicht zu beklagen und sich nicht vom Leid besiegen zu lassen. Aus dieser Fähigkeit zur Ausdauer hatten sie auch während der Kriegsjahre ihre Kraft geschöpft. Opferbereitschaft und unbeugsamer Wille waren es schließlich auch gewesen, welche die Wende im Kriegsverlauf herbeigeführt hatten.

Manches, was ich in den Jahren der Gefangenschaft erlebte, werden junge Leute von heute, die Computer-Generation, kaum glauben können. Aber ich erzähle nur, was ich auch selbst gesehen habe.

Am nächsten Tag glich das Lager einem Ameisenhaufen. Wie sich herausstellte, hatte der russische Oberstleutnant durchaus gewusst, wovon er sprach. Mit seiner rauen, doch stets korrekten und zielstrebigen Art erwarb er sich bei den Gefangenen Achtung. So teilte er den einzelnen Arbeitsgruppen z. B. kundige Dorfbewohner als Helfer zu. Diese hatten mit dem Mangel leben gelernt und lösten die Probleme oft verblüffend einfach.

Fehlende Äxte wurden in der Dorfschmiede neu geschmiedet. Mit den Äxten schlugen die Gefangenen Bäume. Und aus diesen Bäumen fertigten sie – ebenfalls mit Äxten – Vierkanthölzer. Aus den wenigen von zerstörten Gebäuden übrig gebliebenen Brettern zog eine Gruppe Gefangener die Nägel heraus und klopfte sie gerade.

Seine Bedenken beiseite lassend, hatte sich nun auch unser deutscher Bauleiter auf seine Aufgabe gestürzt. Er war überall, kritisierte hier und verbesserte dort. Bald sah man ihn auf der Baustelle, bald im Wald und bald an der Seite des russischen Kommandanten. Immer im Eilschritt hastete er von einer Arbeitsgruppe zur anderen. Mit seinem Übereifer entwickelte er sich sogar zum Antreiber. Sicher, der Frost zwang uns zur Eile. Aber das Beispiel des eifrigen Bauleiters zeigte wieder: Gib dem Deutschen einen Posten, und er spielt sich auf. Nichtsdestotrotz: Seine Arbeit erledigte der Mann gut.

Ich selbst war einer Arbeitsgruppe am Waldrand zugeteilt worden. Aus frisch geschlagenen Rundhölzern sollte ich gemeinsam mit anderen Kameraden mit der Axt Vierkanthölzer zurechtschlagen. Ein Russe aus dem Dorf leitete uns an. Die ersten Stücke misslangen gründlich. Auch die folgenden fielen nicht besser aus. Mein „Lehrmeister" zeigte, wie ich die Axt handhaben musste. Mir perlte der Schweiß von der Stirn. Viel zu oft schlug ich fehl. Aber der Russe sprang mir mit Engelsgeduld immer wieder bei.

Nach zwei Tagen erhielten wir beide den Lohn für unsere Ausdauer: Auch meine Vierkantstämme wurden als verwendungsfähig eingestuft. Ich bedankte mich bei meinem Lehrer mit Händedruck. Er lachte, klopfte mir auf die Schulter und gebrauchte im Russischen mehrmals dasselbe Wort – „Synok". Es klang herzlich, so dass ich später den Dolmetscher nach seiner Bedeutung fragte: „Söhnchen", so hatte mich dieser Mann, dessen Dorf die Deutschen zerstört hatten, genannt. In Gedanken wiederholte ich es mehrmals: Söhnchen; wie warm das – fern von der Heimat – in harter Zeit klang.

Nach etwa drei Wochen waren die Seitenwände unserer neuen Behausung instand gesetzt. Die Arbeiten am Dachstuhl konnten beginnen. Morgens bei Arbeitsantritt ging der erste Blick eines jeden zur Scheune. Unser Winterquartier nahm nun zusehends Gestalt an. Da jetzt auch die Tage immer kälter wurden, legten wir uns freiwillig und aus eigenem Antrieb ins Zeug. Als Dachsparren und Abdeckung dienten ebenfalls die von uns geschlagenen Hölzer. Stück für Stück vollendete das „Dachdeckerkommando" die Überdachung. Parallel dazu hämmerten zwei andere Brigaden Pritschen zusammen.

Aber die alten Bretter reichten für die notwendigen etwa 300 Pritschen nicht aus. Nach zwei Tagen Stillstand, an denen die Pritschenbauer auf andere Kommandos verteilt worden waren, brachte endlich ein LKW eine alte, überdimensionale Schrotsäge sowie zwei riesige Holzböcke herbei. Die Kameraden lästerten, „So hat man in Deutschland vor 100 Jahren Holz gesägt."

Tatsächlich, die Methode war alt, aber sie funktionierte: Die Böcke – etwa drei Meter hoch – wurden aufgestellt, ein Baumstamm von mehreren Mann mit Seilen hinaufgehievt. Und nun das eigentliche Kunststück: Wie ein Akrobat kletterte einer der Dorfbewohner auf den erhöhten Holzbock, packte mit beiden Händen den oberen Griff der Säge, während genau unter ihm ein weiterer Russe den unteren Griff hielt. Immer im gleichen Rhythmus, begannen sie zu sägen, auf und ab und auf und ab, und arbeiteten sich Zentimeter für Zentimeter am Baumstamm vor.

Danach mussten die Kameraden ihr Können beweisen, zwei Freiwillige lösten die Russen ab. Und siehe da, nach einiger Übung sägten sie das erste nahezu gerade Brett. Das Sägen war Schweiß treibend, zumal später im „Akkordtempo" gearbeitet wurde. Jede Viertelstunde erklomm deshalb ein neuer Kamerad den Bock, weshalb die neu gebildete Brigade bald ihren Spitznamen weg hatte: „Die Kletteraffen".

Die Kletteraffen waren findig. Sie bauten eine kleine Leiter und sparten dadurch beim „Schichtwechsel" Kraft und Zeit. Mit jedem der frisch ausgesägten Bretter rückten unsere Schlafplätze unter festem Dach näher.

Inzwischen hatten vier große Öfen ihren Platz in unserer Scheune bekommen. Täglich kontrollierte der Kommandant die Arbeitsgruppen und überzeugte sich von den Fortschritten. Anfang November schritt er mit dem deutschen Bauleiter zum letzten Mal unsere neue Behausung ab und befahl, die Öfen zu befeuern.

Am Tag darauf feierten wir Einzug in unserem neuen Quartier. Zur üblichen Verpflegung hatten wir eine Sonderration Brot bekommen. Trotz Müdigkeit genossen wir nach Wochen der Kälte erstmals die wohlige Wärme. Zu mehreren Kameraden saßen wir noch lange bei den Öfen zusammen. Im Vergleich zu den Zelten war es in der Scheune auszuhalten. Die Öfen knisterten. Der Oberstleutnant hatte Wort gehalten. Die Skeptiker und Russenhasser, von denen es immer noch genug gab, mussten klein beigeben und hielten sich ein wenig mehr zurück.

Öfter traf ich meinen russischen „Lehrmeister" bei der Waldarbeit wieder. Stets begrüßten wir uns herzlich und mit Handschlag. Einmal hatte er Fotos von seinen bereits erwachsenen Kindern mitgebracht. Während wir unsere klammen Hände am Feuer wärmten, zeigte er mir die Bilder. Eines, auf das er besonders stolz war, bildete seinen Sohn, einen schlanken Jungen in Armeeuniform, ab. Auf einem zweiten Foto sah man seine Tochter in einer Gruppe von Industriearbeitern. Zu sehen war eine zerstörte Werkhalle, in der, offenbar bei Eiseskälte, Männer und Frauen in Mänteln und dicken Wattejacken ihrer Arbeit nachgingen. Die Männer trugen Schapkas (Fellmützen), die Frauen dicke Kopftücher. Samt Maschinen und Anlagen waren sie während des Krieges aus dem besetzten westlichen Landesteil ausgelagert und weiter nach Osten verlegt worden und produzierten – auch ohne Überdachung – weiter überlebenswichtige Güter, erklärte der Dolmetscher.

Ich schaute mir die Fotos genau an, und plötzlich kamen mir, lange vergessen, Worte meines Vaters wieder in den

Sinn. Es muss nach 1942 gewesen sein. Damals – meine Mutter stand Todesängste um ihre Söhne aus – kämpften drei meiner Brüder an verschiedenen Frontabschnitten in Russland. Der Feldzug, als Blitzkrieg gedacht, begann sich in die Länge zu ziehen. Während ihres Heimaturlaubs debattierten die Brüder mit Vater oft bis in die späte Nacht über den Kriegsverlauf, und deutlich sind mir Vaters Worte in Erinnerung – „Die Russen werdet ihr niemals besiegen!"

Mein Vater stammte aus Westpreußen. Über die Mentalität slawischer Menschen, ihre Heimatliebe und Leidensfähigkeit, die Weite des Landes, das sich hinter der ostpreußischen Grenze erstreckte, wusste er daher vielleicht mehr als manch anderer. Obwohl Wochenschauen und Volksempfänger, die Goebbels-Schnauze, anfangs Sieg um Sieg verkündeten, blieb er distanziert und ließ sich in seiner Meinung nicht beirren: An Russland würden die Deutschen scheitern!

Wie viel Zeit musste vergehen und was musste erst alles geschehen, ehe ich meinen Vater verstehen lernte. Und heute, mehr als ein halbes Jahrhundert später, sage ich immer noch – welch Glück für Deutschland und für Europa, dass mein Vater Recht behielt.

Der Kolbenhieb

An meinen Vater sollte ich – wenn auch aus anderen Gründen – später noch oft denken. Doch vorerst hatte ich mit mir selber genug zu tun. Ich blieb der Gruppe „Waldarbeit" zugeteilt. Die Arbeit fiel mir, da ich nicht groß und eher ein Leichtgewicht war, schwer. Bäume einschlagen, entästen und auf einen Stapel schleppen. Den ganzen Tag lang. Für mich Schwerstarbeit.

Es war inzwischen bitterkalt geworden. Auch bei scharfem Ostwind, Schneetreiben und Minustemperaturen zogen wir in aller Frühe zur weit entfernten Einschlagstelle in den Wald. Die Haare, die unter meiner Mütze herausguckten, froren im Schneetreiben manchmal zu kleinen Eiszapfen. Vom Restholz durften wir täglich ein großes Feuer entfachen, an dem wir uns hin und wieder aufwärmten.

Nicht nur die Arbeit war schwer und eintönig. Auch der russische Posten, Mischa, der uns – meist auf einem Baumstamm sitzend – nie aus den Augen ließ, wirkte mürrisch und grob. „Dawai, dawai" (los, los) und „bystreje", „bystreje" (schneller, schneller) schienen seine Lieblingsworte zu sein. Mit finsterer Miene wachte er über unsere Leistung und die Einhaltung der Pausen. Überflüssige Worte verlor er nicht. War er misstrauisch oder einfach nur besonders vorsichtig? Schließlich hantierten wir, Gefangene aus Feindesland, mit Äxten und Brechstangen. Auch die Unfallgefahr war groß. Krachend stürzten die Baumriesen manchmal in die falsche Richtung.

Trotzdem gab es wie auch im normalen Arbeitsalltag Drückeberger. Ein Neuer im Kommando erwies sich als besonders arbeitsscheu. Er suchte sich stets die leichteste Arbeit aus. Wenn einer einen Stamm anpackte, griff er auf der anderen Seite nach den Ästen. Als Einziger gönnte er sich zusätzliche Pausen am Feuer. Wechselte die Gruppe in ein anderes Waldstück über, bummelte er hinterher. Angelegentlich nestelte er öfters an seinen Schnürschuhen, um kleine Pausen für sich herauszuschlagen.

Mischa schaute dem Treiben finster, aber wortlos zu. Doch auch unser Arbeitskommando war auf den Faulenzer nicht gut zu sprechen. Schließlich mussten wir sein Arbeitspensum mit bewältigen. Wir riefen ihn zur Ordnung: „Pause für alle oder für keinen. Entweder du machst weiter, oder es gibt Keile." Aber der Drückeberger grinste nur und bummelte weiter herum.

Nun wurde es Mischa, man hätte es voraussehen können, zu viel. Er ging auf den Faulenzer zu und schrie ihn an:

„Dawai, rabota!" Der rührte sich nicht und überschüttete den Russen stattdessen mit unflätigen Schimpfworten. Immerhin stand eine ganze Gruppe Gefangener einem einzigen Posten gegenüber, so dass er sich stark glauben konnte.

Obwohl Mischa wahrscheinlich kein Deutsch verstand, war die Bedeutung der Flüche doch leicht zu erraten. Drohend baute sich der Russe vor dem Deutschen auf und brüllte wütend: „Simuljant!" Aber der Deutsche blieb widerspenstig. Mischas Geduld hatte ein Ende. Er stieß dem Drückeberger kräftig den Gewehrkolben in die Schenkel und trieb ihn vor sich her „Dawai, idi!" – Los geh! Auf einmal, auch wir mussten lachen, konnte der Mann sogar rennen.

Man muss wissen: Schlagen oder Stoßen von Gefangenen war den Posten – jedenfalls in diesem Lager – streng verboten. Sich im Recht wähnend, beschwerte sich der Quertreiber deshalb noch am selben Abend beim deutschen Lagerkommandanten. Der beriet sich mit dem russischen Kommandanten und wertete am nächsten Tag den Vorfall im Waldarbeiterkommando aus.

Mischa sei zur Verantwortung gezogen worden, sagte er. Sein Verhalten sei falsch gewesen. Auch wenn in den Kommandos Ordnung herrschen müsste und Drückebergerei nicht geduldet würde, Schläge seien den Posten nicht erlaubt. Dann nahm er sich den Faulpelz vor und verwarnte ihn in aller Schärfe. Mit seinem Verhalten und den Flüchen hätte er den Posten selbst herausgefordert und den Kolbenhieb so provoziert. Das Leben im Lager sei schwierig genug. An Spannungen zwischen Deutschen und Russen könne niemandem von uns gelegen sein.

Unser Faulenzer ging, um ein paar Tage Däumchen drehen zu können, trotzdem am nächsten Tag zum Arzt. In der Arztstation, eher einer Kammer, die nachträglich an das Wachhäuschen am Lagereingang angebaut worden war, hatte der russische Arzt alle Hände voll zu tun. Ein deutscher Arzt, Gefangener wie wir, assistierte ihm. Neben den verbreiteten Darmbeschwerden litten einige Gefangene an Dystrophie, Unterernährung. Andere ließen Arm- oder Beinbrüche verarzten. Denn mehr als einmal kam es zu Unfällen im Wald oder auf dem Bau.

Was in der Arztstation mit dem eingebildeten Kranken gesprochen und verhandelt wurde, erfuhren wir nicht. Die Ärzte konnten jedenfalls außer einem blauen Fleck keine Verletzungen feststellen und bescheinigten dem Faulpelz Arbeitsfähigkeit. Und tatsächlich, der Kamerad schien seine Lektion gelernt zu haben. Denn für ein paar Tage strengte er sich mächtig an. Aber dann fiel er doch wieder in den alten Trott zurück.

Den Posten Mischa sahen wir nicht wieder. Am nächsten Tag nahm ein anderer Wachposten seine Stelle ein. Mit ihm war das Leben erträglicher. Er ließ sich von uns in Gespräche ziehen und saß lieber rauchend am Feuer als in unserer Nähe zu frieren. Als Mischa auch in den nächsten Tagen nicht wieder auftauchte, fragten wir seinen Nachfolger: „Gdje Mischa?“ – „Wo ist Mischa?“ Denn wenn wir unseren strengen Aufpasser zwar auch nicht sonderlich gemocht hatten, so hatten wir doch Verständnis für seine Reaktion gegenüber unserem Kollegen gehabt. Er hatte sich auf unsere Kosten ausgeruht und seine Strafe wohlverdient, fanden manche.

Wir wussten auch: Die Maßnahmen gegen Regelverstöße in der russischen Armee waren hart.

Zu dieser Zeit, am Anfang unserer Gefangenschaft, gab es unter den Gefangenen im Lager nicht viele Sympathien für die Russen. Woher auch? Das Leben im Lager war ein täglicher Überlebenskampf. Wir lebten unter Ausnahmebedingungen. Die Schuld suchten die meisten ausschließlich bei den Russen und nicht auf deutscher Seite, von der dieser Krieg schließlich ausgegangen war. Aber einige junge Gefangene, auch ich, hatten vom Selbstmitleid und den fruchtlosen Debatten genug. Hitler und Konsorten hatten uns betrogen. Wir wollten von dem Vergangenem nichts mehr hören. Aber wir waren jung und neugierig, bereit, neue Eindrücke aufzunehmen. Ja, einige lernten genau wie ich sogar ein paar Brocken Russisch.

Freilich, die Mehrzahl sah in den Russen immer noch den Feind, den „slawisch minderwertigen“ Menschen.

Wir, ein paar junge Gefangene, wollten Gerechtigkeit für Mischa. Wir überlegten, wie wir unserem alten Posten am besten helfen könnten. Als Vermittler hatten wir an den russischen Arzt gedacht, der wegen seines rastlosen Einsatzes und Könnens im Lager hoch geachtet war und zudem Deutsch sprach. Ihn wollten wir zu Mischas Fürsprecher machen. An einem Abend gingen wir, vier, fünf junge Leute, zur Arztstation und baten um ein Gespräch. Schweigend hörte der Arzt zu.

Wir erzählten ihm, wie sich die Sache im Wald wirklich zugetragen hatte. Aber zu unserem Erstaunen verteidigte er seinen Landsmann nicht. Er verurteilte das Handeln des Postens – sowie die Verletzung der Disziplin. Das verstanden wir nicht, – „…der kleine Hieb!“ Der Faulenzer hatte seine Strafe doch verdient! Aber der Russe lehnte Schläge und Gewalt grundsätzlich ab. Sprach aus ihm der Arzt, der sich seinem Berufseid verpflichtet fühlte, Leben zu bewahren und zu achten? Wir erreichten zumindest, dass er uns versprach, den Wachoffizier über unser Gespräch zu unterrichten. „Er kann unsere ganze Brigade als Zeugen aufrufen!“ Der Russe lächelte in sich hinein.

Anscheinend fühlte er Sympathie für unseren jugendlichen Eifer, fragte nach unserem Alter und nach unserem Zuhause. Die meisten von uns waren ledig und ungebunden, aber ein Kamerad, etwas älter als wir, zog stolz das Foto seines Sohnes aus der Uniformtasche, ein Babybild. Der glückliche Vater hatte sein im Krieg geborenes Kind bisher erst ein einziges Mal, während eines Heimaturlaubs, sehen können. Wie alt würde sein Sohn beim Wiedersehen sein?

Und die Familie des Arztes? Lebte sie weit entfernt, hatte er Kinder? Der Arzt schwieg. Wir fragten erneut. Nach einigem Zögern sprach er. Auch er zog ein Bild hervor – ein Familienbild, Frau und zwei kleine Jungen vor dem Haus in seiner Heimatstadt Minsk. „Meine Familie. Die Söhne wären heute neun und zehn Jahre alt. Aber sie und meine Frau sind tot. Sie sind als Juden aus Minsk deportiert und im Konzentrationslager umgebracht worden." Wir hielten den Atem an.

War das, was wir hier hörten, wahr? Ich erinnerte mich an Gerüchte, die zu Hause, in Deutschland, über KZ-Lager kursiert waren, verschwommene Andeutungen, die Eltern und Verwandte, immer hinter verschlossenen Türen, gemacht hatten. Einzelnachrichten, die insgesamt kein Bild ergeben hatten und irgendwann – die Mutmaßungen waren zu isoliert und widersprüchlich – vergessen waren.

Aus dem Mund unseres jüdischen Lagerarztes in dem Dorf nahe Brjansk hörten wir zum ersten Mal das Wort „Auschwitz". Niemand von uns hatte diesen Ortsnamen je zuvor gehört.

Auschwitz – inzwischen ist dieses Wort zum Synonym für eines der größten Menschheitsverbrechen geworden – dem Genozid am jüdischen Volk: dem Holocaust. Aber für uns, erst 11, 12 Jahre alt, als der Krieg begann, später begeisterte Hitlerjungen, die für „Ehre" und „Treue" schwärmten, „sauberes Deutschtum", lag das, worüber der Arzt berichtete, damals noch außerhalb jeder Vorstellungswelt. War das denkbar? Konnte so etwas tatsächlich geschehen sein? Aber wir konnten uns der Geschichte des Arztes nicht entziehen. Sie griff uns ins Herz.

Die erste Station war meist das Getto gewesen. Dann kam die Deportation in die Vernichtungslager. Das grausame

Sterben in der Gaskammer. Der Mordmaschinerie in Auschwitz-Birkenau, Maydanek, Treblinka und anderen Konzentrationslagern waren, so weiß man heute, drei bis vier Millionen Menschen zum Opfer gefallen. Es war uns damals nicht möglich, das Ausmaß dieses Verbrechens zu begreifen. Aber die Geschichte des Arztes sprach ihre eigene Sprache. Noch heute, nach fast fünfzig Jahren, sind mir Worte und Gesicht des Arztes gegenwärtig, ja sogar seine Stimme im Ohr.

In einigen englischen und amerikanischen Kriegsgefangenenlagern, so hörte ich später, zeigte man deutschen Kriegsgefangenen Fotos aus den befreiten KZ, u. a. aus Bergen-Belsen. Die meisten Gefangenen reagierten gleichgültig oder ablehnend auf die Bilder des Grauens – Fotos von Überlebenden, Fotos von Bergen aus toten Menschenkörpern.

Gestattete ihnen das eigene Elend nicht, Mitgefühl für die Opfer oder gar Mitschuld an dem Geschehenen zu empfinden? Glaubten sie an einen Propagandatrick? Ich weiß es nicht. Ich weiß nur: Was die Fotos in den amerikanischen Lagern nicht erreichten, bewirkte bei uns die Geschichte des Arztes. Ein Prozess sehr zaghaften Umdenkens unter uns paar jüngeren Gefangenen setzte ein. Unter dem Eindruck des Gehörten stumm, gingen wir zur Scheune zurück.

Korrekt und vorbildlich kümmerte sich der jüdische Arzt um die Hygiene im Lager und um andere Fragen der Betreuung der Gefangenen. Auf unseren Wunsch hin setzte er sich auch für Mischa, unseren ehemaligen Posten, ein. Unser Einspruch konnte jedoch nichts mehr daran ändern: Mischa war zu einer Einheit der regulären Armee versetzt worden. Unsere Hochachtung vor dem Arzt stieg noch, als er, ein Jude, und die sowjetischen Schwestern mehrmals Blut für verletzte Deutsche spendeten.

Als sein Kollege erlebte der deutsche Arzt die Arbeit des Russen unmittelbar mit. Mehrmals sprachen wir mit ihm über das Gehörte und fragten nach seinem eigenen Eindruck von dem jüdischen Arzt. Er hätte während seines Medizinstudiums in Deutschland und bei seiner Arbeit in einer geachteten Klinik viel gelernt, sagte der Mediziner, aber hier im Lager hatte er noch hinzulernen müssen. Der rastlose Einsatz des Russen, seine Erfindungsgabe, auch unter diesen widrigen, oft provisorischen Umständen Menschen durch ärztliche Kunst zu helfen, beeindruckten ihn. Aber vor allem die Humanität des jüdischen Arztes, seine ethische Haltung, nötigten ihm Achtung ab.

War denn für das Neue, was wir erfuhren, überhaupt Platz in unseren Köpfen? Nein, ganz viel von dem, was wir zuvor für gut und richtig gehalten hatten, musste zuvor heraus! Zuallererst die Idee vom deutschen „Herrenmenschen", der Überlegenheit der deutschen Rasse gegenüber anderen Völkern. Aber der Kehraus fiel schwer, denn was war denn richtig, woran sollte man sich orientieren? Vorerst blieben viel mehr Fragen als Antworten.

Der „Pinkelberg"

Der Dezember 1945 brachte Minustemperaturen von unter 20 Grad Celsius. Unter einer hohen Schneedecke lag die Landschaft weiß und unberührt. Die Bäume in den umliegenden Wäldern bogen sich unter den schweren Schneemassen. Doch trotzdem zogen wir täglich zu unserem Arbeitsplatz im Wald. Statt LKWs brachten nun mit Pferden bespannte Schlitten die geschlagenen Stämme und bearbeiteten Hölzer zur Verladestation und ins Dorf.

Die Häuser des Ortes verschwanden manchmal fast hinter den hohen Schneewehen. Der Weg zur Scheune musste täglich freigeschaufelt werden. Vor dem Eintreten mussten wir gründlich den Schnee von Kleidung und Schuhen klopfen, um nicht die Feuchtigkeit hineinzutragen. Jeder hatte sich, so gut es eben ging, bei seiner Schlafstelle einen eigenen Platz geschaffen.

Wir bewohnten die Scheune noch nicht sehr lange, als es zu einem Zwischenfall kam, der uns für einen Augenblick Todesangst einjagte. Man muss wissen: Obwohl wir als Kriegsgefangene von den russischen Posten streng bewacht wurden, wurde das Scheunentor am Abend zwar geschlossen, aber nicht von außen zugeriegelt. So konnten die Gefangenen die Scheune zum Verrichten der Notdurft zu jeder Zeit, auch nachts, verlassen. Flucht war ohnehin unmöglich. Der „Donnerbalken", unsere Freilufttoilette, lag zwar etwas abseits, aber noch innerhalb der Stacheldrahtumzäunung. Rings um das Gelände waren Wachposten verteilt.

Und wohin hätten wir uns auch, mitten in Russland, im eisigen Winter und in feindlicher Umgebung wenden sollen? Aber eines Morgens – die Ersten wollten sich nach der Nacht erleichtern – blieb das Scheunentor zu. Von außen abgesperrt, ließ es sich von innen nicht mehr öffnen. Wir waren in unserm Schlafquartier eingeschlossen.

Zunächst versuchte es ein einzelner Kamerad, dann drückten und rüttelten mehrere Männer gemeinsam am Tor. Aber nichts rührte sich. Sie weckten die Nächstliegenden und versuchten es mit aller Kraft noch einmal. Nichts. Auch alle weiteren Versuche, das Tor zu bewegen, scheiterten. Die Kameraden wurden energischer. Sie warfen sich mit aller Kraft gegen den Torflügel. Aber der ließ sich um keinen Zentimeter bewegen. Es blieb dabei. Wir waren in der Feldscheune eingeschlossen. In der Falle. Die Russen hatten uns festgesetzt.

Aber warum nur? Inzwischen – vor den Fenstern herrschte noch Dunkelheit – waren fast alle Scheuneninsassen wach geworden. Die anfängliche Aufregung ging bald in Empörung über: „Was soll denn das?", „Was haben die mit uns vor?", „Das kann nichts Gutes sein!", „Wir haben ja gleich gesagt, die Russen wollen sich für das revanchieren, was die Deutschen ihnen angetan haben."

Einige vernünftige Kameraden bewahrten Ruhe und versuchten, die andern zu beschwichtigen. „Wozu haben sie uns denn erst die Scheune bauen lassen, wenn sie uns tatsächlich an den Kragen wollen? Denkt doch mal nach! – Alles wird sich aufklären." Aber die Stimmung war zu aufgeheizt, als dass sich die Bedächtigeren hätten durchsetzen können.

„Still!" –, sagte plötzlich jemand. „Seid doch still! – Hört ihr denn nichts?" Es dauerte eine Weile, bis schließlich Ruhe einkehrte. Aber dann hörten wir es alle: Was waren das am Tor für laute Geräusche? Ein Bummern, Hämmern, scheinbar Schläge. Russische Rufe. Verriegelten und verrammelten sie das Tor nun endgültig? Was führten sie im Schilde? Die Angst saß immer noch tief in uns, und das Misstrauen gegenüber den Soldaten der einstmals feindlichen Armee war groß. Wie die meisten anderen hatte auch mich die Angst gepackt.

Wir horchten auf: Aber da draußen wurde ja dröhnend gelacht. So lustig war unsere Arretierung nun doch nicht! Warum amüsierten sich die Posten auch noch über unsere Not? Hinter den Fenstern war es inzwischen hell geworden. Ein paar Schläge noch. Dann stand das Tor einen Spalt weit auf. Ein schmaler Streifen Himmel war zu sehen. Die Flocken wirbelten schon wieder im eisigen Wind. Das Schlagen draußen ging weiter. Und stückweise öffnete sich nach und nach das Tor.

Was war geschehen? Man hieß uns heraustreten. Im milchigen Morgenlicht standen ein paar Rotarmisten mit Spitzhacken und hielten sich die Bäuche vor Lachen. Nur der russische Kommandant und sein deutscher Vertreter blickten finster. Beim Antreten sahen wir dann die Bescherung!

Neben dem Scheunentor lagen die Trümmer eines kleinen Eisbergs, den offenbar die russischen Soldaten soeben zerschlagen hatten. Die merkwürdige Färbung verriet noch den Ursprung – aus menschlichem Harn. Wir konnten es nicht fassen. So kleine Ursache und so große Wirkung?

Einigen, die auch hier noch, im Lager, auf Hygiene hielten, war das Treiben einiger Kameraden schon lange ein Dorn im Auge gewesen: Nachts, wenn die Männer die Blase leeren wollten, war vielen der Weg zum Donnerbalken oder auch nur hinters Haus zu kalt und zu weit gewesen. In der Eiseskälte setzten sie lieber keinen Fuß vor die Tür und verrichteten dort ihr Geschäft, wo sie gerade waren: in der Scheune. Also: Tor einen Spalt öffnen, Hose auf und – Strahl hinaus. Bisher war das noch immer gut gegangen.

Aber nicht in jener Nacht, als die Temperaturen nochmals extrem abgesunken waren. Jeder Strahl war sofort zu einem kleinen Eiszapfen gefroren, der mit jedem neuen Guss aus der Scheune um ein Weniges wuchs. Über Nacht war aus einem kleinen Eisberg ein mittlerer Gletscher geworden. Dazu kamen die Schneeverwehungen. Am Morgen versperrte eine Barriere aus Eis und Schnee das Tor. Bei Dienstantritt hatte die Ablösung der Nachtwache den bizarren Urin-Stalagmiten bemerkt, den Kommandanten verständigt und das Hindernis beseitigt. Wir hatten uns auf blamable Art selbst eingesperrt.

Während der Vergatterung beim Morgenappell grienten einige nur, aber den meisten war die Sache äußerst peinlich. Der Oberstleutnant verwies uns auf die primitivsten Regeln von Hygiene und Kultur. Wir schauten beschämt zur Seite. Unser Stolz auf unsere kulturelle Überlegenheit über die „primitiven" Russen hatte einen herben Schlag erlitten. Und nicht nur das: Der Glaube an urdeutsche Tugenden wie Ordnung und Reinlichkeit war dahingeschmolzen wie ein Eisberg in der Sonne.

Eine kleine Gruppe Gefangener, darunter auch ich, suchten am Abend die Wachstube auf und entschuldigte sich bei den Wachposten für die „Pinkelbrüder". Die Posten ließen sich nicht lange bitten, teilten mit uns ihre Machorka-Zigaretten und amüsierten sich köstlich – diesmal mit uns zusammen – über unseren Schildbürgerstreich.

So wurde der „Pinkelberg" zum Thema der ersten „Beratung" zwischen Gefangenen und russischen Posten. Der Anfang war gemacht. Später wurde zu anderen Gelegenheiten noch manch anderes besprochen. Aber schon an diesem Tag fiel der erste gemeinsame russisch-deutsche „Beschluss" in unserem Lager: Ab Morgen würden deutsche Posten nachts vor der Scheune Wache schieben. Eine weitere undelikate Rettungsaktion würde es nicht geben.

Aber Stoff für Gespräche bildete der Vorfall in diesen schneereichen Wintermonaten noch lange danach.

Die „Berufsausbildung"

Wenig später – das Jahr 1945 ging bald zu Ende – wurde ich vom Waldarbeiter zum Maurer „befördert". Das hatte mit meinem Freund Willy, aber auch mit meinem Vater zu tun.

Während des Morgenrapports suchte eines Tages der Kommandant unter den Gefangenen Fachkräfte, gelernte Maurer, für den Bau einer Großküche im Dorf, die auch das Lager mit versorgen sollte. Willy, ein ausgebildeter Maurer aus der Nähe von Dresden, mit dem ich im Wald Hand in Hand gearbeitet hatte, war elektrisiert: Statt Bäume zu schleppen könnte er im alten Beruf weiterarbeiten, statt Vierkanthölzer auszuschlagen akkurat Hauswände hochziehen.

Er überlegte nicht lange. Noch ehe sich ein anderer vor ihm melden konnte, hatte Willy die Hand schon erhoben. Er redete auf mich ein: Ich sollte mitmachen, seinem Beispiel folgen. Doch ich wehrte ab, vom Mauern hatte ich keinen blassen Schimmer; in Büroarbeit ausgebildet und nicht sonderlich handwerklich begabt, würde ich elend einbrechen auf dem Bau. Aber Willy fackelte nicht lange, „Ich helfe dir" –, und ehe ich es mich versah, hatte er meinen Arm mit nach oben gerissen. Andere taten es uns gleich. Wir sollten vortreten, wurden gemustert und registriert. Ab sofort gehörten wir zum „Maurerkommando" für den Großküchenbau im Ort.

Hier – bald 2 000 Kilometer von der Heimat entfernt – würde ich in die Fußtapfen meines Vaters treten? Wenn Vater das wüsste! Über 35 Jahre, davon viele in Stettin, hat mein Vater als Bauarbeiter gearbeitet. Die Arbeit war schwer und zehrte, als er älter wurde, an seinen Kräften. Auf Baugerüsten in allen Ecken und Enden der Groß- und Hafenstadt an der Oder hat er gestanden. Durch seinen Beruf kannte er die Stadt und ihre Umgebung wie kaum ein anderer.

Manchmal, wenn Schulferien waren und Vater in der Nähe unseres Viertels arbeitete, brachte ich ihm als Jüngster mit Mutter eine warme Mittagsmahlzeit zum Bau. Noch ein Knirps, staunte ich jedes Mal neu: Kamen wir ein paar Tage später wieder, war das Gebäude ein Stück höher.

Auf dem Schulweg zeigte ich später den Kameraden stolz das fertige, nach frischer Farbe riechende Haus. Ich war mir ihrer Bewunderung sicher – „Seht ihr, dieses Haus hat mein Vater mit gebaut!" Aber die Knochenarbeit – oft habe ich Vater als „Hucker" Steine die Leiter hinaufschaffen sehen – ruinierte auch seine Gesundheit. Zweimal stürzte er wegen mangelhafter Sicherheitsvorkehrungen mehrere Meter tief vom Gerüst. Beim zweiten Mal brach er sich mehrere Rippen und war lange krank. Aber trotzdem hat er, soweit ich mich erinnern kann, mit Zufriedenheit von seiner Arbeit gesprochen.

Willy hielt Wort. Ich konnte mich auf ihn verlassen. Denn was ich bisher nur geahnt hatte, bewahrheitete sich mit jedem Tag neu. Mauern war keine Kleinigkeit, sondern ein Handwerk, das erst erlernt werden musste! Über den Dolmetscher hatte Willy beim Bauleiter durchgesetzt, dass wir von Anfang an zusammenarbeiteten. Das war mein Glück. Denn ohne meinen Freund hätte ich es nie geschafft.

Bevor es ans Mauern gehen konnte, „übte" ich, mit den Mauersteinen zu hantieren. Wie man sie putzt, in der Hand hält, fängt, halbiert oder viertelt. Wie man mit dem Hammer den Stein – mehrmals – abklopft, um exakt einen viertel oder halben Stein abzuteilen. Aber trotz Willys Hilfe ging am Anfang eine Menge schief.

Bald betrachtete ich mich als Willys Lehrling und rief ihn nicht mehr mit Vornamen, sondern mit „Meister" an. Denn wirklich, Willy, der seinen Gesellenbrief bereits in der Tasche hatte, verstand seinen Beruf. Auch der russische Bauleiter lobte ihn oft, denn mein Freund schaffte immer die gesetzte Norm und arbeitete darüber hinaus sauber und präzise. Zusätzlich bildete er mich mit großer Geduld ja auch noch aus. Durch sein Zutun erlernte ich nach und nach viele Handgriffe und Tricks, die ein Maurer beherrschen muss.

Dann ging es ans Mauern. Fast täglich brachte mir Willy etwas Neues bei. Ich lernte, bei Zwischenwänden die Steine hochkant zu vermauern. Von Leiter zu Leiter wurden die Steine weitergereicht bzw., wo immer ein Mann von uns stand, nach oben geworfen. Zum besseren Halt spannten die Russen bei Zwischenwänden – anders als in Deutschland – dünne Drähte auf jede dritte Steinschicht und mauerten sie mit ein.

Auch der Gerüstbau und das Mauern selbst liefen anders ab. So wurden z. B. in den Innenräumen Stämme in die Mauern eingelassen und darüber Holzplanken gelegt. Darauf standen Mörtelkasten und Steine griffbereit. Die Mauern wurden von innen hochgemauert, während sich in Deutschland das Gerüst außen am Gebäude befand. Wenn jemand stürzte, konnte er höchstens einen oder eineinhalb Meter tief fallen.

Auch das Baumaterial unterschied sich von dem in Deutschland. Zum ersten Mal arbeiteten wir mit Großblockbausteinen. Die Blöcke bestanden aus einem Gemisch aus Koksasche, Zement und anderen Grundstoffen und wogen etwa 25 bis 30 Pfund. Die Riesensteine auf die Mauer zu hieven, erforderte viel Kraft. Und noch manch anderes war neu.

Die Russen sprachen, wenn sie die Arbeitsgänge erklärten, von „Neuerermethoden". So nahm man in Deutschland bekanntlich beim Mauern „ein Stein, ein Kalk". Die Russen hingegen mauerten nur die zur Stabilisierung des Hauses wichtigen Stellen, Ecken und Giebel, auf herkömmliche Art. Bei anderen Wänden trugen sie mit Eimer oder Schaufel eine Schicht Kalk auf die Mauer auf und legten bzw. schoben die Steine dann zurecht.

Willy begriff schnell und leitete mich und ein paar andere fachmännisch an. Für mich, seinen „Lehrling", tat er weit mehr. Während er die schwierigeren und zeitraubenden Mauerecken hochzog, ließ er mich, was einfacher war und schneller ging, die geraden Wände mauern.

Ich wollte mich mit Tabak und Brot bei meinem „Meister" bedanken. Aber Willy lehnte fast empört ab. „Wir sind doch Kameraden." – Ja, Freundschaft und Kameradschaft hat es unter den schweren Lagerbedingungen, wo meist jeder sich selbst der nächste war, auch gegeben. Sie sind mir in fast vierjähriger Gefangenschaft oft begegnet. Immer wenn Verzweiflung und Heimweh mich zu sehr packten, gab es Freunde, Menschen wie Willy, die Halt spendeten und die sich an meiner Freundschaft vielleicht ebenfalls aufrichteten. Während andere Gefangene sich verschlossen, den Gram in sich hineinfraßen, half mir wohl oft meine offenherzige Art dabei, Freundschaft anzunehmen, aber auch zu schenken.

Aber noch etwas ganz anderes machte die Arbeit auf dem Bau für uns Gefangene attraktiv. Die „Bauarbeiter“ im Lager wurden besser als alle anderen Kriegsgefangenen, ja zum Teil besser als die nicht arbeitende Zivilbevölkerung versorgt. 600 g Brot täglich bildeten die Ration. Dazu gab es kleine Portionen Tabak und Zucker. 800 g Brot erhielten wir bei Übererfüllung der Norm. Einen größeren Leistungsanreiz konnte es für uns nicht geben!

Und auch das geschah: Manchmal kamen Kinder aus dem Dorf am Abend an den Lagerzaun und baten „Poschalysta, gospodin, daytje nam cleb!“ – „Bitte Herr, geben Sie uns Brot.“

Selten gab jemand von uns ein Stück Brot ab. Ohnehin hielt sich das Mitleid der meisten von uns mit den „Russengören“ in Grenzen. Und ich muss zugeben: Auch ich habe nur ein-, zweimal ein Stück Brot über den Zaun gegeben, denn ich war jung, selbst noch nicht ganz erwachsen, immer hungrig und arbeitete hart. Die Ausnahme machte ein älterer, stets freundlicher Kamerad, wohl selbst Familienvater, der öfters seinen Tabak gegen Brot für die russischen Kinder eintauschte. Ich hatte Achtung vor ihm, fragte mich aber immer wieder, hat der denn selbst keinen Hunger?

Ein paar Tage nach Baubeginn gab es auf der Baustelle ein großes „Aha“ und „Oho“. Einige junge russische Frauen und Mädchen waren angekommen und sollten als Helferinnen mitzupacken. Wir mussten verstohlen immer wieder hinschauen. Diese Mädchen brachten bei Hilfsarbeiten schon bald dieselbe Leistung wie wir. In ihrer schwer zerstörten Heimat wurde ja jede Hand, ob von Frau oder Mann, zum Arbeiten gebraucht.

Der raue Ton unter den Gefangenen, auch der unter den russischen Zivilisten, mit denen wir zusammenarbeiteten, wurde merklich freundlicher. Es wurde – wenn auch versteckt und zurückhaltend – geschäkert. Wer von uns Deutschen sich nicht schon vorher ein paar Worte Russisch gemerkt hatte, lernte nun schnell ein paar Brocken. „Dobry djen" (Guten Tag), „Poschalysta" (bitte), „Spassibo" (danke). Die Eifrigsten brachten es fast zu ganzen Sätzen. Sie riefen: „Dewuschka, poschalysta kalku!" – „Mädchen, bitte Kalk!"

Das war das Signal für alle, mit der Arbeit innezuhalten. Denn nun gab es was zum Schauen. Im Gegensatz zu heute trugen die Mädchen nämlich selten lange Hosen. Mit dem Mörtelhandkarren balancierten „Tamara" oder „Nina" die schräg liegenden Planken zu den Maurern hoch. War ein Stück schlankes Bein zu sehen und hörte der Bauleiter nicht hin, gab es ein paar bewundernde Pfiffe. In die zweite oder dritte Etage wurde der Karren Mörtel mit einem kleinen Aufzug befördert.

Die Zusammenarbeit mit den Mädchen erinnerte manchen von uns an Frau oder Freundin in der Heimat. Auch ich träumte mich abends auf der Pritsche oft nach Hause nach Stettin. Dort hatte ich, es war noch nicht zwei Jahre her, Gerda, zwei Jahre jünger als ich, dunkelblond und Verwaltungslehrling wie ich, kennen gelernt. Es war uns nicht viel Zeit geblieben, unsere Gefühle wachsen zu lassen oder die Freundschaft zu vertiefen. Bereits im März 1945 musste ich mich von Gerda verabschieden. Was ich über den Krieg retten konnte und immer bei mir trug, war das Foto meines Mädchens. Immer und immer wieder habe ich es in all den Jahren betrachtet.

Auf einen Brief oder ein Zeichen der Frauen und Familien zu Hause konnten wir zu dieser Zeit noch nicht hoffen. Es sollte noch längere Zeit vergehen, ehe die ersten Nachrichten aus der Heimat eintrafen. Aber beim Lachen und Scherzen mit den russischen Mädchen, unseren Arbeitskolleginnen auf dem Bau, konnte man für Augenblicke Sehnsucht und Heimweh vergessen.

Kohlsuppe und
Sabotage

Man darf nicht vergessen: All das geschah im russischen Winter, bei Dauerfrost und häufigem Schneefall. In Deutschland überbrückten die Bauleute die kalte Jahreszeit oft mit Innenarbeiten in den neu erbauten Häusern. Manchmal war mein Vater in Stettin saisonbedingt auch arbeitslos gewesen. Anders in Russland. Im ganzen Land, so auch in dem Dorf bei Brjansk, in dem sich unser Lager befand, ging der Wiederaufbau der zerstörten Wohnhäuser und Fabriken weiter. Beim Bau der Großküche arbeiteten wir mit zahlreichen Zivilisten, Leuten aus dem Dorf, zusammen. Zäh und mit großer Willensstärke arbeiteten sie ebenso hart, manchmal härter als wir.

Aber wie den Mörtel bei extremen Minustemperaturen weich und geschmeidig halten? Unsere Fachleute waren skeptisch. Doch auch dafür hatten die Russen ein „Rezept". Eines Tages, die Temperaturen waren nochmals abgefallen, luden russische Helfer leere Benzintonnen von einem Laster bei unserer Baustelle ab. Wozu das? Sie stapelten Ziegelsteine über Eck, ließen in der Mitte einen Innenraum frei und warfen Holz hinein. Dann wuchteten sie die Tonnen auf die provisorischen Feuerstellen.

„Jetzt kochen uns die Russen für gute Arbeit eine schöne Kohlsuppe", witzelten wir. Und lagen damit gar nicht so falsch. In die Tonnen wurde Wasser gefüllt, das sich auf dem Feuer langsam erwärmte. Dann kamen die „Zutaten" – Kalk und Zement – in den „Topf". „Aus mit der Kohlsuppe", sagte einer. Der Groschen bei den deutschen Bauarbeitern war gefallen. Die Russen machten den Mörtel warm.

Aber strich man den Mörtel auf die Mauer und legte die Ziegelsteine drauf, würde dann, beim Auftauen, nicht die Schicht abrutschen? Der Bauleiter klärte uns auf. Auch hier konnte man die russischen Verhältnisse nicht mit den deutschen vergleichen. Nein, nicht nur Land und Leute waren anders, selbst der russische Frost unterschied sich von dem in unseren Breiten. Er trocknete die Mauer unter anderen Bedingungen aus. Der Mörtel wurde nun also „lauwarm" auf die Mauer aufgetragen, und wir konnten auch bei Minustemperaturen weitermauern. Ungefähr zehn Gefangene waren mit dem Erwärmen des Mörtels beschäftigt. Bei uns hießen sie die „Mörtelkocher". Allerdings wäre uns eine zusätzliche Kohlsuppe doch lieber gewesen.

Auch uns machte die Kälte auch zu schaffen. Trotz Bewegung und Schwerstarbeit zitterte ich manchmal im eisigen Wind. Die Finger waren eiskalt, die Füße glaubte man kaum noch zu spüren. Doch als die Temperaturen weiter fielen, kam Abhilfe. Jeder Gefangene des Maurerkommandos erhielt eine Wattejacke, Filzstiefel und Handschuhe. Aus Nächstenliebe geschah dies sicher nicht. Aber die Russen wollten die Großküche so schnell wie möglich fertig stellen. Die Wattejacke war herrlich warm, für mich kostbar wie ein Persianer. Die Filzstiefel, diese Fußbekleidung kannten wir noch nicht, konnte man mit oder ohne Fußlappen tragen. Selbst beim Laufen durch hohen Schnee blieben die Füße warm und wurden nicht nass.

Allerdings mussten wir die Wattejacken an jedem Abend zu unserem Bedauern wieder abgeben. Wir protestierten, erfuhren aber dann den Grund. Bei der gut florierenden Tauschbörse am Lagerzaun hätte man für so eine Jacke gut und gern zwei ganze Brote aus der Dorfbäckerei bekommen können.

Ich kam bei der Arbeit nun schon ganz gut ohne Willy zurecht. Während er zum Schornsteinbau eingeteilt war, zog ich ganz allein eine große Zwischenwand hoch. Ich freute mich, meine „Ausbildung" war so gut wie abgeschlossen, mein „Gesellenstück" geschafft. Aber da geschah etwas, was nicht vorhersehbar war und das mich zutiefst erschreckte. Ja ich geriet unvermittelt in eine sehr gefährliche Lage.

Meine Zimmerwand war schon fast aufgerichtet, ich hatte sogar die gesetzte Norm geschafft, als einer der Brigadiere kam, um meine Arbeit zu prüfen und abzunehmen. Aber – ich fuhr zusammen – statt mich zu loben, brüllte der Mann plötzlich los. Ich verstand nur „Sabotasch!" – „Sabotage!" Der Brigadier nahm einen großen Hammer und schlug auf mein „Gesellenstück" ein. Nach zwei, drei Schlägen fiel meine Wand wie ein Kartenhaus in sich zusammen. Ich stand wie erstarrt. Was hatte ich falsch gemacht? Was war an der Wand auszusetzen gewesen, bei der ich mir alle Mühe gegeben hatte? Ich wagte nicht, mich zu rühren.

Sabotage, das war der schlimmste Vorwurf, der mich treffen konnte. Ein Vergehen gegen das russische Volk. Der Krieg war erst seit wenigen Monaten Vergangenheit. Die Verbrechen des Hitlerregimes waren in aller Gedächtnis eingegraben. Auch unter den Dorfbewohnern gab es viele Opfer zu beklagen. Der Argwohn gegen uns Kriegsgefangene, Soldaten der feindlichen Armee, war noch nicht verschwunden. Der Brigadier sprach vielleicht nur aus, was viele dachten. Sie trauten uns, den Soldaten, die ihre Brüder und Söhne getötet und ihr Land verwüstet hatten, nicht. Das Misstrauen gegen alles Deutsche war groß.

Inzwischen war der Bauleiter hinzugekommen, und auch Willy war von seinem Arbeitsplatz am Schornstein herbeigeeilt, um mich in Schutz zu nehmen. Gemeinsam mit dem Bauleiter zeigte er mir an den Mauerresten, was ich verkehrt gemacht hatte. Meine Wand – ich hatte die kaum merkliche Wölbung nicht gesehen – war nicht im Lot gewesen. Sie war instabil. Durch die Wölbung bestand Einsturzgefahr.

Schuldbewusst suchte ich mich zu entschuldigen. Ich wollte in Zukunft aufmerksamer arbeiten. Das sollte mir eine Lehre gewesen sein. Der Bauleiter nickte. Mein Eifer und Willys Fachkenntnisse und Akkuratesse in den letzten Wochen waren ihm, wir wussten es, aufgefallen. Aber der Brigadier war nicht so schnell zu besänftigen. Er knurrte, ließ sich erst im Gespräch mit dem Bauleiter beruhigen. Seine Zweifel, ich merkte es täglich an seinen Blicken, blieben bestehen.

Einige Zeit später schien ein weiterer Zwischenfall ihm Recht zu geben. Nein, zum Glück wiederholte er diesmal nicht den Vorwurf der Sabotage. Aber, was auch nicht viel besser war, er bezichtigte Willy und mich des Diebstahls. Dazu gibt es eine Vorgeschichte. Tatsächlich wurde im Lager und auch auf der Baustelle alles geklaut, was irgendwer brauchen konnte und was sich gegen andere lebenswichtige Güter eintauschen ließ. Eimer, Kellen, Bretter — am besten man versteckte sie am Feierabend gut, wenn man sie am Morgen wiederfinden wollte. Der Nächstbeste hätte das nützliche Arbeitsgerät sonst bei den Dorfbewohnern gegen Brot und Tabak getauscht. Er durfte sich nur nicht von den Posten erwischen lassen.

Was war geschehen? Gegen Abend hatte ein LKW Balken für den Dachstuhl zur Baustelle gebracht. Willy, ein weiterer Kamerad und ich, gerade bei einer Mauer beschäftigt, unterbrachen die Arbeit und halfen den anderen beim Abladen. Es musste schnell gehen, denn der LKW, einer von wenigen im Ort, wurde für andere Transporte benötigt. Es dauerte bis zum Feierabend, die Sparren zu stapeln.

Am nächsten morgen dann die böse Überraschung. Wir wollten weitermauern, aber unser Werkzeug war weg. Spurlos verschwunden. Für den Brigadier ein gefundenes Fressen, der nun seinen Verdacht bestätigt fand. Er fluchte und schimpfte, meldete den Vorfall dem Bauleiter. Was hätten wir sagen sollen? Wir hatten nicht aufgepasst. Mit drei Mann standen wir ohne Werkzeug da. Sogar die deutschen Kameraden von der Baustelle glaubten, wir hätten das

Werkzeug verhökert, um an zusätzliche Lebensmittel zu kommen. Wir konnten noch so oft leugnen, aber sie glaubten uns nicht. Zu dritt wurden wir zu den Mörtelkochern abgestellt.

Es war der Bauleiter, der den Fall aufklärte. Trotz Anschuldigung durch den Brigadier brachte er uns – woher auch immer – neues Werkzeug. Wir konnten weiterarbeiten. Er wusste, dass wir das Handwerkszeug nicht verscherbelt hatten, erklärte er uns dreien über den Dolmetscher. Wir waren keine Diebe. Mehrmals, er musste seine Augen überall gehabt haben, hatte er uns dabei beobachtet, wie wir unser Werkzeug am Abend in den Hohlräumen der Schornsteinansätze „in Sicherheit gebracht hatten“. So war es auch am Vortag gewesen. Ohne davon zu ahnen, hatten andere Kameraden an dieser Stelle weitergemauert. Ob der Bauleiter in der Frühe das Werkzeug sichergestellt hatte oder ob es bis jetzt in dem fertigen Schornstein der Großküche steckt, weiß ich bis heute nicht.

Willy und ich waren froh, dass der Diebstahlsvorwurf aus der Welt war. Aber mit dem Brigadier, der uns nach wie vor nicht traute, standen mein „Meister“ und ich, auch wenn wir gut arbeiteten und ich mich nun besonders anstrengte, weiterhin auf Kriegsfuß. Nicht alle Russen konnten und wollten so schnell vergessen, was die Deutschen ihnen angetan hatten.

Auch später wurde ich in Gefangenschaft beim Bau neuer Häuser als Maurer eingesetzt. Viele Handgriffe, die ich damals, in meiner „zweiten Lehrzeit“ gelernt habe, kann ich mir noch heute in Erinnerung zurückrufen.

Ähnlich wie wir in Russland leisteten auch in englischen Fabriken und französischen Bergwerken deutsche Kriegsgefangene „Wiedergutmachung“ für die deutschen Verbrechen. Es war eine harte, schwierige Zeit voller Entbehrungen für jeden Einzelnen von uns. Aber was heißt Wiedergutmachung? Der Zweite Weltkrieg hat Millionen Men-

schen das Leben gekostet und unsägliches Leid über die
Völker gebracht. Viele verloren alles: Habe, die liebsten
Menschen, die Heimat. Viele Wunden, die dieser Krieg ge-
schlagen hat, sind nie verheilt.

Das Bad bei der Tenne

Zumindest warm hatten wir es in unserem Schlafquartier
in der selbstgebauten Scheune in dem Dorf bei Brjansk.
Während draußen Schneetreiben herrschte, bullerten drinnen abends vier große Öfen. Das Abfallholz zum Heizen
schaffte täglich das Waldarbeiterkommando heran. Auch
an den „Betten", von den Gefangenen zusammengezimmerten Holzpritschen mit Strohsäcken, war nicht viel auszusetzen. Todmüde sanken wir nach getaner Arbeit auf unsere
Schlaflager, die zwar nicht komfortabel, aber auch nicht
unbequem waren. Auch die Verpflegung war gesichert. Von
den Rationen, meist Brot, Tabak und Zucker, wurde man
zwar nicht satt, aber zum Überleben reichten sie aus.

Aber wie stand es um andere Bedürfnisse der Gefangenen? Verschmutzt und verschwitzt kamen wir abends von
den Baustellen oder von der Waldarbeit ins Lager. Die einzige Möglichkeit, sich zu waschen, bot ein etwas entfernt
gelegener Brunnen. Das Wasser, wenn der Brunnen nicht
gerade zugefroren war, musste literweise mühsam per Eimer aus dem Brunnenschacht geschöpft werden. Für uns
alle, etwa 300 Kriegsgefangene, reichte es ohnehin nicht
aus. Was hätten wir nicht alles für ein wenig warmes Wasser oder, besser noch, für ein warmes Bad, eine Dusche
oder Badewanne – wenigstens hin und wieder – gegeben?

Offenbar sah das der russische Kommandant ganz anders. Wir wussten bei ihm nie so recht, scherzte er oder
meinte er es wirklich ernst, wenn er Ratschläge wie diese
gab? Zum „Waschen" sollten wir den reichlich vorhande-

nen Schnee rings um die Scheune nutzen. So hätten es seine Soldaten an der Front auch gehalten. Außerdem seien kalte Abreibungen gesund!

Tatsächlich, manchmal hatten wir auch hier im Lager am Morgen schon Posten gesehen, die sich mit Schnee abrieben. Na gut, nicht aus Überzeugung, aber aus Jux versuchten wir, ein paar sehr junge, mutige Burschen, es auch. Zuerst nur im Gesicht. Die Kälte kribbelte. Nach ein paar Tagen rieben wir dann unter Prusten und Stöhnen auch den Oberkörper kalt ab. Unter dem Schnee begann das Blut im Körper zu pulsieren. Und während später die anderen beim Frühstück froren, stürzten wir uns mit roten Backen auf unser Klümpchen Brot mit Tee.

Aber das konnte nicht die Lösung sein. Das hatte auch der Kommandant erkannt. Er stellte einen Trupp Gefangene zusammen, der sich um eine Waschgelegenheit kümmern sollte. Ein paar Dorfbewohner halfen mit.

Zunächst führten sie unsere Kameraden zu einem in der Nähe gelegenen, nicht mehr benutzten Flugplatz. Dort sammelten sie mit ihnen allerlei Brauchbares, darunter alte Rohre, zusammen. Aus dem Dorf schleppten sie einige gebrauchte Gießkannen herbei. Wir bogen uns vor Lachen. Sollten das unsere künftigen Duschen, die neue „Badeanstalt" sein? – „Der eine gießt, der andere wäscht sich", wieherten wir.

Ein paar Tage später wurde bei der Scheune von einem Schlitten ein lädierter, überlanger, Heizkessel, wohl aus einer der zerstörten Fabriken der Umgebung, abgeladen. Das Feuerloch war verbeult und zerborsten. Die verbogenen Zuleitungen hingen wirr in der Luft. „Was sollen wir mit diesem Schrott?", lästerten wir. Inzwischen hatten ein paar andere ein Kellergewölbe in einem zerstörten Nachbarhaus beräumt. Es war zu unserem Duschraum auserkoren worden. In diesem Keller entstand nun unsere provisorische, doch zweckdienliche „Badestube".

Die Rohre wurden mit den Gießkannentüllen verbunden und an der Decke befestigt. Fehlende Tüllen fertigte die Dorfschmiede neu an. Außerhalb des Kellers mauerte unser Bauarbeiterkommando eine Hochrampe für den Kessel. Nicht senkrecht wie im Badezimmer, sondern längsseits, mit dem Bauch nach unten, wurde der Kessel installiert. Um ihn vor Frost zu schützen, bekam er eine dicke Lehmhülle. An der einen Seite verbanden ihn die „Installateure" mit den Kellerrohren, an der anderen hatten sie ein Feuerloch freigelassen und gemauert. Die Roste dazu brachte wenig später der Dorfschmied herbei.

Ein paar Tage vergingen. Neugierig besichtigten wir, durch den Schnee zum Nachbarhaus stapfend, hin und wieder unser künftiges Brausebad. Dann hieß es an einem Sonntag beim Morgenappell: „Drei Wasserträger und drei Heizer raustreten!" Und zwei Stunden später: „Zwanzig Mann fertig machen zum Duschen!" Durch den hohen Schnee liefen wir so schnell wir konnten zu unserm Kellerbad. Es war eine Wohltat, als das warme, saubere Wasser den Körper hinabrann – die erste „Ganzkörperwäsche" seit Monaten Gefangenschaft!

Diese Prozedur wiederholte sich nun alle zehn Tage. Und – höchster Luxus – erstmals seit unserer Ankunft bekam jede Gruppe von 20 Mann ein Stück duftende Seife zugeteilt. Vielleicht habe ich nie mehr ein Bad so genossen wie das an jenem Sonntag Ende 1945, als aus alten Gießkannentüllen warmes Wasser auf uns spritzte. Denn so seltsam es klingen mag. Mit dem Wasser spülten wir uns nicht nur den Dreck vom Körper.

Nein, die Einrichtung der Duschen, ein Akt der Fürsorge seitens unserer russischen Bewacher, war auch ein kleiner Hoffnungsschimmer. Wir konnten hoffen, nicht auf Ewigkeiten in diesem Lager im fremden Land gefangen zu sein. Die Russen würden uns eines Tages heimkehren lassen, vielleicht nicht so bald, aber irgendwann.

Das Einreiben mit Schnee, das hin und wieder in eine Schneeballschlacht ausartete, behielten wir, ein paar junge Kerle, darunter Willy und ich, bei. Wir waren ja junge Leute, die trotz der Bedingungen, unter denen wir leben mussten, mitunter auch vergnügt und fröhlich waren. Übrigens war ich in meinem Leben selten erkältet. Denn, aus der Erfahrung klug geworden, tat ich auch später, längst wieder zurück in Deutschland, manches zu meiner Abhärtung. Auch noch im Alter – ich bin heute 73 Jahre alt – dusche ich täglich kalt.

Gebackene Kartoffeln

Auch der Februar war noch kalt, vielleicht herrschten 10 Grad minus. Ende des Monats stand der Rohbau der Großküche, die Innenarbeiten konnten beginnen. Hierfür wurden nur noch wenige Gefangene gebraucht. Die anderen, darunter Willy und ich, wurden einem neuen, dem Dachdeckerkommando zugeteilt. Wir sollten mithelfen, die beschädigten Dächer des Dorfes neu zu decken.

Erst jetzt sahen wir das ganze Ausmaß der Verwüstung, die der Beschuss durch deutsche Panzer und Granaten angerichtet hatte. In den Dächern klafften große Löcher, soweit nicht das Gebälk schon ganz eingestürzt war. Fenster und Türen waren aus den Angeln gerissen, ganze Hauswände zusammengebrochen. Die Menschen, darunter Familien mit kleinen Kindern und alten, gebrechlichen Angehörigen, wohnten zum Teil in Behelfsbehausungen, oft mit Blechen, alten Türen oder sonstigen Utensilien nur provisorisch abgedeckt.

Nun sahen wir die andere Seite des Krieges, die Not der Zivilbevölkerung, die wir als Soldaten bislang kaum kennen gelernt hatten. Oft gab es keine Männer, Väter oder Söhne mehr in den Häusern, welche die Schäden beseitigen und die Dächer flicken konnten. Sie waren gefallen. Wir wussten, viele dieser Familien hatten Tote zu beklagen. An ihren Häusern leisteten die Kriegsgefangenen vielleicht ein Stückchen Wiedergutmachung deutscher Schuld. Dringend brauchten diese Menschen ein Dach über dem Kopf.

Wie schon beim Scheunen- und Großküchenbau mangelte es an allem: Schindeln, Balken, Nägeln, Werkzeug. Aber nun hatten wir die russische Mentalität und das Talent der Russen zu improvisieren schon begriffen. – Es würde sich für alles eine Lösung finden.

Zunächst fuhr man uns mit einem Schlitten zum nahen Wald. Dort fällten wir Birken und zersägten sie nach Anweisung unseres russischen Vorarbeiters zu Klötzen gleicher Länge. Diese Klötze wurden dann senkrecht in ein, offenbar uraltes, von Hand betriebenes Schlagmesser gestellt. Schlag auf Schlag trennte es dünne, regelmäßige Holzscheiben wie geschnittenes Brot ab: Dach„ziegel“ aus Holz. Wir würden Unmengen davon brauchen! Einige von uns blieben im Wald, um die Ziegel bzw. Holzschindeln „serienmäßig“ herzustellen. Die anderen, auch ich, fuhren ins Dorf zurück und wurden auf verschiedene Häuser verteilt.

Aber wie die Schindeln befestigen, da es keine Nägel gab? Auch die Nägel wurden aus Holz zurechtgeschnitten, kleine Stifte, die Dachlatte und Schindel miteinander verbanden. Ein Kamerad, er hatte Schuster gelernt, merkte auf: „Na klar, das hätte ich mir denken können. Mit Holznägeln – Täcksen – habe ich ja auch Schuhe besohlt.“ Wir versuchten es. Wie schon zuvor beim Mauern: Auch hier machte Übung den Meister. Nach einiger Zeit hatten wir den Bogen heraus und legten und „nagelten“ die Schindeln ebenso fachmännisch wie die Russen auf dem Nachbardach.

Aber mit kalten Händen zu nageln war bitter. Wir baten den Posten darum, im Hof ein kleines Feuer anzünden zu dürfen. Der Wachposten – nicht alle waren so entgegenkommend – hatte Verständnis. Ab sofort konnte eine Dachdeckergruppe, aber auch der Posten sich an den Flammen wärmen, während die Ablösung auf dem Dach arbeitete.

Erstmals kamen wir bei unserer Arbeit nun auch öfters mit den Einwohnern, älteren Menschen, Frauen und Mädchen, in Kontakt. Durchaus nicht selbstverständlich, zeigten uns manche ihre Dankbarkeit durch Worte oder Gesten. Einmal – wir wärmten uns gerade am Feuer – lud uns ein junges Mädchen aus dem Nachbarhaus, dessen Dach wir schon gedeckt hatten, nach Rücksprache mit dem Posten in sein Haus ein. Es sprach gut Deutsch. Wie wir später erfuhren, war Deutsch in vielen russischen Schulen ein Unterrichtsfach.

„Meine Mutter möchte sich bedanken." Wir traten in die Küche, mussten um einen sehr großen Ofen Platz nehmen. Die Mutter hatte ein paar Kartoffeln aufgespart, die sie in die Glut des Ofens legte. Braun gebacken und mit knuspriger Kruste ließen wir sie uns schmecken. Es war ein schönes, warmes Gefühl, in der Küche zu sitzen, zu essen und den beiden Frauen zuzuhören – ein wenig wie zu Hause.

Goethe, Schiller und der Tanz

Einige Zeit später – das Nachbardach war fast gedeckt – lud uns das Mädchen erneut in sein Elternhaus ein. Offenbar hatte Elisabeta, so war ihr Name, die Einladung mit Wladimir, dem zugänglichen Posten, schon abgesprochen. Wir durften eine längere Pause machen, erhielten von Elisabeta und ihrer Mutter wieder je eine köstliche Kartoffel, dazu heißen Tee.

Wir ließen uns Zeit mit dem Teetrinken. Bei der herrschenden der Kälte da draußen war so eine Pause am Ofen wie ein Geschenk. Aber auch Elisabeta hatte scheinbar

Freude daran, sich zu unterhalten und ihr Deutsch auszuprobieren. Kurz verständigte sie sich mit dem Posten und brachte, als der zustimmend lachte, aus dem Nebenzimmer eine Harmonika herbei. Wladimir stellte prompt das Gewehr in eine Zimmerecke, nahm das Instrument und legte los. „Kalinka, Kalinka, maja", hier hörte ich das fröhliche russische Lied zum ersten Mal.

Wir waren perplex. Unser Wachposten – das konnte man hören – hatte als Musiker Talent. Wir wussten vom Hörensagen, dass man in den russischen Dörfern viel sang und musizierte. Nun erlebten wir es selbst.

„Und wer tanzt mit mir?", fragte das Mädchen in die Runde. Wir, fünf, sechs Gefangene, lachten verlegen. Tanzen? Hier in der Küche? Das kam ein bisschen überraschend. Elisabeta sah fragend von einem zum anderen. Ihre Mutter nickte zustimmend. Wie in der Schule, wenn man nicht drankommen will, schauten wir betreten nach unten. Ein älterer Kamerad sprang schließlich ein, um unser Zögern zu erklären und das Mädchen nicht zu beschämen. Wir seien hier fern der Heimat und im Ungewissen, ob unsere Familien, Frauen und Schwestern, noch lebten. Wir scheuten uns zu tanzen.

Das stimmte wohl, war aber doch nicht die ganze Wahrheit. Die meisten von uns trauten sich einfach nicht zu tanzen, denn sie konnten es nicht. Keiner wollte sich hier, vor den anderen, blamieren, so verlockend die Aufforderung zum Tanz mit dem Mädchen auch war. Als wir in das Alter kamen, tanzen zu gehen, war Krieg gewesen. Das Tanzen in öffentlichen Gaststätten hatte man aufgrund der hohen Verluste an der Front untersagt. Die Nazis haben uns mit dem von ihnen angezettelten Krieg auch die schönsten Jahre unserer Jugend genommen.

Ich habe erst kurz vor meinem 21. Geburtstag, nach Rückkehr in die Heimat, in Schwerin einen Tanzboden kennen gelernt und dort das Tanzen erlernt. Vor Beginn der

Bombenangriffe auf meine Heimatstadt war ich noch zu jung gewesen, um schon in Tanzsäle zu gehen. Einige Zeit später war ich nicht mehr zu jung, um Soldat zu werden ...

Und außerdem: Was hätten die Kameraden im Lager wohl gesagt, wenn wir uns mit einem „Russenmädchen" vergnügt und das Tanzbein geschwungen hätten.

Das Mädchen hatte verständnisvoll genickt, gab sich aber nicht geschlagen. „Nun gut!", sagte es, eine Brücke für uns bauend, „dann sprechen wir über deutsche Dichter." Wladimir legte die Harmonika aus der Hand. Nun wurde es noch schöner. Fieberhaft überlegte jeder, grub in seinem Gedächtnis nach bekannten Versen deutscher Dichter. Verstohlen sah ich zu den anderen. Hoffentlich bat sie nicht mich, mit dem Vortragen zu beginnen. Denn wer dachte, hinter Stacheldraht und bei Schwerstarbeit, schon an Gedichte? Bei der Waldarbeit oder beim Eindecken der Dächer im Ort war noch keiner meiner Kameraden aus unserem Lager durch eine lyrische Ader aufgefallen.

Aber Elisabeta ließ sich in ihrem Eifer nicht beirren. Sie machte den Anfang und stand von ihrem Platz auf. Es war ein merkwürdiges Gefühl, als das Mädchen ohne Scheu auf Deutsch, mit rollendem „russischen R", ein Gedicht von Heine zu rezitieren begann. Heine sei ihr deutscher Lieblingsdichter. Kannten wir ihn etwa nicht? Goethe und Schiller ja, aber Heine?

Nein, im Rückblick weiß ich, dass Heines Werke schon nicht mehr zum Schulstoff gehörten, als ich im Jahr 1934 in die Schule kam. Die Nazis hatten die Schriften von Heine, konvertierter Jude und scharfer Zeitkritiker, auf die „Schwarze Liste" verbotener Bücher gesetzt. Sie landeten bei der Bücherverbrennung im Mai 1933 auf dem Berliner Opernplatz auf dem Scheiterhaufen – zusammen mit den Werken Zolas, Thomas Manns, Stephan Zweigs und vielen anderen. Wie hellsichtig, denke ich heute, musste Heine gewesen sein, als er Mitte des 19. Jahrhunderts schrieb:

„Dort, wo man Bücher verbrennt, verbrennt man auch am Ende Menschen.“

Aber zurück in die Küche: Schillers „Die Glocke“, dieses Gedicht kannten die meisten von uns noch auswendig. Einer von uns erhob sich. „Festgemauert in der Erden ...“, begann er mutig zu deklamieren. Die anderen ergänzten abwechselnd, wenn er nicht weiterkam. Es war schon erstaunlich, wofür sich dieses Mädchen, dass in einem kleinen Dorf weit weg von Moskau lebte, alles interessierte. Wir hatten Glück, denn unter uns befand sich ein Thüringer, ein Kamerad aus Weimar, der von den Wirkungsstätten Goethes und Schillers erzählen konnte. In der kleinen Küche beschrieb er Elisabeta Goethes Haus am Frauenplan.

Erstaunlich war auch, dass Wladimir, unser russischer Posten, den Besuch erlaubt hatte. Nicht alle Begleitposten behandelten die Gefangenen so freundlich wie er. Uns war warm geworden am Ofen und von der „Prüfung“, der wir unversehens ausgesetzt worden waren. Wladimir, der kein Deutsch sprach, begann sich zu langweilen. Wir mussten in die Kälte und zu unserer Arbeit aufs Dach zurückkehren.

Wie konnten wir uns für die Freundlichkeit Elisabetas und ihrer Mutter bedanken? Wir hatten bemerkt, dass das Eingangstor ihres Gehöfts schief in den Angeln hing und eine Schuppentür beschädigt war. Wir mussten ein paar Tage warten, ehe Wladimir, der Harmonikaspieler, wieder bei uns Dienst versah und die Reparatur gestattete. Einige Zeit später wurden wir bei einem anderen Haus im Dorf eingesetzt.

Die Erzählung des Russen

Manchmal traf ich bei der Arbeit im Wald oder im Dorf einen alten Bekannten wieder. Er begrüßte mich freundlich durch Zuruf oder Handschlag, wann immer wir uns begegneten. Es war der ältere Russe, mein Lehrmeister aus dem Wald, der mich am Anfang unserer Lagerzeit das Herstellen von Vierkanthölzern gelehrt hatte. „Söhnchen" – „Synok", so hatte er mich dabei genannt. Es war das erste persönliche und versöhnliche Wort, dass ich aus dem Mund eines Russen gehört hatte. Sein russischer Arbeitstrupp schien ebenfalls mit Wiederaufbauarbeiten beschäftigt zu sein.

Eines Tages – wir wärmten uns gerade die Hände an einem Feuer im Hof eines der Gehöfte im Dorf – kamen wir erneut ins Gespräch. Wir hatten Glück, einer der verständnisvolleren Posten tat Dienst und ließ uns gewähren. Mit den paar russischen Brocken, die wir inzwischen beherrschten, radebrechten wir mühsam, fragten nach seinem Alter und seinem Namen. Bis er plötzlich, wenn auch gebrochen, Deutsch zu sprechen begann. Ich war erstaunt. Bisher hatte er nicht zu erkennen gegeben, dass er unsere Sprache beherrschte oder auch nur verstand. Viele Wörter fehlten ihm, wir versuchten, sie zu ergänzen.

Es ging um den Krieg. „Warum", fragte uns dieser Russe, „ habt ihr gegen uns Krieg geführt, unsere Dörfer zerstört und unsere Söhne getötet?" Diese Frage kam unerwartet. Sie traf uns wie ein Schlag. Nein, diese Frage hatte uns – Aug in Aug – bisher noch niemand gestellt. Ja, wir selbst hatten kaum begonnen, uns Fragen wie diese zu stellen. Und hätten wir denn vor uns selbst eine Antwort gewusst? Aber wir konnten dieser Frage am Feuer nun nicht mehr ausweichen. Wir standen einem alten Mann gegenüber, den eine Frage quälte. Wir sollten ihm Antwort geben. Es dauerte ein Weilchen, bis wir begriffen, dass er hoffte, von uns eine ehrliche Erwiderung, einen Schlüssel für alles, was geschehen war, zu finden. Wir versuchten, uns zu fassen. Der Russe sah uns fragend und eindringlich an.

Einer der älteren Gefangenen war es schließlich, der nach Momenten des Zögerns eine Antwort wagte: „Viele, aber nicht alle sind begeistert in den Krieg gezogen. Aber wer sich an der Front geweigert hätte zu schießen, wäre als Deserteur erschossen worden." Er schwieg. Dieser ältere Kamerad und auch wir anderen wussten wohl insgeheim, dass die Antwort unvollständig, nur ein Teil der Wahrheit war. Aber was war denn die Wahrheit?

Für junge Leute im Medien- und Internetzeitalter wird es schwer sein, das Leben unter der faschistischen Diktatur zu verstehen. Anders als uns damals sind ihnen Informationen aller Art über die Medien und das Internet frei zugänglich. Die Welt steht ihnen offen. Ob in Frankreich, Großbritannien oder Australien, sie können als Aupair oder Rucksacktourist und – mit entsprechenden Mitteln – auch als Austauschschüler Erfahrungen sammeln.

Anders das Leben in Deutschland zwischen 1933 und 1945: einem abgeschlossenen, nach außen abgeschotteten und in allen Bereichen von den Nazis gleichgeschalteten System. „Die gesamte deutsche Jugend ist außer in Elternhaus und Schule in der Hitlerjugend körperlich, geistig und sittlich im Geiste des Nationalsozialismus zum Dienst am Volk und zur Volksgemeinschaft zu erziehen", ließ Hitler im Gesetz über die Hitlerjugend von 1936 festlegen. Ab 1939 war der Dienst in der Hitlerjugend Pflicht. Schlagworte wie diese prasselten endlos auf uns nieder: „unser geliebter Führer Adolf Hitler", „heilig Vaterland", „deutsche Erde", „Edelmut" und „Rückgewinnung der deutschen Ehre". Plakate, Volksempfängerpropaganda, Wochenschaubilder, Kundgebungen und Feiern, alles griff im Propagandasystem ineinander. Die Verführung durch den Rattenfänger Hitler und seine Gefolgsleute verfehlte bei den meisten Jugendlichen ihre Wirkung nicht.

Man kann wohl sagen, wir sind „gläubig" in den Krieg gezogen. Wir erfüllten, so glaubten wir, unseren Auftrag beim Aufbruch in die „Neue Zeit".

Die Menschen meiner Generation sind verpflichtet, den jungen Leuten heute zu erzählen und zu erklären, was damals passierte. Wir dürfen dabei Konflikte, Versuchungen und Verstrickungen nicht verschweigen. Nur so kann die Geschichte eine Lehrerin sein, kann die Beschäftigung mit der Vergangenheit nachfolgenden Generationen nutzen. Nein, die Frage nach der Richtigkeit unseres Tuns hatten zumindest wir ganz jungen deutschen Soldaten uns meist nicht gestellt. Die Frage des freundlichen Russen nach unserer eigenen Verantwortung als Soldaten in Hitlers Krieg traf uns deshalb unvorbereitet.

Der Russe hatte weitergesprochen: „Ich hasse nicht euch, aber ich hasse den Faschismus. Die Faschisten, die Kapitalisten und die Konzerne, haben euch als Werkzeug missbraucht." Er hatte sicher unsere Ratlosigkeit bemerkt. Er wollte uns nicht beschämen, hatte aber vielleicht auf eine Erklärung gehofft. Wir unterhielten uns weiter. Der Posten war für einige Zeit im Haus verschwunden. Der Russe redete offen, bedächtig und in schwerem Deutsch. Auch ihn hatte das Schicksal schwer getroffen, erfuhren wir nach und nach.

Der Russe stammte aus dem unteren Wolgagebiet. Er war mit einer deutschstämmigen Frau, einer „Wolgadeutschen", verheiratet. Die deutsche Sprache hatte er von ihr recht und schlecht erlernt. Sie hatten zwei Kinder, besaßen Haus und Hof und etwas Vieh bei Saratow. Es war ihnen gut gegangen in ihrer Heimat, der 1924 gegründeten „Autonomen Sozialistischen Sowjetrepublik der Wolgadeutschen". „Wir hatten eine gute Milchkuh, zwei Schweine und Hühner", sagte unser Gesprächspartner.

Dann überfiel Hitler die Sowjetunion. Er brach den deutsch-sowjetischen Nichtangriffspakt. Stalin, der nun allen Deutschen misstraute, löste die wolgadeutsche Republik auf. Die deutschstämmigen Russen wurden, u. a. unter dem Vorwand des Spionageverdachts oder der Kollaboration mit den Deutschen, umgesiedelt. „Wir wurden nach Kasachstan gebracht", sagte der Russe bitter. „Nicht einmal die Felder durften wir noch abernten."

Wir begriffen. Wir wussten ja, dass in der deutschen Wehrmacht Weißrussen, Ukrainer und Balten als Hiwis (Hilfswillige) gedient hatten. Es hatte sogar zwei „großrussische" Divisionen, die Wlassow-Leute, gegeben.

Aber warum lebte er nicht bei seiner Familie, in Kasachstan, wollten wir wissen. Er hätte sich wie viele andere für den Wiederaufbau der zerstörten Gebiete freiwillig gemeldet, erklärte er. Sein eigenes Schicksal ordnete er dem seines Landes, das er – trotz allem! – liebte, unter. Und außerdem, ergänzte er, wäre er hier, bei Brjansk, seinem Sohn näher, der in Moskau studierte. Ich erinnerte mich an das Bild seines Sohnes, eines jungen Soldaten mit vielen Auszeichnungen, das er mir vor Monaten stolz gezeigt hatte. In eins, zwei Jahren würde er zu seiner Frau und ihrer großen deutschen Familie nach Kasachstan zurückgehen. „Meine Frau weint oft", sagte er. „Sie hat Sehnsucht nach der Heimat."

Der Posten kam wieder, wir mussten zurück an die Arbeit. Wir konnten dem Gesagten kaum etwas hinzufügen. Wir merkten, wie dieser Mensch alles nur sehr schwer ertrug. Ein deutscher Kamerad sagte: „Ja, auf beiden Seiten gab es viel Schmerz."

Während der Russe erzählt hatte, glaubte ich, eine Erklärung dafür gefunden zu haben, weshalb er gerade mir so oft und gut geholfen hatte. Vielleicht sah er in mir, da ich noch sehr jung war, einen kleinen Ersatz für seinen Sohn, den er nur selten sah? Durch seine Erzählung war mir dieser Mann näher gekommen. Ich mochte ihn direkt leiden. Er hatte etwas Väterliches und wirklich strahlende Augen.

Mir ging die Erzählung des Russen nicht aus dem Kopf. Mir schien, dass es viel Ähnlichkeit zwischen seinem und meinem Schicksal gab. Inzwischen wusste ich es ja aus den Zeitungsausschnitten der Lagerwandzeitung: Auch ich hatte meine Heimat, mein Zuhause in meiner Geburtsstadt Stettin, verloren. Es war eingetroffen, was die „Tommys" (Engländer) auf den abgeworfenen Flugblättern während des Krieges angekündigt hatten: „Stettin wird polnisch, wenn ihr nicht Schluss macht mit dem Krieg!" Hunderttausende Deutsche aus den Ostgebieten waren auf Beschluss der Alliierten umgesiedelt worden. Mussten meine Eltern, falls sie überhaupt noch lebten, Gleiches durchmachen wie die Familie des Russen? Wohin waren sie gegangen?

Das Gespräch mit dem Russen hatte mich aufgewühlt. Es fiel mir schwer, alles, was neu auf mich einstürzte, zu verkraften.

Ich versuchte deshalb in den nächsten Tagen, mit meinem russischen „Lehrmeister" wieder ins Gespräch zu kommen. Aber es galt aufzupassen. Wenn man zu oft mit einem Russen sprach, konnte man schnell als „Iwanfreund" abgestempelt werden. Das konnte unangenehme Folgen haben, wenn es sich herumsprach. So passierte es womöglich, dass der Koch an den Betroffenen nur die Hälfte seiner Kascha-Ration austeilte und ihm den „guten Rat" auf den Weg gab: „Den Rest hole dir bei deinem Freund, dem Iwan, ab!"

Die „Thesen" am Scheunentor

Wir lebten und arbeiteten nun schon seit über einem Jahr in jenem Dorf nahe Brjansk. So sehr ich in meinem Gedächtnis auch forsche – ich sehe auf Abruf zwar die typischen russischen Gehöfte und die flache, sehr waldreiche

Landschaft wieder vor mir; aber der Name des Ortes, in dem sich unser Lager befand, ist mir entfallen. Nach einem heißen und trockenen Sommer kündigte sich der kühle Herbst des Jahres 1946 an.

Das Lagerleben hatte alltägliche Züge angenommen. Täglich – außer am Sonntag – hielten am Morgen klapprige LKWs vor dem Lagertor und brachten die Gefangenen, die nicht im Dorf selbst oder im Wald beschäftigt waren, in die umliegenden Orte zu ihren Arbeitsplätzen. Alltäglich war auch der Kampf gegen die zahlreichen Widrigkeiten, die das Leben in Gefangenschaft beschwerten.

So sorgte vor allem die Ernährung der fast 300 Insassen unseres Lagers für ständigen Ärger. Die Rationen waren knapp bemessen, zu knapp für die schwer arbeitenden Arbeitskommandos, die zu jeder Jahreszeit und bei jedem Wetter ihre Kräfte oft bis zur Erschöpfung verausgaben mussten. Abends gab es meist eine wässrige Suppe, meist Kraut- oder Hirsesuppe. Sie wurde aus der überdachten provisorischen Küche, vor der wir Schlange standen, aus einer alten Gulaschkanone ausgeteilt. Die Suppe am Mittag war dicker; Kascha, ein fester Hirsebrei, Graupen- und Erbsensuppe wechselten sich ab. Diese Mahlzeiten brachten uns die Köche in Kanistern mit Panjewagen auf die Baustelle oder in den Wald. Täglich gab es dazu ein paar Gramm Zucker und Tabak sowie 600 (bei Übererfüllung der Norm 800) g Brot. Die Brotration würgten wir trocken hinunter. Nie bekamen wir dazu je ein Gramm Fett!

Aber laut Verpflegungssatz stand uns auch Fett zu. Das wussten wir genau. Wo blieb das Fett, das man uns vorenthielt? Die Rationen für die Lagerinsassen waren streng festgelegt. Ausdrücklich gehörte auch Fett zur Zuteilung. Was geschah damit? Wer strich den Speck, auf den jeder Einzelne von uns ein Anrecht hatte, ein? Wanderte er in die Töpfe der Russen, Posten oder Offiziere, oder trieben die deutschen Hilfsköche – ebenfalls Gefangene – damit

Handel? Im Gegensatz zu allen anderen Lagerinsassen sahen die Küchenhelfer glatt, fast wohlgenährt aus.

Der Zorn kochte über. Wir mussten etwas unternehmen „Erst kommt das Fressen", lässt Brecht in seiner „Dreigroschenoper" Macheath sagen, „dann kommt die Moral". Nicht zufällig war deshalb die schlechte Verpflegung der Anlass, erstmals gegen die russische Lagerleitung aufzubegehren.

Allerdings wollte keiner der Gefangenen einem der Offiziere oder gar dem Kommandanten direkt gegenübertreten und ihm die Vorwürfe ins Gesicht sagen. Das war zu gefährlich. Niemand wusste, wie die Russen reagieren würden. Zwar empfanden wir nicht mehr die existenzielle Angst um unser Leben wie am Anfang; denn man brauchte uns als Arbeitskräfte. Aber im Lager kursierten Geschichten über Gefangene, die unmittelbar nach einem Gespräch im Kommandeurszimmer das Lager und die vertrauten Kameraden verlassen mussten. Samt ihrer paar Habseligkeiten waren sie von einem Tag zum anderen verschwunden gewesen. Was war mit ihnen geschehen? Was war das Thema dieser Gespräche gewesen? Wir hatten nie wieder von unseren Kameraden gehört.

Wir mussten also unsere Vorwürfe über Umwege an den Mann bringen, um uns nicht zu gefährden. Der Plan, der nach erregten Diskussionen ausgeführt wurde, war einfach. Zuerst tauschte einer von uns an der Tauschbörse am Zaun von einheimischen Russen einen größeren Bogen Papier ein. Dann besprachen wir, ein paar Gefangene, den Text unseres „Flugblatts", auf dem der Unterschlagungsvorwurf formuliert werden sollte. Wegen meiner gestochenen und schönen Schrift, die früher als Verwaltungslehrling von mir verlangt worden war, wurde ich zum Schreiben ausgewählt: „Wer stiehlt unsere Verpflegung? Wer hält einen Teil unserer Rationen – das Fett für 300 Gefangene – zurück?", stand anklagend auf dem Blatt. Von vielen Händen, die es berührt und gelesen hatten, schmutzig, nagelten wir im Schutz der Dunkelheit das Blatt ans Scheunentor.

Da hing unser Flugblatt. Es war nicht zu übersehen. Wie einst Luthers Thesen an der Schlosskirche zu Wittenberg prangte es, als am nächsten Tag die Sonne aufging, weithin sichtbar am Scheunentor. – Eine Provokation für die Russen. Wie würden sie reagieren?

Würden sie nach dem Urheber fahnden, ihn zu Rede stellen und bestrafen? Die Ungewissheit nagte an mir. Ich hatte den Text zwar nicht entworfen, aber die Zeilen niedergeschrieben. Tagsüber, während der Arbeit auf dem Dach eines Nachbardorfes, ließ mich der Gedanke an den Zettel am Scheunentor nicht los. Am Abend frotzelten einige Kameraden – „Die Russen werden euch holen“. Aber es geschah zunächst nichts. Erst am nächsten Tag entfernte der diensthabende Offizier den Zettel. Wieder einen Tag später stellte der verantwortliche deutsche Feldwebel unsere Personalien fest. Dann zitierte er uns ins Kommandantenzimmer. Die Angst im Nacken, folgten wir ihm dorthin. Wir wussten zwar, dass wir nur die Stimmung des gesamten Lagers wiedergegeben hatten. Aber die Kameraden würden uns im Ernstfall nicht helfen können.

Der Kommandant hielt unser Flugblatt in der Hand. Aber nicht er, sondern ein zweiter Offizier, ein Leutnant, begann zu sprechen: der „Kulturoffizier“. Ja, selbst in unserem kleinen Lager bei Brjansk, das nur aus einer Scheune bestand, gab es wie in allen größeren Lagern einen Kulturoffizier. Er war für die Kultur und die Moral unter den deutschen Kriegsgefangenen, einschließlich der russischen Posten, verantwortlich. Über seine Aufgaben im Lager erfuhren wir im nächsten Augenblick mehr. Ob es noch mehr Kritiken gäbe, fragte der Offizier, der gut Deutsch sprach. Und wenn ja, welche? Könnten wir berechtigte Kritiken sammeln und weiterleiten oder – noch besser – auch veröffentlichen?

Wie das? Wir verstanden nicht so ganz. Der Kulturoffizier würde uns ein Brett und Papier zur Verfügung stellen. An dieses Brett könnte jeder Gefangene seine Meinung heften, Probleme ansprechen, Fragen stellen. Er wolle uns so gut wie möglich helfen, die Fragen zu beantworten und, wo immer möglich, Probleme auch zu lösen. Das Zettelbrett nannte er „Wandzeitung"; dieses Wort, in seiner Muttersprache „Stjennaja Gasjeta", das wir noch nie gehört hatten, schien eine russische Erfindung zu sein.

Ablehnen konnten wir das Angebot schlecht. Wir glaubten, dass die Russen mit der „Wandzeitung" ein Ventil für die Nöte der Gefangenen schaffen wollten. Sie boten uns an, in einer Art „Kummerkasten" unsere Stimme anzuhören, vielleicht dem einen oder anderen Misstand abzuhelfen. Das war eine Chance, die wir nutzen mussten. Notgedrungen nahmen wir diese neue Arbeit an. Sie musste ja zusätzlich, in den Abend- und Freizeitstunden, geleistet werden.

Noch eins war zu bedenken. Für manche der Gefangenen würden wir auch in eine verdächtige Nähe zu den Russen rücken, da wir uns öfter mit dem Kulturoffizier treffen, Kritiken vortragen und seine Antwort an die Lagerinsassen überbringen sollten. Auch deshalb waren wir im Zwiespalt. Mit den Kameraden wollten wir es uns nicht verscherzen.

Bei der ersten „Wandzeitung" half uns der Kulturoffizier. Als wir sie spätabends in der Scheune anbrachten, standen die Kameraden bald in einer großen Traube davor. Es ging um das Fett, den Speck, den man uns „gestohlen" hatte. Aufs Gramm genau rechnete man uns die uns zustehenden Rationen vor. Das Fett, so stellte sich heraus, gaben die Köche täglich in ihre Riesensuppentöpfe, um Kraut- oder andere Suppen anzureichen. So erhielt jeder mit dem Teller Suppe auch seine Portion Fett.

Auf einem zweiten Blatt hatte der Kulturoffizier die Rationen der russischen Zivilbevölkerung aufgelistet. Nicht arbeitsfähige Russen, so erfuhren wir, erhielten kleinere Brotrationen zugeteilt als wir, die wir schwer arbeiteten. Auch die Bevölkerung litt Hunger. Die Kornkammern Russlands, die Ukraine und Weißrussland, hatten mitten im Kampfgebiet gelegen. Viele Speicher hatten die Deutschen zerstört oder niedergebrannt. Wir mussten uns wohl oder übel mit der Antwort zufrieden geben; aber die Zweifel blieben doch – gaben die Köche wirklich alles Fett in die Suppe?

Der Verantwortliche für die Wandzeitung wollte diesen Posten schon bald wieder loswerden. Denn er brachte uns nicht nur zusätzliche Arbeit, sondern auch viel Ärger ein. Manche Gefangene rissen Zettel, die ihnen nicht passten, wieder ab. Andere beschimpften uns Redakteure der kleinen „Zeitung“ als „Russenfreunde“, da wir auch die „Gegenseite“, den Kommandanten oder den Kulturoffizier, zu Wort kommen ließen. Doch es gab auch viele positive Reaktionen, wenn z. B. kleinere Probleme mit unserer Hilfe gelöst werden konnten.

„Sollen unsere Zähne verfaulen?“, konnte man eines Tages an der Wandzeitung lesen. Viele Gefangene besaßen schon längst keine Zahnbürsten mehr. Oder: „Waschen sich die Russen nicht?“ Unser provisorischer Heizkessel hatte nämlich nach einigen Monaten seinen Geist aufgegeben. Und tatsächlich schafften die Russen nach einiger Zeit Zahnbürsten herbei und ließen nicht viel Zeit verstreichen, bis sie neben dem Duschraum ein neues, kleines Kesselhaus bauen ließen.

Über die Wandzeitung klärte sich auch die Frage nach dem Verbleib der aus dem Lager „Verschwundenen“. Es handelte sich um „Spezialisten“, Ingenieure, Techniker, Ärzte, die bei wichtigen Aufbauprojekten im Land eingesetzt wurden. Wohin sie genau gebracht wurden, haben wir nicht erfahren. Viele von ihnen, so hörte man später, sind erst lange nach uns nach Deutschland heimgekehrt, da die Russen auf die Dienste dieser Fachleute nicht verzichten wollten.

Ebenso schlimm wie der Hunger war die Ungewissheit, ob die Angehörigen, Mutter, Vater, Frau und Kinder noch lebten, und wie die Verhältnisse in Deutschland sich gestalteten. Noch hatte niemand von den Gefangenen eine Nachricht von zu Hause erhalten. In mehreren „Wunschzetteln" an der Wandzeitung verlangten die Verfasser Postkarten, um den Familien in der Heimat ein Lebenszeichen geben zu können. Doch diesen, unseren größten Wunsch erfüllte man uns zu diesem Zeitpunkt nicht. Man erklärte uns, dass zunächst ein funktionierendes „Postsystem" für Kriegsgefangene – ähnlich der Feldpost – aufgebaut werden müsste. Das würde, trotz vieler Zerstörungen, geschehen. Wir veröffentlichten diese gute Nachricht an der Wandzeitung und ernteten viel Lob für unsere Nachforschungen in dieser wichtigen Frage.

Allerdings ließ man uns nun ausgewählte Nachrichten aus Deutschland zukommen. Wir vier „Redakteure" hefteten die deutschen Zeitungsartikel an die Wandzeitung, die nach jeder neuen Meldung dicht umlagert war.

Erst hier im Lager erfuhr ich über diese Zeitungsausschnitte, dass der Plan der Alliierten von Jalta, die Aufteilung des Deutschen Reichs in vier Besatzungszonen, verwirklicht worden war. Deutschlands neue Ostgrenze bildete nun die Oder-Neiße-Linie. Auch meine Heimatstadt Stettin war, obwohl beiderseits der Oder gelegen, wegen seines bedeutenden Hafens Polen zugeschlagen worden. Ich erschrak zutiefst. Es war also tatsächlich so gekommen, wie der „Tommy" es damals auf den abgeworfenen Flugblättern prophezeit hatte: Stettin wird polnisch, wenn ihr nicht Schluss macht mit dem Krieg.

Aber was war dann aus meinen Eltern und Geschwistern geworden? Wo hatten sie sich, falls sie noch lebten, hingewandt? Verwandte in anderen Teilen Deutschlands, bei denen sie Zuflucht finden konnten, besaßen wir nicht. Hatten sie von dem Wenigen, was wir besaßen, etwas retten können? Wo sollte ich sie suchen, wohin schreiben, wenn ich die Möglichkeit dazu erhalten würde? Die Sorge um meine Familie ließ mich manchmal nachts nicht schlafen.

Viele Neuigkeiten betrafen nur die russische Besatzungszone. Unter der Losung „Junkerland in Bauernhand" war im Ostteil Deutschlands eine so genannte Bodenreform, die Enteignung von Großgrundbesitz von mehr als 100 Hektar, im Gange, während in den westlichen Besatzungszonen alles beim Alten geblieben war. Was für ein Land würden wir vorfinden, wenn wir aus der Gefangenschaft endlich heimkehren durften?

Bald war die Wandzeitung ein wichtiges Verständigungsmittel zwischen den Gefangenen und der russischen Lagerleitung geworden. Und außerdem unsere wichtigste Informationsquelle. Fast professionell gestalteten wir Redakteure mit der Zeit die kleine Lagerzeitung. Unter der Rubrik „Allgemeines" veröffentlichten wir die Fragen und Antworten zu den persönlichen Bedürfnissen im Lager. Dazu führten wir wegen des großen Interesses die Spalten „Politik" und „Kultur" ein, die über das Leben in Deutschland berichteten. Alle Nachrichten wurden gierig wie Brot verschlungen. Über Fragen der Besatzung, die Bildung von Parteien, den beginnenden Wiederaufbau deutscher Städte berichteten die Artikel aus deutschen Zeitungen.

Um viele Berichte gab es erbitterte Debatten und widerstreitende Meinungen unter den Gefangenen. Der „Chefredakteur" der Wandzeitung hatte deshalb seinen Posten bald abgegeben. Die anderen wählten mich, da ich selbstbewusst genug war, meine Meinung zu vertreten, als Nachfolger. Die meisten respektierten meine Arbeit, aber andere verspotteten mich, da ich noch jung und dazu klein war, als „vorlautes Bürschchen". Damit musste ich leben. Im letzten Winter 18 Jahre alt geworden, begann ich nun zu lernen, mich durchzusetzen.

Auch in Wladimir arbeitete ich später an der „Wandzeitung" mit. Damals begann ich, mich für das Schreiben zu interessieren. Diese Passion habe ich später weitergepflegt. Manche Briefe, Zeitungsartikel, auch ein Stehgreifspiel für die Schule unserer Kinder, habe ich als Zeitzeugnisse aufbewahrt.

Und noch etwas anderes haben mich die „Thesen" am Scheunentor sowie die Reaktion der Russen darauf gelehrt. Es war auch im Lager nicht unmöglich, Kritik zu äußern. Bis zu unserer Verlegung nach Wladimir haben viele Gefangene den „Kummerkasten" genutzt. Manche Kritik haben die Russen aufgegriffen. Die Zettel an unserer Wandzeitung haben einiges zum Guten verändern können.

Denk ich an Deutschland
in der Nacht ...

Wie schon gesagt: Ich hatte Freude an der Arbeit als „Chefredakteur" unserer kleinen Zeitung gefunden. Die Zeitungsausschnitte aus Deutschland lösten zahlreiche Debatten unter den Gefangenen aus. Es gab die unterschiedlichsten Meinungen zu den Veränderungen in der Heimat.

Die „Wandzeitung" polarisierte. Es gab die 100-Prozentigen, die selbst hier im Lager noch ihrem „Führer" nachtrauerten. Auf der anderen Seite standen die, die aus dem Traum vom „großdeutschen Reich" längst aufgewacht waren. Er war zerplatzt wie eine Seifenblase und hatte millionenfaches Leid über die Menschen gebracht. Aufmerksam verfolgte diese Gruppe Berichte über die Demokratisierung Deutschlands, die Entnazifizierung und die Bodenreform.

Beide Parteien standen sich fast feindlich gegenüber. Hin und wieder kam es zu Rempeleien oder erhitzten Wortgefechten zwischen den beiden Gruppen. Wieder andere Gefangene, vielleicht die Mehrzahl, waren zu erschöpft und mit dem eigenen Schicksal beschäftigt, um überhaupt Interesse an Vorgängen außerhalb des Lagers empfinden zu können. Denn vor allem hieß die Losung für alle Kriegsgefangenen nach wie vor: Hauptsache, wir sehen die Heimat wieder und überleben!

Schon deshalb erscheint es im Rückblick erstaunlich, dass sich in dem kleinen Lager bei Brjansk ein – wenn auch bescheidenes – kulturelles Leben entwickeln konnte. Angeregt wurde es durch den russischen Kulturoffizier. Fast jeden Sonntag trafen sich die Redakteure der Wandzeitung mit ihm zu einem Gespräch in einem kleinen Nebenraum der Wachstube neben dem Haupteingang des Lagers. Eines Sonntags, wir hatten die üblichen „redaktionellen" Probleme wie Fragen der Papierbeschaffung, Anschaffung von Stiften usw. bereits besprochen, gab der Offizier dem Gespräch eine unvermittelte Wendung.

Was wir von einer Dichterlesung hielten, fragte er. Eine Lesung in der Scheune? Wir hatten andere Probleme, dachte ich, ohne es laut auszusprechen. Aber zu meinem Erstaunen war einer meiner Redakteurskollegen sogleich Feuer und Flamme. Er hatte als Lehrer vor dem Krieg das Fach Deutsch unterrichtet, erfuhren wir. Wir zwei anderen waren vorsichtig und nicht begeistert von der Idee. Natürlich hatte ich als Junge gern Abenteuerbücher gelesen. Aber in deutscher Dichtung war ich über das Schulpensum hinaus nicht sonderlich beschlagen.

Bei uns zu Hause – das Geld unserer siebenköpfigen Familie reichte kaum für das Lebensnotwendige – hatte es nur wenige Bücher gegeben. Ebenso wie ich dachte wohl auch der dritte Kamerad unserer Zeitungsredaktion.

Der Offizier hatte schon weitergesprochen. Nein, nicht wir selbst sollten die Lesung abhalten. Wir sollten an der Wandzeitung lediglich „Reklame" für den Dichterabend machen. Und wenn darüber hinaus jeder von uns zwei weitere Besucher für die Lesung werben würde, wären schon neun Zuhörer dafür gewonnen. Ich horchte auf, als der Offizier den von ihm ausgewählten Dichter nannte — „Cheine“ – Heine; sofort fiel mir Elisabeta, das Mädchen aus dem Dorf mit seiner Vorliebe für Heine, wieder ein. Nun würden wir ja sehen, was es mit dem Zauber von Heines Gedichten auf sich hatte.

Der Kulturoffizier hatte „Deutschland, ein Wintermärchen“ für die Lesung ausgesucht, Heines großes politisches Deutschland-Gedicht, das von der heißen Vaterlandsliebe des Dichters und seiner beißenden Kritik an den Zuständen in Deutschland zeugt. Wir gingen an die Arbeit. An der Wandzeitung veröffentlichten wir einen Aufruf und starteten unter den gut bekannten Kameraden eine Werbekampagne. Zu unserer Verwunderung hatten wir mehr Erfolg dabei als erwartet.

Der Raum neben der Wachstube erwies sich schließlich als zu klein für die etwa 15 Personen, die sich zu der Lesung versammelt hatten. Der Abend versprach Ablenkung vom tristen Lageralltag. Der Kulturoffizier verhandelte mit dem Sergeanten der Wachmannschaft, um die größere Wachstube für den Dichterabend nutzen zu dürfen. Aber auch dort gab es nur zwei Stühle und eine kleine Bank, so dass wir zwei Bretter von draußen holen mussten, um weitere „Zuschauerbänke“ zu schaffen.

„Wer kennt das Gedicht?“, fragte der Kulturoffizier am Anfang. Aber außer dem Lehrer meldete sich nur noch ein weiterer Kamerad, ein ehemaliger Bibliothekar. Nach ein paar Sätzen zum Inhalt sagte der Kulturoffizier: „Beginnen wir“, und fing zu lesen an. Wir lauschten. Der Offizier las langsam und artikulierte deutlich. Trotzdem hatten viele deutsche Worte aus seinem Mund einen ungewohnten Klang. Wir mussten aufmerksam zuhören, um die Bedeutung der Sätze und den Sinn der Strophen zu erfassen.

Vielmals habe ich seitdem Heines Gedichte und mehrmals auch „Deutschland, ein Wintermärchen“ gelesen. Jedes Mal versuchte ich dabei neu zu ergründen, warum uns damals, fern von der Heimat, von einem russischen Offizier vorgetragen, die Zeilen des Dichters so sehr ergriffen haben.

Der Kulturoffizier trug nicht das ganze Werk, sondern nur einige Abschnitte daraus vor. Welche er auswählte, weiß ich heute nicht mehr zu sagen. Aber schon bald nach Beginn des Vortrags war eine eigentümliche Stimmung in der Wachstube entstanden. Vielleicht waren es die ersten Strophen, die uns sofort ansprachen. Hundert Jahre zuvor geschrieben, bekamen sie für uns, die wir auf baldige Rückkehr in die Heimat hofften, eine besondere Bedeutung.

„Und als ich an die Grenze kam,
Da fühlt ich ein stärkeres Klopfen
In meiner Brust, ich glaube sogar
Die Augen begunnen zu tropfen.

Und als ich die deutsche Sprache vernahm,
Da ward mir seltsam zumute;
Ich meinte nicht anders, als ob das Herz
Recht angenehm verblute."

Es war der Gedanke an das ferne und uns doch so nahe Deutschland, nach dem wir uns sehnten. Die Ahnung von dem, was wir empfinden würden, wenn wir die zerrissene und zerstörte Heimat wiedersehen würden.

Bei anderen Strophen hielt der Offizier inne. „Was meinen Sie", fragte er, „was Heine mit diesen Zeilen gemeint hat?" Es entwickelte sich nur zögernd eine Diskussion. Sehr wahrscheinlich waren es Zeilen wie diese, besonders plastische Bilder, die wir besprachen und die der Grund dafür waren, warum gerade die Dichtung Heines sich in der Sowjetunion von damals so großer Beliebtheit erfreute.

„Es wächst hienieden Brot genug
Für alle Menschenkinder,
Auch Rosen und Myrten, Schönheit und Lust,
Und Zuckererbsen nicht minder.

Ja Zuckererbsen für jedermann,
Sobald die Schoten platzen!
Den Himmel überlassen wir
Den Engeln und den Spatzen."

Selbstverständlich berichteten wir an der Wandzeitung über den gelungenen Dichterabend. Die Reaktionen unserer Leser lösten neue Spannungen unter den Gefangenen aus. „Merkt ihr denn nicht", sagten manche, „dass die Russen euch ganz geschickt für ihre Ziele einspannen wollen?" „Ihr verratet die Heimat, wenn ihr so weitermacht", sagten einige. Aber wir Teilnehmer am Lesezirkel sahen in der Beschäftigung mit deutscher Dichtung nicht nur eine Ablenkung, sondern auch geistige Anregung, die wir gierig aufsogen.

Wir ließen uns nicht entmutigen und riefen an der Wandzeitung zu neuen Lesungen auf. Wir baten die Kameraden um Themenvorschläge für weitere Abende. „Macht euren Quatsch allein", gehörte unter vielen hässlichen Zuschriften noch zu den freundlicheren. Ein paar gute Vorschläge zeigten aber auch, dass es Interesse an weiteren Lesungen gab. Vielleicht vier oder fünf Lesungen gab es noch. Einmal wurde wegen großer Nachfrage noch einmal ein Heine-Abend, diesmal mit kürzeren Gedichten, darunter Liebeslyrik, veranstaltet. Ein Gedicht war darunter, dass alle wiedererkannten und zum Teil mitsprechen konnten – die „Loreley".

Wie denn? Dieses urdeutsche Gedicht von dem Mädchen mit dem goldenen Haar, das mit seinem Singen die Schiffer verwirrt, stammte auch von Heine? Sonderbar, es hatte auch in unseren Schulbüchern gestanden – obwohl Heines Schriften längst verbrannt, seine Gedichte verboten waren. Darunter stand: „Verfasser unbekannt".

Wiederum kam diese Heine-Lesung bei den Gefangenen besonders gut an. An ein weiteres Gedicht kann ich mich deshalb noch erinnern, weil ich davon eine handschriftliche Abschrift für die Wandzeitung anfertigte. Es waren Heines „Nachtgedanken", die mit den Zeilen beginnen „Denk ich an Deutschland in der Nacht, Dann bin ich um den Schlaf gebracht..."

Der Gesang der Russinnen

Im Herbst 1946 war ich zum Schlagen von Holz für die Dachschindeln mit einigen Kameraden in den Wald abgestellt worden. Das Wetter war noch milde, fast zu warm für diese Jahreszeit. Zwar leisteten wir bei der Serienproduktion der hölzernen Ziegel fast Akkordarbeit. Aber dennoch war der Aufenthalt im herbstlichen Wald schön.

Die Blätter hatten sich gefärbt. Vom zarten Gelb bis zu einem tiefen Rot waren alle Töne auf der Farbpalette des Laubs vertreten. Davor hoben sich die schlanken weißen Birkenstämme ab. Mit den LKWs hatten wir zuvor die abgeernteten Felder passiert. Hier dominierten Brauntöne aller Art; die schweren Schollen auf den Ackerflächen glänzten in der Herbstsonne.

Während der Fahrt konnte ich manchmal für Augenblicke mein Los vergessen. Der Fahrtwind pustete uns tüchtig durch. Ich fühlte mich zurückversetzt in meine Kinderjahre ... In die Zeit, in der ich mit meinem alten, zusammengebastelten Fahrrad mit einem Freund die Umgebung meiner Heimatstadt Stettin erkundet habe. Wir fuhren kilometerweit über Stock und Stein bis zum Eckerberger Wald. Manchmal machten wir an einem der Seen Halt, warfen

Steine ins Wasser oder beobachteten die Angler. Stettin trug zu Recht den Beinamen „Stadt im Grünen". Viele Stunden haben meine Eltern mit uns Kindern in den gut gepflegten Parkanlagen der Stadt und den umliegenden Auen verbracht.

Besonders mein Vater liebte die Natur. Zum Ausgleich für die schwere Arbeit auf dem Bau, aber auch wegen ein paar zusätzlicher Mark, pflegte er an Wochenenden fremde Gärten. Zu gern hätten meine Eltern selbst ein kleines Stück Gartenland besessen, aber dafür reichte das Geld unserer vielköpfigen Familie nicht aus ...

Aber das war Vergangenheit. Im Wald angekommen, wachte ich aus meinen Kindheitsträumen schnell wieder auf.

Eines Tages stoppte der LKW auf der Fahrt zunächst im Dorf, um noch weitere „Passagiere" aufzunehmen. Einige junge Frauen kletterten zu uns auf den Wagen. Wir freuten uns über die Abwechslung. Verstohlen musterten wir die Arbeiterinnen. Aber unter den bunten Kopftüchern war von den Gesichtern der Frauen nicht viel zu sehen. Während der Fahrt zum Wald lehnten sich unsere Mitfahrerinnen an das Fahrerhaus an und umfassten sich stehend. Der Fahrtwind ließ ihre Kopftücher und Röcke flattern. Plötzlich, wir horchten auf, begannen die Frauen zu singen.

Wir hörten zu und erfreuten uns an dem Gesang. Wir hatten ja lange kein Lied gehört, geschweige denn gesungen. Meist kannten wir auch nur Soldatenlieder, und die wollte nun wirklich keiner mehr von uns singen. Die Frauen sangen vielstimmig. Die Lieder in der fremden Sprache hörten sich eigentümlich schwermütig an. Sie gingen selbst uns, „abgehärteten" Männern, ans Gemüt. Auch am nächsten Tag fuhren die Frauen wieder mit, und wieder sangen sie dabei.

Vom Dolmetscher erfuhren wir, wer diese Frauen waren. Sie waren der Kolchose im Dorf für zwei Jahre als Arbeiterinnen zugeteilt worden. Die Dorfbewohner nannten sie „Strafarbeiterinnen", da sie während des Krieges als Zwangsarbeiterinnen in Deutschland, für die Faschisten, gearbeitet hatten. Viele von ihnen waren direkt aus ihren Heimatorten von den Nazis nach Deutschland verschleppt worden. Dort mussten sie in Fabriken, im Straßenbau und auf dem Land schwer arbeiten, ohne je einen Pfennig Lohn zu erhalten. Sie lebten in elenden Behausungen und bekamen wenig zu essen. Viele von den knapp 6 Millionen ausländischen Zwangsarbeitern in Deutschland haben dasselbe durchgemacht.

Da sie – wenn auch unfreiwillig – halfen, die deutsche Kriegsmaschinerie in Gang zu halten, traute man ihnen später in der Heimat nicht mehr. Die ehemaligen Zwangsarbeiterinnen wurden noch einmal „bestraft", diesmal im eigenen Land, wo sie für Aufbauarbeiten in allen Landesteilen eingesetzt wurden.

Als wir das erfuhren, wurde über diese Strafe viel diskutiert. Die Waldarbeit war für die Frauen ein hartes Los. Außerdem hatten sie ja nicht die Wahl gehabt, sich den deutschen Besatzern zu verweigern.

Als der Herbst kalt wurde, durften wir während der Waldarbeit kleine Feuer machen. Die Frauen suchten Kleingestrüpp, und wir zerrten kleine Stämme heran. Ein Kamerad neben mir nahm die Axt und wollte damit einen etwas längeren Stamm spalten. Das war vergebliches Mühen. „Ach, Njemjetz! Tyj Durak!" – „Ach Deutscher! Du bist ein Narr", sagte eine der Frauen. Sie nahm ihm die Axt aus der Hand und legte sie beiseite. Stattdessen griff sie zur Kreuzhacke und eins, zwei, drei war das Meterholz gespalten.

Durch diese Begebenheit kamen wir ins Gespräch mit den „Strafarbeiterinnen". Einige von ihnen sprachen ein paar Worte Deutsch. Es reichte zur Verständigung. Die Meinungen der einstigen Zwangsarbeiterinnen über das Leben in Deutschland waren sehr unterschiedlich. Manche wollten über diese schlimme Zeit gar nicht mehr sprechen. Andere erzählten freimütig von der Arbeit in der Fabrik, schlechter Behandlung, ja sogar von Schlägen.

„Schläge?" Ein Kamerad zweifelte die Rede der Frauen an. „Deutsche Männer schlagen keine Frauen", behauptete er überzeugt. Aber ich musste ihm widersprechen und der Russin beipflichten.

Während eines Ernteeinsatzes als Schüler in einem Dorf nicht weit von Stettin hatte ich es anders erlebt. Beim Kartoffelnsammeln auf dem Feld eines Großbauern waren neben französischen Gefangenen auch polnische Zwangsarbeiterinnen eingesetzt gewesen. Der Sohn des Bauern, der sich schlimmer aufspielte als sein Vater, führte stets eine Reitpeitsche auf dem Feld mit.

Einmal weigerten wir Schüler uns, ein weiteres Feld abzuernten, da es bereits begann dunkel zu werden. Aber der vielleicht 15- oder 16-jährige Bauernsohn wollte uns zeigen, wer der „Herr im Hause" ist. Zwar nicht uns Schüler, aber die Zwangsarbeiterinnen trieb er mit der Peitsche an. Einmal sauste die Peitsche um Haaresbreite an mir vorbei.

So viel zu den Schlägen ...

Nicht immer fuhren die Frauen in der Folgezeit mit. Nur wenn die Kolchose Holz brauchte, bekamen wir Gesellschaft auf dem LKW und im Wald. Oft, selbst bei Kälte, sangen unsere Begleiterinnen während der Fahrt durch die weite und waldreiche Landschaft. Ihre Stimmen übertönten das Motorengeräusch und das Knattern des Fahrtwinds. Mit ihren Liedern ließen sie ihren Gefühlen freien Lauf.

Wir waren verwundert, dass die ungerechte Strafarbeit, die ihnen Stalin auferlegt hatte, sie nicht verbitterte und nicht ihre Heimatliebe schmälerte. Doch auch bei der Feld- und Stallarbeit in der Kolchose wurde viel gesungen, erzählten sie uns. Es gäbe so viel zu besingen, die Birkenwälder, die klaren Seen und – natürlich – den Liebsten und die Liebe.

Wir bekamen eine Ahnung von dem, was man „russische
Seele" nennt ...

Weiter nach Osten:
von Brjansk nach Wladimir

Zu Winterende 1946 gingen Gerüchte über unsere Verlegung in ein anderes, größeres Lager unter uns um. Wir
waren beunruhigt. Das Leben in diesem kleinen Lager, in
fast dörflicher Abgeschiedenheit, hatte manche Vorteile
für uns gehabt. Die Verhältnisse waren leicht zu überschau-
en gewesen. Fast alle russischen Posten kannten wir inzwischen mit Namen. Mit dem einen konnte man reden,
vielleicht sogar kleine Tauschgeschäfte machen. Andere
waren mürrisch und unfreundlich, ihnen ging man besser
aus dem Wege. Im Dorf und der Umgebung kannte man unsere Bautrupps und begegnete ihnen mit der Zeit freundlich.

Mit Schrecken erinnerten wir uns dagegen an das Massenlager Focsani in Rumänien. Dort hatte unter Tausenden dort untergebrachten Gefangenen Anonymität vorge-
herrscht; das Wohl und die Person des Einzelnen hatten
wenig gezählt.

Tatsächlich bestätigte sich das Gerücht nach einigen Wochen. Überall im Land begann der große Wiederaufbau.
Fabriken und ganze Stadtviertel sollten neu entstehen. Wir
sollten weiter nach Osten, in ein Kriegsgefangenenlager
hinter Moskau, verlegt werden. Wladimir hieß die Groß-
stadt, in der unsere Baukommandos als „Spezialisten"
Wohnhäuser für die Arbeiter des örtlichen Traktorenwerkes
errichten sollten.

Im März 1947 „verabschiedeten" wir uns von unserem
Lager bei Brjansk. Am Tag vor unserer Abfahrt gab es einen Abschlussappell. Der Kommandant sprach den Kriegs-

gefangenen den Dank der Dorfbewohner für die geleistete
Arbeit aus. Dank unserer Hilfe waren inzwischen viele
Häuser wieder bewohnbar geworden und die meisten Dächer im Ort gedeckt. Dann wünschte er uns Erfolg für unsere neuen Aufgaben. Ein Gemurmel ging durch die Reihen. Wladimir, das hieß, es ging weiter nach Osten. Eine
neue Station auf unserem Leidensweg. „Die Russen werden
uns noch Jahre schuften lassen", hörte ich es leise neben
mir.

Ein anderer fluchte lauter. Der Dolmetscher hatte noch
nicht ganz zu Ende übersetzt, als es im Rücken des Kommandanten tönte: „Deine guten Wünsche kannst du dir
sparen und uns stattdessen am A... lecken." Es war einer
der unverbesserlichen Nazis, ein Wortführer der 100-Pro-
zentigen, mit dem unser gesamter Literaturzirkel auf
Kriegsfuß stand.

Der Kommandant wandte sich schnell um. Dass er den
Satz verstanden hatte, war nicht zu erwarten gewesen, denn
bislang hatte er nie ein Wort Deutsch mit uns gesprochen.

Er fasste den Maulhelden ins Auge und sagte in gutem
Deutsch zu ihm: „Dazu müssen Sie aber vor die Front kommen und ihren Kameraden ihren A... zeigen!"

Dieser Ko.-Schlag saß. Das ganze Lager lachte schaden-
froh. Und selbst die Freunde des Großmauls platzten laut-
hals los. Der Hetzer musste vortreten. Er musste sich vor
der gesamten Front beim Kommandeur für seine Beleidi-
gung entschuldigen. Zu unserem Leidwesen ersparte ihm
der Oberstleutnant aber die öffentliche Demütigung. Dabei
hätten wir diesen unverbesserlichen Nazi nur zu gern in
dieser schmählichen Position, mit nacktem Hinterteil, gesehen.

Am nächsten Tag ließen wir Scheune und Dorf auf LKWs
hinter uns. Zu packen hatten wir nicht viel gehabt. In
Brjansk bestiegen wir den Zug, der uns nach Wladimir
bringen sollte. Der Zufall wollte es, dass auch der Maul-

held und einige seiner Freunde mit in den Wagen stiegen, in dem unser „Literaturzirkel" sich einen Platz gesucht hatte. „Na dann gute Nacht", meinten wir. Und sollten mit unserer Befürchtung Recht behalten.

Ca. 500 km legten wir von Brjansk nach Wladimir zurück. Wie schon bei den zurückliegenden Transporten dauerte die Fahrt mehrere Tage. Viele Stunden verbrachten wir auf dem Abstellgleis. Genug Zeit, um die gegnerischen Gruppen aneinander geraten zu lassen. Eine dritte Gruppe, die sich heraushielt, war fast immer stille.

Wie auch bei den vorangegangenen Transporten wechselten wir häufig den Platz am einzigen, oben ausgesägten Guckloch im Wagen. Schaute einer der unverbesserlichen Nazis hinaus, konnte man – passierten wir zerstörte Ortschaften – stolze Kommentare wie diese hören: „Hier haben unsere Tiger (Panzer) keinen Stein auf dem anderen gelassen." Und: „Dort haben wir dem Iwan so richtig das Laufen beigebracht." „Ein anderer: „Hier haben wir ein paar Hundert Russen gefangengenommen und nach Westen eskortiert. Verwundete, die nicht mehr weiter konnten, haben eine ‚Extrabehandlung' bekommen. Was das heißt, das wisst ihr ja wohl."

Umgekehrt kommentierten wir Kameraden vom Literaturzirkel die weiträumigen Zerstörungen, die wir sahen, voller Trauer. Manche der zerstörten Orte schienen menschenleer. Wir waren empört. Wie konnte man eineinhalb Jahre nach Kriegsschluss beim Anblick von verbrannten Dörfern und Städten und unermesslichen Leids immer noch über „deutsche Erfolge" faseln und über die angeblich „unterlegenen Russen" triumphieren. Sie hatten uns längst eines Besseren belehrt.

Aber hätte das Ausmaß dieser schrecklichen Zerstörungen nicht vermieden werden können, wenn die westlichen Alliierten früher in den Krieg eingegriffen hätten? Auch um diese Frage entbrannte eine Redeschlacht. Hätten „Tommy" und „Ami" Monate früher die Landung auf dem europäischen Festland gewagt, wäre der Krieg sicher viel eher beendet gewesen. Kam ihnen die Schwächung des kommunistischen Russlands nicht sogar sehr gelegen? „Die Russen haben es doch nicht anders verdient", tönten die anderen.

Und die Bombenangriffe auf das von Flüchtlingen überfüllte Dresden, auf München oder Nürnberg, denen Zehntausende zum Opfer fielen? Was sollte der Bombenterror gegen die Zivilbevölkerung, der militärisch keinerlei Sinn machte, fragte sich unser Literaturzirkel? War das nicht zu vergleichen mit dem Nazi-Bombardement auf viele Städte in Großbritannien? Zielgerichtete Angriffe russischer Bomber auf zivile Stadtviertel hatte es dagegen nicht gegeben. „Die Russen waren eben in der Luft unterlegen", provozierten uns unsere Widersacher.

Die Kommentare der Unverbesserlichen ließen wir nicht unbeantwortet stehen. Scharf gingen die Reden zwischen beiden Seiten hin und her. Aber die 100-Prozentigen ließen nicht locker. Man hatte den Eindruck, dass sie uns bewusst herausfordern wollten. Wenn ich über den Streit heute, nach über 50 Jahren nachdenke, so darf ich sagen: Ohne großes Wissen haben wir uns tapfer geschlagen.

Erinnere ich mich zurück, so habe ich diese Fahrt nach Wladimir im März 1947 ganz anders erlebt als jene von Focsani nach Russland im September 1945. Entsetzt und erschüttert über das, was ich an Schrecklichem aus dem Mund gut bekannter Kameraden vernommen hatte, hatte ich mich damals in mich selbst zurückgezogen und vor Entsetzen geschwiegen. Anders heute. Die Begegnungen mit der russischen Zivilbevölkerung, meinem „Lehrmeister" im Wald, dem Mädchen Elisabeta und vielen anderen, hatten eine große Wirkung auf mich und einige andere Kameraden gehabt. Wir hatten Sympathie für diese Menschen empfunden und sie achten gelernt.

Die Arbeit als „Redakteure" der Wandzeitung und die Gespräche mit dem Kulturoffizier hatten darüber hinaus unser Interesse an den politischen Veränderungen in Deutschland und den Verhältnissen in Russland geweckt und unser Denken angeregt und geschult. Wir begannen, argumentieren zu lernen und zu unserer Meinung auch zu stehen.

Ich war inzwischen 19 Jahre alt geworden. Das Grunderlebnis des Krieges hatte mich verändert. Die Lebensumstände in der Kriegsgefangenschaft und die Erfahrungen und Erlebnisse in drei Lagern hatten mich vielleicht schneller reifen lassen als manchen Gleichaltrigen in Zeiten des Friedens.

Für mich war der Krieg vorbei. Ich lebte und war jung. Ich hatte im Gegensatz zu vielen anderen hinzugelernt. Die alten Ideen hatten sich als falsch erwiesen. Wem hatte Deutschlands Großmannssucht genutzt? Wer hatte dafür bezahlt? Wie viele Millionen Menschen waren für die irrwitzigen Pläne von der Eroberung neuen Lebensraums verblutet? Diese Fragen stellten sich mir. Und ich versuchte auch in der Folgezeit, in Wladimir, darauf eine Antwort zu finden.

Auf der Großbaustelle Wladimir

Auch in Wladimir wurde ich einem der Bautrupps zugeteilt. Die Stadt glich in ihren Außenbezirken einer Großbaustelle. In Wladimir hatte einst das historische Herz Russlands geschlagen. Jetzt wurde es zu einem Zentrum des Maschinen- und Traktorenbaus ausgebaut. Wir Kriegsgefangene halfen beim Bau von Wohnungen für die Fabrikarbeiter.

Unser Lager war mit dem bei Brjansk nicht zu vergleichen. Massen von Gefangenen, etwa zwei- bis dreitausend, waren in alten Kasernen und Werkhallen untergebracht.

Das Lager lag unweit des gerade errichteten Traktorenwerkes. Wir waren, wie immer, auch hier in Kompanien eingeteilt. In den großen Schlafsälen standen Doppelstockbetten aus Holz. Erstmals seit unserer Gefangennahme vor etwa zwei Jahren schliefen wir – welche Wohltat – zwar immer noch auf Strohsäcken, jedoch wieder in „richtigen" Betten. Noch an vielem anderen war zu merken, dass hier, ca. 250 km hinter Moskau, die deutschen Brandstifter nicht gewütet hatten.

Aber wie stand es um unsere Arbeitsfähigkeit nach den harten Jahren in verschiedenen Kriegsgefangenenlagern? Am ersten Tag im neuen Lager erfolgte eine eingehende medizinische Untersuchung.

Nackt in Reihe stehend, abgemergelt und hungrig warteten wir auf unseren Aufruf. Einzeln traten wir vor, um von einigen deutschen Ärzten und der russischen Lagerärztin eingehend gemustert und zu unserem Gesundheitszustand befragt zu werden. Die Daten jedes Einzelnen wurden notiert. Einige Gefangene ließ man beiseite treten – sie zeigten bereits deutlich sichtbare Zeichen von Dystrophie: Unterernährung. Dennoch beneideten wir sie fast. Sie traten das Leben im neuen Lager mit einem „Kurzurlaub" von zwei Wochen und Zusatzverpflegung an. Regelmäßig wiederholte sich in der Folgezeit diese Untersuchung.

Der zweite Teil der Aufnahmeprozedur verlief unangenehmer. Wir sollten geschoren werden, und zwar an Kopf- u n d Schamhaar. Wir protestierten: „Schikane!" Doch hier im Lager herrschten strenge Hygienevorschriften, erklärten die Ärzte. Nun gut, einer nach dem anderen setzte sich auf die Stühle der „Lagerfriseure". Eitelkeit war das Letzte, was wir uns unter den gegebenen Umständen leisten konnten. Ruck, zuck, und schon fiel mein dunkles Haar auf den Boden. Ich war kahlköpfig. Wir schauten uns an und erkannten uns kaum wieder. Nun wussten wir, warum auch unsere russischen Posten unter den Mützen „Tonsur" getragen hatten. Bisher hatten wir geglaubt, das wäre russische Tradition.

Nun kam der unerquicklichere Teil. Die Friseure schnitten bereits Grimassen. Offensichtlich freuten sie sich immer schon auf Neuzugänge. Mit ihnen konnten sie ihren Spaß treiben. In der Haltung eines Feldwebels baute sich einer der Barbiere vor uns auf. Im Befehlston schrie er und konnte sich vor Lachen kaum halten: „Kompanie, – Hose runter!" Wir ließen die Hüllen fallen. Wir lachten brüllend mit; um unsere Scham zu überspielen. Der Friseur kommandierte: „Kompaniiiieee, Knüppel nach rechts!" Seine Kollegen walteten mit scharfen Messern ihres Amtes. Dann derselbe Befehl. Diesmal: „Kompaniiiieee, Knüppel nach links!" Die Friseure schwangen wieder die Rasiermesser.

Endlich war's vorbei. So dachten wir zumindest. Aber nun hieß es vor einer Waschschüssel mit Desinfektionsmitteln antreten. Die abrasierten Stellen mussten eingerieben werden. Das Zeug stank vielleicht! Niemand konnte der Mixtur ausweichen. Daneben stand ein Sanitäter und überwachte, dass sich keiner unbemerkt an der Schüssel vorbeimogelte. Dann endlich ließ man uns in Ruhe.

Hygiene, davon überzeugten wir uns später, nahm man in diesem Lager tatsächlich sehr genau. In Massenlagern wie unserem bestand bei Krankheiten eine hohe Ansteckungsgefahr. So mussten die Küchenkräfte – Gefangene wie wir – täglich duschen und die weiße Kleidung wechseln. Die großen Küchenkessel beheizte ein gesonderter Heiztrupp von äußeren Gängen durch Mauerdurchbrüche, um keinen Schmutz in die Küche zu tragen. In diesem großen Lager in Wladimir war auch die soziale und kulturelle Betreuung der Gefangenen um vieles besser organisiert als zuvor bei Brjansk, aber davon später mehr.

Ich war als arbeitsfähig eingestuft worden. Punkt 7.30 Uhr marschierte unser Bautrupp, eskortiert von Posten, täglich zur Baustelle, unserem Arbeitsplatz. Etwa eineinhalb Jahre habe ich auf der Großbaustelle des Wladimirer Traktorenwerks gearbeitet, bei Wind und Wetter, Hitze und Minustemperaturen, ohne jemals einen längeren Stillstand erlebt zu haben.

Wenn es an Bausteinen fehlte, was des Öfteren vorkam, wurden unterdessen andernorts Fundamente gegossen. Wenn der Mörtel für die Fundamente auf sich warten ließ, stockten wir in der Zwischenzeit ein Nachbarhaus um eine weitere Etage auf. Die russische Bauleitung ließ Pausen beim Bauen nicht zu. Die Wohnungen wurden für die Traktorenbauer dringend gebraucht. Und leistungsfähige Traktoren wiederum waren nötig, um die weiten Anbauflächen dieses großen Landes bewirtschaften zu können.

Anders als zuvor bei Brjansk stand nun zum Bauen auch etwas Technik zur Verfügung, einige LKWs, Baufahrzeuge und – wenn auch alte – Lastenaufzüge. Wie bei der Großküche wurde fast ausschließlich mit Großblockbausteinen gearbeitet.

Was unseren deutschen Fachleuten, ein paar Ingenieuren unter uns, besonders auffiel, waren die Grundrisse der Wohnbauten. Wie wir beim Einziehen der Zwischenwände merkten, befanden sich auf jeder Etage gleich mehrere Einzimmerwohnungen. Hierin mussten vorerst ganze Familien Platz finden, erklärte der Dolmetscher. Statt in jede Wohnung Küche und Bad einzubauen, statteten die Russen stattdessen jedes Stockwerk mit einer Gemeinschaftsküche und einem größeren Sanitärtrakt, Duschen und Toiletten, für alle Bewohner aus.

Ungezählte Häuser und Fabriken in den einst von den Deutschen besetzten Gebieten waren ja zerstört. Es mangelte an allem: Baumaterial, Einrichtungs-, Sanitär- und anderen Gegenständen. Es galt vor allem, den Tausenden, die in Not- und Behelfsunterkünften lebten, zunächst ein festes Dach über dem Kopf, menschenwürdige Behausungen, zu schaffen.

Die Fundamente wurden anders hergestellt, als wir es bisher kannten. In die ausgehobenen Baugruben schüttete man Feldsteine hinein, die dann mit flüssigem Mörtel vergossen wurden. Auf diese feste Unterlage kam dann noch ein kleineres, gemauertes Fundament.

Es wurde viel mit Holz gebaut. Statt die Zwischenwände mit Steinen hochzuziehen, verwendete man vorgefertigte Holzplanken für diese Abtrennungen. Diese wurden mit Material, das Spankörben glich, vernagelt und dann mit Mörtel verputzt. Die russischen Bauleute machten uns die Arbeitsgänge vor. „Wot, widjet." – Seht, es geht, hörten wir sie oft sagen, wenn wir ungewohnte Methoden beim Bauen nicht gleich begreifen wollten.

Oft mussten wir, wie zuvor schon bei Brjansk, improvisieren. So stand zum Beispiel auf der Baustelle manchmal nur eine einzige Wasserwaage zur Verfügung. Besonders die Fensterdurchbrüche waren ohne Lot schwer zu mauern. Wir behalfen uns auch hier wieder mit allerlei Tricks. An den Öffnungen befestigten wir zwei lange Latten. Hieran richteten wir die Fensterlöcher aus.

Die Russen, mit denen wir Kontakt hatten, lebten sehr bescheiden. Noch heute bewundere ich ihren Aufbauwillen. Manche bewohnten über Monate einfache Bretterbuden neben den Baustellen. Sie behalfen sich mit teils primitiven Hilfsmitteln.

So habe ich zum Beispiel gesehen, wie ein russischer Bauarbeiter einen der langen deutschen Gasmaskenbehälter teilte und zu zwei Kochtöpfen verarbeitete. Aus den kleineren Kartuschen der Fliegerabwehrkanonen hatte er, oben zusammengedrückt, Ölfunzeln hergestellt. Das Leben in jener Nachkriegszeit war schwer, für uns Kriegsgefangene ebenso wie für die russische Zivilbevölkerung.

Mancher von uns war gerade durch diesen unmittelbaren Kontakt mit diesen Menschen und ihren Lebensbedingungen, Bauarbeitern, aber auch Bewohnern dieses Außenbe-

zirks am Traktorenwerk, ins Nachdenken gekommen. Mehr
als einer fragte sich inzwischen: Wie werden wir Deutschen
jemals wieder gutmachen können, was wir diesem Volk angetan haben?

Die „Zusatzverpflegung"
auf dem Bau

Manches im Leben wiederholt sich, wenn auch auf ganz
andere Art. Ich erinnere mich noch gut an die Zeit, in der
ich 10, 12 Jahre alt war. Mein Vater brachte damals öfter
von der Arbeit auf dem Bau einen schweren Rucksack mit
Abfallholz mit nach Hause. Diese Holzreste wurden auf der
Baustelle nicht mehr gebraucht. Unter Aufsicht des Poliers
konnte sich jeder seinen Anteil nehmen. Verließen die
Bauleute mit dem Holz die Baustelle, kontrollierte der Polier zuvor den Inhalt der Rucksäcke. Manchmal, wenn ich
gemeinsam mit meiner Mutter Vater abholte, zeigte ich an-
stelle meines Vaters dem Polier das gesammelte Holz.

Das mitgebrachte Holz war für uns sehr wertvoll. Es eig-
nete sich nicht nur hervorragend zum Entzünden des Feu-
ers im Küchenherd, sondern erwärmte im Winter als
Brennmaterial auch unsere gute Stube. So konnten meine
Eltern beim Kauf von Briketts stets etwas sparen. Ja, mein
Vater hat wirklich gut für unsere Familie gesorgt. Den
Rucksack musste er manchmal kilometerweit schleppen.
Oft lagen die Baustellen weit entfernt von Stettin-Grünhof,
wo wir wohnten. Um Geld zu sparen, benutzte mein Vater
nur selten die Straßenbahn.

Auch in Wladimir war das Abfallholz auf der Baustelle
für uns kostbar wie Gold. Es ließ sich gegen vieles Lebens-
notwenige, vor allem Brot, eintauschen. Allerdings waren
das „Organisieren" und Mitnehmen von Holzresten durch
uns Gefangene und natürlich auch der Tausch gegen „Zu-

satzverpflegung“ streng verboten. Wir durften uns auf keinen Fall von den russischen Bauleitern erwischen lassen. Es drohten Strafen, meist die Versetzung in ein anderes Arbeitskommando.

Aber Hunger tut weh. Das zusätzliche Brot, das wir so nötig brauchten, ließ uns die angedrohten Strafen vergessen. Bei der Arbeit wurde sorgfältig buchstäblich jedes Stückchen Abfallholz aufgehoben und in einem geheimen Versteck gesammelt.

Längere Abfallstücke zersägten wir, wenn niemand hinschaute, in kleinere Stücke. Die Hölzer durften nämlich nicht zu lang sein. Wir mussten sie ja unauffällig von der Baustelle schaffen können. Das geschah so: Die kurzen Hölzer wurden mittels Bindfaden um den Bauch unter der Jacke fest verschnürt. Das musste sehr sorgsam geschehen. Schließlich wollte man ja beim Laufen seine hölzerne Bauchbinde nicht verlieren.

Die Bauchbinde legten wir unter großer Vorsicht in unserem jeweiligen Versteck an. Ein Kamerad stand Schmiere. Einige Wachposten wussten von unserem Tauschhandel und kniffen des Öfteren ein Auge zu. Andere Posten waren schärfer, weil sie größere Diebstähle verhindern wollten.

Denn manche Kameraden beschränkten sich nicht allein auf das Sammeln von Abfallholz. Öfter nahmen sie die gerade gelieferten nagelneuen Holzplanken und zersägten sie, um sie zu verscherbeln. Die Zerstörung des wertvollen Baumaterials wollten die Russen natürlich nicht hinnehmen. Die Bretter wurden ja dringend zum Hausbau benötigt.

Bei einer Belehrung im Lager verwarnte man uns. Die meisten ließen vom Diebstahl in größerem Stil ab, aber andere klauten unbeeindruckt weiter das wertvolle Bauholz. Der Hunger ließ sie alle Vernunft vergessen. Wer kann heute noch ermessen, was in diesen Zeiten ein Stück Brot für uns bedeutete?

Aber wie das Holz nun an den Mann bzw. an den Tauschpartner bringen? Mit sorgfältig geschnürtem Schmerbauch meldeten wir uns beim Wachhabenden für eine Toilettenpause ab. Der Abort war ein kleines Bretterhäuschen, das etwas entfernt außer Sichtweite unserer Baustelle stand. Das Klo fungierte als Tauschzentrale. Dazu hatten wir aus der Hinterwand der Toilette die Bretter so gelöst, dass man sie nach beiden Seiten wegschieben konnte. Das Guckloch in der Hinterwand war der Ladentisch, über den die Ware den Besitzer wechselte. Wir Gefangene reichten die Holzstücke hinaus und bekamen dafür das gewünschte Brot.

Unsere Gegenüber waren oft ältere Frauen, manchmal Kinder, die von ihnen geschickt worden waren.

Beide Seiten waren zufrieden. Die Frauen bekamen etwas Holz zum Kochen und wir eine Zusatzration zum kargen Lageressen.

Man muss wissen: Gegen Ende unseres Aufenthalts in Wladimir war für die Bevölkerung von ganz Russland die Rationierung von Brot schon aufgehoben. Dagegen fehlte es in der Stadt offenbar an Holz. Aber auch diese Frauen liefen beim Tauschhandel mit uns Kriegsgefangenen zumindest in Gefahr, beschimpft zu werden. Zum einen war das Betreten der Baustellen für Zivilisten verboten, zum anderen galten wir Insassen des Kriegsgefangenenlagers vielen Einwohnern nach wie vor als „Faschisten". Beide Seiten mussten also vorsichtig sein.

Da ich jung und oft hungrig war, beteiligte ich mich natürlich an dem Handel. Mit den Brettchen um den Bauch lief ich eins, zwei Mal in der Woche zu unserer Tauschzentrale. Einer passte auf, der andere machte sich auf den Weg. Nur selten wurde einer geschnappt. Unser Warnsystem funktionierte wirklich gut. Und da jeder froh über einen Happen zusätzlich war, gab es unter den Gefangenen auch keinen Verrat. Einige Kameraden nahmen das eingetauschte Brot mit ins Lager. Dort wurde es bei Angehörigen anderer Arbeitskommandos gegen etwas Brauchbares eingetauscht.

Abends, vor dem Einschlafen, wenn ich den Arbeitstag überdachte, musste ich öfter an die Zeit denken, als Vater zu mir sagte: „Junge, du musst noch den Rucksack im Keller leeren. Ich muss ihn morgen früh wieder mit zur Arbeit nehmen."

Die Salzfresser

Die Sehnsucht, bald in die Heimat zu kommen, war 1947, im zweiten Jahr nach Kriegsende, groß. Besonders abends kreisten unsere Gedanken und Gespräche im Lager Wladimir um die Heimkehr. Wir überboten uns gegenseitig in den Träumen von Zuhause: Was würden wir nicht alles dafür hergeben, um bald in der Heimat zu sein.

Auch an mir zehrte das Heimweh. Ich hatte nur einen Gedanken: Ob Eltern und Geschwister noch lebten. Denn noch immer hatte ich keine Nachricht von Zuhause erhalten. Aber manche meiner Kameraden fraß die Sehnsucht regelrecht auf. Zu ihnen gehörte Martin, ein Freund aus der Baukolonne. Martin hatte zu Kriegsbeginn Frau und zwei kleine Kinder zurückgelassen. Er erlebte nicht, wie seine beiden Töchter heranwuchsen. Von der Sehnsucht getrieben, grübelte er täglich, wie er schneller entlassen werden könnte. Andere Kameraden waren Bauern, die sich um ihre Gehöfte sorgten. Wer würde die Felder bestellen und die Ernte einbringen?

Etwa zu jener Zeit begann sich die ohnehin hohe Zahl der Kranken im Lager bedenklich zu erhöhen, und es kam zu einigen Todesfällen.

Die Krankenstation wurde von einer russischen Ärztin geleitet. Zwei deutsche Ärzte – Gefangene wie wir – arbeiteten mit ihr zusammen. Regelmäßig untersuchten sie alle

Gefangenen auf ihren Gesundheitszustand. Man muss sagen: Unter den gegebenen Umständen versuchte die Ärztin ihr Möglichstes. Nicht nur im Lager, sondern im ganzen Land fehlte es ja an medizinischer Ausrüstung und an Medikamenten. Viele Krankenhäuser und Pharmafabriken lagen in Trümmern.

Zu den häufigsten schweren Erkrankungen in Wladimir und anderen Kriegsgefangenenlagern gehörte Leberzirrhose und ihre Folgen – Gelbsucht und Wassersucht. Viele litten an Ödemen, das Wasser schwemmte die Kranken regelrecht auf. Die Lebensmittelrationen für Gefangene war genauso karg wie in anderen Lagern. Auch hier gab es 600 g Brot sowie kleine Mengen Zucker und Tabak auf die Hand. Allerdings gab es bei den warmen Mahlzeiten etwas mehr Abwechslung als zuvor in dem Lager bei Brjansk. Für kräftig gebaute Männer reichte die Kalorienzahl bei schwerer Arbeit aber einfach nicht aus. Sie magerten vor unseren Augen zusehends ab. Manche litten bereits an Unterernährung – Dystrophie.

Einige Gefangene waren schwer krank. Unter den Bedingungen der Gefangenschaft, unter Kälte und Schwerstarbeit, gab es für sie wenig Hoffnung auf Rettung. Für diese Schwerstkranken mochte die russische Ärztin nicht die Verantwortung übernehmen. Sie hoffte, dass man ihnen in der eigenen Heimat besser helfen konnte.

Seit Anfang des Jahres munkelte man, dass es im Rahmen deutsch-russischer Verhandlungen bald zur Überführung von Schwerstkranken in die Heimat kommen würde. Bald bewahrheiteten sich diese Gerüchte. Im Frühjahr 1947 durften die ersten kranken Gefangenen das Lager Wladimir verlassen. „Frühheimkehrer" nannten wir die Glücklichen, die in den Zug nach Deutschland steigen und die Heimat wiedersehen durften.

Um den Status eines „Frühheimkehrers" – und das letzte Stadium der Dystrophie – zu erreichen, war einigen Gefangenen kein Preis zu hoch. Systematisch begannen sie, ihre ohnehin angegriffene Gesundheit weiter zu zerstören. Das geschah auf zwei Wegen: Die einen aßen noch weniger und boten Teile der Verpflegung zum Tausch. Andere beschafften sich Salz. Das russische Salz wurde zu dieser Zeit grobkörnig und in Klumpen, also noch nicht verarbeitet, geliefert. Mit viel Tee oder Wasser getrunken, schwemmte das Salz den Körper, beginnend in den Beinen, auf.

Die Ärzte bemerkten bald die hohe Zahl der Kranken, die – durch das Wasser aufgedunsen – manchmal seltsam wohl aussahen. Um die Gefangenen vor den Gefahren ihres Tuns zu warnen, setzten sie mehrere Pflichtvorträge vor allen Kompanien an. Das angestaute Wasser, so die Ärzte, könnte über den Bauch schnell zum Herzen wandern und so den Tod verursachen.

Das absichtliche Herbeiführen einer Dystrophie wäre ein Spiel mit dem Tod. Eindringlich mahnten uns, unter vier Augen, auch die deutschen Ärzte, dass man zwar die russische Lagerärztin, aber nicht den Tod überlisten könne.

Die Argumente der Ärzte waren einleuchtend. Jeder konnte sie verstehen. Doch vom Verstehen zum richtigen Handeln schien es für manche ein weiter Weg. Und so tauschten Einzelne auch weiterhin Brot gegen Salz und Tee.

Die „Salzfresser", wie wir sie nannten, unterschätzten die Gefahr. Sie untergruben ihre Gesundheit manchmal so weit, dass auch die Lagerärztin nichts mehr für sie tun konnte. Mancher, der als „Frühheimkehrer" nach Hause kommen wollte, sah die Heimat nie wieder. Er starb elend im Lager und wurde in russischer Erde begraben.

Mehrmals, insbesondere wenn es einen Toten gab, warnten die Ärzte erneut. Aber auch heutzutage ist es ja nicht anders. Der Arzt kann zigmal sagen: „Sie müssen das Rauchen einstellen!" – Tun es alle, denen er es empfohlen hat?

Mein Freund Martin und ich wollten gesund nach Hause kommen. Ob auf der Baustelle oder im Lager, wir versuchten stets, noch etwas Nahrung zusätzlich zu ergattern. Da ich als Nichtraucher keinen Tabak brauchte, tauschte ich ihn gegen Brot und Zucker. Das machte sich bemerkbar; ich verlor kaum noch an Gewicht. Außerdem hatte ich aus der Zeit bei Brjansk noch eine andere Gewohnheit beibehalten. Im Winter rieb ich mich mit ein paar anderen Kameraden zur Abhärtung mit Schnee ein.

Ab Frühjahr 1947 gab es offensichtlich ein funktionierendes Postsystem für Kriegsgefangene. Das war ein großer Einschnitt in unserem Leben. Die ersten Gefangenen erhielten Briefe aus der Heimat. Sehnlichst wartete auch ich auf ein Zeichen von Zuhause. Doch die Nachrichten von meiner Familie blieben aus. Dafür schrieben uns bald die ersten „Frühheimkehrer". Sie berichteten über die Lage in Deutschland und davon, wie es ihnen in der Heimat ergangen war. Manche hatten allerdings nicht mehr schreiben können. An ihrer Stelle taten es die Frauen oder Geschwister. Sie konnten manchmal nur noch die Todesnachricht übermitteln. Denn auch deutsche Ärztekunst hatte einigen der Heimgekehrten nicht mehr das Leben retten können.

Was die Ärzte nicht vermocht hatten, erreichten diese Postkarten. Das „Salzfressen" ließ nach.

Die Frauen und Geschwister in der Heimat gaben in ihren Briefen oft den Russen die Schuld am Tod ihrer Männer und Brüder. Sie bedachten dabei nicht, dass manche der Soldaten schwer verwundet oder – wie nach der Schlacht bei Stalingrad – halb verhungert in russische Gefangenschaft geraten waren. Und sie kannten ja auch nicht die Lebensumstände in diesem geschundenen Land, das selbst an allem Lebensnotwendigem Mangel litt.

Doch auch auf den Rheinwiesen, wo – unter den Augen der Amerikaner – Tausende Kriegsgefangene in Dreck und Kälte lagen, ist es vielen von Hitlers einstigen Soldaten

nicht besser ergangen. Aber das erfuhren wir erst Jahre
später.

Aber lebten unsere Angehörigen in der Heimat viel besser? Besonders in den Großstädten herrschte Hunger. Zwei
meiner Geschwister, die einzige Schwester und einer meiner Brüder, sind in den schweren Nachkriegsjahren gestorben – letztlich an den Folgen der Mangelernährung in dieser schlimmen Zeit.

Die Geschichte einer glücklichen Heimkehr muss aber
noch erzählt werden. Sie wurde zur Legende unter uns Gefangenen des Lagers Wladimir. Am Anfang stand eine Wette, die ein Mitgefangener mit seinen Kameraden abschloss.
Dieser Gefangene lehnte das Salzfressen strikt ab, wettete
aber, trotzdem bald zu Hause in Deutschland zu sein. Viele lachten ihn aus. Eines Tages hörten wir, dass unser Spin-
ner im Krankenzimmer lag. Beide Hände und Arme dick
verbunden! Was war passiert?

Der Gefangene war, was streng verboten war, in die
Lagerküche gestürmt. Dort hatte er einen der Köche umge-
rissen. Mit beiden Händen hatte er dann mehrmals in die
glühend heiße Suppe geschlagen. Allen war klar: Der ist
durchgedreht.

Die Ärzte fragten in seiner ehemaligen Kompanie nach.
Und auch dort war der Kamerad, wie man hörte, schon als
etwas seltsam aufgefallen. Nach zwei Wochen kam er wieder in die Kompanie zurück.

Eines Abends tat er erneut etwas Verrücktes. Mit einer
selbstgebauten Fliegenklatsche jagte er Fliegen, sammelte
die toten Insekten ein und zog sie auf einen Garnfaden auf.
Aus Gaudi halfen wir ihm dabei. Für jede einzelne Fliege
bedankte es sich ausgesucht höflich. Einhundert Fliegen,
so erzählte er, wolle er auf eine Kette aufziehen und dann
dem Arzt überreichen. Das hätte ihm einer der Mediziner
so aufgetragen. Wir lachten und glaubten an einen Spaß
des Arztes. Dieser wollte aber tatsächlich die geistige Ge-

sundheit seines Patienten testen. Tatsächlich zog der Mann
mit 110 Fliegen (10 über die Norm) zum Arzt, der ihn später
noch mehrmals untersuchte.

Eines Tages, es war kaum zu glauben, stand der „Fliegenfänger" tatsächlich auf der Liste für Frühheimkehrer.

Wochen vergingen. Dann empfing ein Freund des Spinners Post aus Deutschland. Darin stand: „Wette gewonnen.
Ich bin gesund und daheim. Meine Familie ist wohlauf.
Das Leben in Deutschland ist schwer. Wenn ich mich erholt habe, werde ich wieder in meinen alten Beruf zurückkehren und als Lehrer arbeiten. Nun staunt ihr, was?"

Wir waren wirklich verblüfft. Wir schworen, den Ärzten
kein Wort davon zu sagen. Sonst würde der behandelnde
deutsche Arzt, der Hobbypsychiater, noch Ärger mit den
Russen bekommen. Klar war für alle, dass man eine solche List nicht wieder holen könne. Die war im Lager Wladimir und wohl in ganz Russland einmalig.

Manche meinten, man müsse sich eben etwas Neues ausdenken. Das war jedoch einfacher gesagt als getan. Ich
kann mich nicht erinnern, dass sich ein solcher oder ähnlicher Trick je wiederholt hat.

Das „Mäuschen"

Die russische Ärztin, deren Namen ich nicht mehr weiß,
schien manchem von uns wie ein guter Stern in der harten
Zeit der Gefangenschaft. Sie setzte beim Kommandanten
nicht nur die ersten Entlassungen schwer kranker und unterernährter Gefangener durch. Nein, sie tat noch weit
mehr für uns.

Jeden Morgen ging es in Fünferreihen, immer am Lagertor abgezählt, zur Arbeit. Oft stand am Tor dann auch die
Ärztin und musterte die Reihen der Gefangenen. Einzelne
Gefangene, die sich, schwach und kränklich, nur mühsam

vorwärts schleppen konnten, rief sie aus der Kolonne. Andere, die nur in Latschen das Lagertor passieren wollten, mussten ebenfalls beiseite treten.

Unsere russischen Begleitposten protestierten. Sie waren für die Vollzähligkeit der Arbeitskommandos zuständig, und der Zustand des Einzelnen scherte die meisten von ihnen nur wenig.

Doch unsere Ärztin trug Uniform und hatte einen militärischen Dienstgrad. Sie verschaffte sich Respekt bei den Wachposten. Sie wollte mit den wenigen ihr zur Verfügung stehenden Mitteln den Krankenstand senken. Männer mit besonders auffälligem Untergewicht erhielten Zusatzverpflegung und konnten zwei Wochen pausieren. Leute ohne festes Schuhwerk bekamen durch ihre Fürsprache neue Fußbekleidung.

Regelmäßig wurden wir von ihr und den deutschen Assistenzärzten untersucht. Trotz unseres teils traurigen Zustands hatten wir dennoch unseren Spaß bei diesen Untersuchungen. Nackt, in Reihe angetreten, boten die meisten von uns einen jämmerlichen Anblick. Die Rippen standen vor, der Bauch war eingefallen. Nur drei Personen sahen wohlgenährt, ja vollgefressen aus. Das waren die drei Köche der Kompanie.

Aus Neid, wohl auch aus Rache, wenn die Portion Suppe wieder einmal kleiner ausgefallen war als sonst, mussten sie sich viele Hänseleien gefallen lassen. Die Untersuchungen waren für sie deshalb manchmal ein Spießrutenlauf. „Karl, stell dir vor, du wärst mit dieser kleinen blonden Ärztin allein und …“ Karl hatte offensichtlich eine rege Phantasie. Er geriet in einen Zustand, in dem es nicht geraten war, der hübschen Ärztin unter die Augen zu kommen. Karl verkrümelte sich nach hinten.

Dasselbe machten wir auch mit Karls Kollegen. Kurz bevor sie endgültig in Verzweiflung gerieten, hörten wir mit unseren Sticheleien auf. Andererseits konnten wir die Köche aber auch verstehen, denn die Ärztin war nicht nur jung und blond, sondern auch sehr, sehr hübsch. Sie erhielt, weil sie ziemlich klein war, von uns den Spitznamen „Mäuschen".

Ich durchlief viele solcher Untersuchungen. Dabei wurde mir klar, dass diese hübsche Ärztin, unser „Mäuschen", auch mir gefiel. Ich entdeckte immer neue Züge an ihr. Nicht nur, dass sie einfach wunderbare Augen hatte. Bei jeder der Untersuchungen wandte sie sich jedem einzelnen der Gefangenen aufmerksam zu. Sie konnte geduldig zuhören. Ihre Stimme klang warm, wenn sie antwortete. Da sie kein Deutsch sprach, übersetzte der Dolmetscher ihre Worte. Kurzum: Sie brachte in unseren harten Lageralltag etwas Menschlichkeit und Wärme. Und sie strahlte, was in der Männerwelt des Kriegsgefangenenlagers sicher schwer war, Würde aus.

Nicht weil mir diese Ärztin gut gefiel, sondern weil ich mich eines Tages nicht arbeitsfähig fühlte, meldete ich mich in der Krankenstation. Die Ärztin legte die Hand auf meine Stirn und fühlte die Hitze in mir. Bei einer genaueren Untersuchung stellte sie hohes Fieber fest. Ihr Verdacht: Malaria!

Ich wurde sofort auf die Krankenstation gebracht. Man steckte mich in eine isolierte Kammer. Doch davon bemerkte ich bereits nicht mehr viel. Was mit Schüttelfrost angefangen hatte, endete mit immer wiederkehrenden heftigen Fieberanfällen. Zwei Tage lag ich schon auf der Krankenstation, doch mein Zustand besserte sich nicht. Schon zuvor durch mein geringes Gewicht geschwächt, entkräfteten die Anfälle meinen Körper immer stärker.

Meine Umgebung nahm ich kaum noch wahr. Eine große Mattigkeit und Gleichgültigkeit breitete sich in mir aus.

Am Ende des zweiten Tages gab es an meinem Bett eine Wechselrede, die mir in meinem Zustand fast einerlei war. Aber sie rettete mein Leben. Die russische Ärztin ordnete die Verabreichung von Chinin an mich an. Der deutsche Assistenzarzt protestierte: „Aber wir haben nur noch wenig davon." Die Ärztin widersprach: „Dai jemu, on otschen molodoi!" (Gib ihm, er ist sehr jung!)

Die Rettung! Das Chinin verbesserte von Tag zu Tag allmählich meinen Gesundheitszustand. Durch die bessere Krankenkost kam ich ein bisschen mehr zu Kräften. Besonders schön war es, wenn während der Visite „mein Mäuschen" an mein Bett trat, sich nach meinem Gesundheitszustand erkundigte und mir Mut zusprach. Ich würde schnell wieder ganz gesund sein!

Jeder Gefangene wusste, was es hieß, teure und seltene Medikamente verabreicht zu bekommen. Der Mangel in allen Bereichen, auch an Medikamenten, hatte dazu geführt, dass Hunger und Entbehrungen, Leid und Tod die ständigen Begleiter der russischen Bevölkerung in dieser Zeit waren. Jedoch wurde mir erst später, wieder daheim, im vollen Umfang bewusst, dass ich ein Medikament erhalten hatte, das vielleicht einem anderen, einem Russen, der es ebenso notwendig gebraucht hätte wie ich, dadurch vorenthalten worden war.

Die Arbeit der Ärztin im Gefangenenlager war schwer. Sie hat den Eid, Menschen zu helfen, mit dem Wenigen, was ihr zur Verfügung stand, zu erfüllen versucht. Wenn ich an sie zurückdenke, denke ich an ihre Kraft und an ihre Menschlichkeit, mit der sie uns das Leben in dunkler Zeit ein wenig erhellen konnte.

Nach zwei Wochen auf der Krankenstation erhielt ich zwei weitere Wochen „Urlaub" im Lager. Ich brauchte nicht zu arbeiten und bekam eine Zusatzration Lebensmittel. Erst unter Umständen wie diesen merkt man, wie wenig man im Leben braucht, um dankbar und zufrieden zu sein.

An das „Mäuschen" dachte ich später noch oft. Ich verdankte ihm nichts weniger als mein Leben. Meine Erinnerungen an diese Lagerärztin schrieb ich schließlich auf. Irgendwann reichte ich das Geschriebene zu einem kleinen Literaturwettbewerb ein und erhielt den ersten Preis dafür.

Unvermutet wurde ich vor einigen Jahren noch einmal an das Mäuschen erinnert. Wegen einer Herzerkrankung lag ich mehrere Wochen im Krankenhaus. In dieser Klinik waren auch einige ausländische Ärzte tätig. Meine betreuende Ärztin auf der Station war letztlich der Hauptanstoß für mich, der Geschichte über das Mäuschen weitere aus der Zeit meiner Gefangenschaft hinzuzufügen. Erst nach einigen Tagen hatte ich es gewagt, die Ärztin auf ihren eigentümlichen Akzent anzusprechen, der mir sehr bekannt vorkam. Und tatsächlich stammte sie aus Russland und hatte noch viele andere Ähnlichkeiten mit dem Mäuschen.

Diese Ärztin besaß bei den Patienten einen guten Ruf. Sie nahm sich für die Kranken Zeit und hörte ihnen zu. Ich erwähnte meine Reisen in ihre schöne Heimat und schließlich auch die Geschichte meiner „Lebensrettung“.

Ihre Anteilnahme und spontane Herzlichkeit waren entwaffnend. Wie Jahrzehnte zuvor die Fürsorge des Mäuschens haben mir die Freundlichkeit und Warmherzigkeit dieser russischen Ärztin in den Tagen vor meinem schweren Eingriff am Herzen sehr geholfen.

Das Zementsackpapier

Jeder Tag glich dem anderen. Aufstehen, Waschen, Essen, Marsch zur Arbeit und abends zurück ins Lager. Aber es lag an uns, an den Abenden oder am freien Sonntag ein wenig Abwechslung in diesen eintönigen Rhythmus zu bringen.

Wie schon erwähnt gab es in diesem großen Lager zahlreiche kulturelle Angebote für die Gefangenen. Es darf nicht vergessen werden: Man schrieb schon die Jahre 1947/48. Die deutsche Kapitulation lag bereits mehr als zwei Jahre zurück. Die Verhältnisse in den Lagern hatten sich, soweit man bei einem Leben hinter Stacheldraht davon sprechen kann, „normalisiert". Ich hatte Glück im Unglück gehabt, erst so spät, erst zu Kriegsende, in Gefangenschaft geraten zu sein.

Schlechter ist es sicher vielen Kameraden ergangen, die schon während des Krieges in Gefangenschaft gekommen waren. Die Russen kämpften einen Kampf auf Leben und Tod um ihre Heimat. Auf die Aufnahme Hunderttausender Gefangener waren sie, von Hitlers heimtückischem Überfall überrascht, nicht vorbereitet. Über ihre Leiden und den Überlebenskampf in jenen ersten Lagern haben andere ehemalige deutsche Kriegsgefangene in Russland ausführlich geschrieben.

Im Kriegsgefangenenlager Wladimir arbeiteten eine deutsche und eine russische Abteilung Kultur. Man konnte in der Freizeit wählen – zwischen Mathematik-, Literatur-, Schach-, Theater-, Sport- u. a. Zirkeln. Von diesen Zirkeln wurden z. B. Theateraufführungen oder Wettbewerbe organisiert, deren Sieger sogar Preise erhielten. Ja es gab sogar eine „Lagerschule", zu deren Vorlesungen zu verschiedenen Gebieten man sich wie ein Student an der Universität „einschreiben" konnte.

Mancher wird sagen: Von Gedichten, Theateraufführungen oder Vorträgen konnte man doch nicht satt werden! Das ist sicher wahr. Doch ich kann sagen – und so haben es sicher auch viele meiner Kameraden in Wladimir empfunden – diese Freizeitbeschäftigungen haben uns sehr über die Stunden des Heimwehs hinweggeholfen.

Und doch gab es auch einen Anreiz, z. B. an einem Wettbewerb teilzunehmen! Denn die Siegerprämien waren äußerst verlockend. Als Preise winkten nämlich manchmal ein halbes und des Öfteren sogar ein ganzes Brot, 150 g oder 300 g Machorka (russischer Tabak) oder andere kostbare Dinge. Ein Brot besaß im Lager sicher den gleichen

Wert wie ein Brot in Deutschland – nach 1945 – auf dem Schwarzmarkt.

Mich reizten solche Wettbewerbe. Sie regten zum Denken an. Sie halfen mir bei der Beantwortung vieler Fragen. Sie boten mir Orientierungshilfe in einer Zeit, die in Veränderung begriffen war. Es waren schwierige Jahre des gesellschaftlichen und persönlichen Umbruchs. Aber die Lagerschule half mir auch dabei, mich gegen die Stimmen anderer Gefangener zu behaupten, die immer noch starr die alten Nazi-Parolen verfochten.

An einen Wettbewerb, an dem ich teilnahm, kann ich mich noch erinnern. Das Thema, zu dem sich die Gefangenen äußern konnten, lautete: „Arbeitet der Mensch um zu leben, oder lebt der Mensch um zu arbeiten?" Diese Frage – eine äußerst komplizierte Frage – sollten wir in nicht mehr als 15 Zeilen beantworten.

Heute, 50 Jahre später, ist sie immer noch aktuell. Arbeit kann Vergnügen sein, dem Leben Sinn geben, wenn die Aufgabe nutzbringend ist. Sie kann auch aussaugen und abtöten, „stressen", wenn die Arbeitskraft des Einzelnen, wie es in unserer Zeit hoher Arbeitslosigkeit heute oft geschieht, durch viele Überstunden ausgenutzt wird. Wer ohne Arbeit ist, kann am besten ermessen, welche Bedeutung eine nützliche Aufgabe für den Lebensunterhalt, aber auch für die eigene Selbstachtung besitzt.

Für mich selbst kann ich sagen: Ich habe in der Arbeit, bei den unterschiedlichsten Aufgaben, die sich mir im Leben stellten, nicht nur Beschäftigung, sondern auch Glück und Bestätigung gefunden.

Was ich damals, in Wladimir, zu der Frage schrieb, kann ich nicht mehr genau sagen, weiß aber noch das Fazit meiner eingereichten Zeilen: „Der Mensch arbeitet, um zu leben!" Damit hatte ich den 2. Preis des Wettbewerbs errungen. Glücklich nahm ich – von vielen beneidet – von der „Jury" meinen Siegerpreis entgegen: ein halbes Brot.

An der Lagerschule hatte ich mich außerdem zu Vorlesungen im Fach Geschichte eingeschrieben. Erwartungsvoll ging ich mit ein paar Kameraden der Kompanie zum ersten Geschichtsvortrag. Der sowjetische Lektor, ein Historiker, erwartete viel von uns. Wir sollten nicht nur aufmerksam seiner „Vorlesung" folgen, um beim „Seminar" zum selben Thema mitarbeiten und diskutieren zu können. Nein, wir sollten auch eine schriftliche Zusammenfassung seines Vortrags anfertigen.

Wir mussten passen, besaßen weder Stifte, Federhalter, noch Papier. Der Assistent des Lektors, ein sehr junger Oberleutnant, wollte sich zumindest bei der Beschaffung von Schreibgeräten für uns verwenden. Aber Papier gab es im ganzen Lager nicht genug, schon gar nicht, um ganze „Schulklassen" damit zu versorgen.

„Lassen sie sich etwas einfallen", forderte uns der Offizier auf. Aber wir waren hilflos. Woher Papier nehmen, wenn nicht stehlen? Im Lager an Papier heranzukommen, war unmöglich. Nach „draußen", in die Stadt, kamen wir als deutsche Kriegsgefangene nicht. Also fiel auch Tausch aus. Kein Papier, keine Mitschrift.

Doch einige wussten schon: Den Satz „Es geht nicht!" hatten die Russen aus ihrem Wortschatz gestrichen. Der Assistent überlegte nicht lange, er schien schon einen Weg für die Papierbeschaffung zu wissen. Am Bahnhof würde Zement aus Deutschland abgeladen, erzählte er uns. Na und, was hatte Zement mit unserem Papierproblem zu tun, fragten wir uns. Sollten wir Zement gegen Papier eintauschen? Aber auch an den Zement kamen wir als Gefangene ja nicht heran.

Der Offizier erklärte, was er meinte. Eine Sonderschicht von „Freiwilligen" sollte beim Entladen der Zementsäcke helfen und entzwei gegangene Tüten mit ins Lager bringen. Die deutschen Zementtüten bestünden aus Dreifeifach-Schichten dickem Packpapier, erklärte er. Er schlug uns vor, die Innenseiten dieser Zementsäcke als Schreibpapier zu benutzen. Offenbar hatte er eine solche Lösung auch schon anderen Gefangenen empfohlen.

Am nächsten Abend zog ein Trupp Freiwilliger, darunter auch ich, los. Mit den Wachposten und den Verladearbeitern war unsere Aktion abgesprochen. Verdreckt, aber froh über unseren Fang, kamen wir ein paar Stunden später bepackt wieder ins Lager.

Nun wurden die Tüten gesäubert, als Seiten übereinander gelegt und unter Gewichten „gebügelt." Dann kam das Zuschneiden in Heftgröße dran, eine Schere zum Schneiden hatte wiederum der russische Offizier besorgt.

Noch in der gleichen Nacht trommelten wir den Leiter der Schneiderwerkstatt heraus, um etwas Garn und Nähzeug – natürlich im Tausch – zu erhalten. Schließlich konnte auch der Chef der Schneiderwerkstatt für Schnittmusterbogen etwas Papier gut gebrauchen. Wir haben dann die Seiten wie ein Schulheft geknickt und in der Mitte mit Garn vernäht. Feder und Halter wurden im Kulturbüro „ausgeliehen"!

Vom frühen Abend bis in die Morgenstunden durfte am nächsten Tag nach einem genauen Zeitplan (Weckplan) jeder Hörer der Geschichtsgruppe 15 Minuten einige Sätze als Aufzeichnung in sein Zementsackpapierheft schreiben. Das Ergebnis war: A l l e Teilnehmer der Geschichtsvorlesung – bis auf einen, den Letzten nach dem Weckplan, der nur noch die Überschrift schaffte – konnten am nächsten Tag die Mitschrift vorweisen.

Wir waren stolz. Mit erhobenem Haupt gingen wir abends zum Seminar. Auch wir hatten den Satz „Es geht nicht" besiegt! Der russische Lektor sagte nur kurz: „Nun, es ging also." Später hatten wir es dann etwas leichter. Zwei bis drei Mann bekamen zusammen einen Federhalter und etwas Tinte. Ebenso ideenreich wie der junge Offizier unsere Papierbeschaffung organisiert hatte, gestaltete der Dozent in Offiziersuniform seine Vorlesungen. Doch davon muss gesondert erzählt werden.

Das Heft – in Sütterlinschrift beschriebenes Zementsackpapier – besitze ich heute noch. Die Tinte ist ein wenig verblichen, das Papier vergilbt. Das alte Heft ist auch ein wenig abgegriffen, denn manchmal habe ich in Schulklassen über die Zeit meiner Gefangenschaft gesprochen und dabei den Schülern mein „Schulheft" von damals gezeigt.

Das Heft aus Zementsackpapier ist schon über 50 Jahre alt. Ich will es noch ein paar Jahre hüten und dann dem Kapitulationsmuseum in Berlin-Karlshorst übergeben. Dort wurde, in der einstigen militärtechnischen Schule, in der Nacht vom 8. zum 9. Mai 1945 vom Oberkommando der Wehrmacht die bedingungslose Kapitulation Deutschlands unterzeichnet. Neben der Originalurkunde zeigt das Museum auch Fotos und viele persönliche Gegenstände aus der Zeit des „Großen Vaterländischen Krieges" der Sowjetunion und der frühen Nachkriegszeit. Dort, denke ich, ist mein Heft gut aufgehoben.

Der große König und der Bauernkrieg

Mein in altdeutscher Schrift verfasstes Heft umfasst viele Seiten. Der russische Lektor verstand es hervorragend, uns mit seinem Stoff zu packen. In mehreren Vorlesungen und Seminaren befasste er sich mit deutscher Geschichte. In der Schule hatte man uns Geschichte vor allem als Siegeszug der germanischen Völker geschildert. Der russische Dozent ging anders an das Thema heran.

Nicht allein durch die wechselnden Herrschergeschlechter und eine Abfolge von Schlachten werde Geschichte bestimmt, so seine These, sondern insbesondere durch die produktive Tätigkeit der Volksmassen. Darüber wolle er mit uns in den folgenden Vorlesungen sprechen.

„Schulheft" aus dem Kriegsgefangenenlager Wladimir:
gefertigt aus den Innenseiten von Zementsäcken

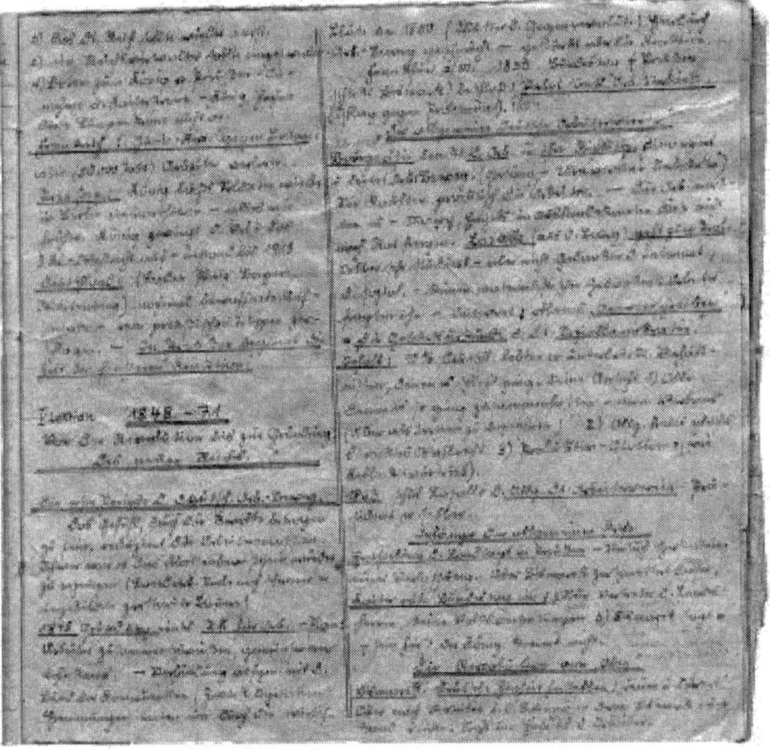

Lektion V. Die Revolution von 1848.
Wer gestaltet Geschichte, das Volk oder die Könige?

Lektion VI. Die Reichsgründung 1871.
Wem nutzten Kriege?

Schon als Junge fand ich Geschichte spannend. Alexander der Große, Caesar, Napoleon, Friedrich II. – Leben und Taten dieser großen Männer, die einst die Welt bewegten, interessierten und faszinierten mich. Gab es einen historischen Film in den Stettiner Kinos, war ich meist einer der Ersten unter meinen Kameraden, der ihn sah.

Eintrittsgeld dafür bekam ich nicht von meinen Eltern; denn der Lohn meines Vaters und das von Mutter durch Nähen Hinzuverdiente reichten gerade für Miete und Lebensmittel. Trotzdem hatte ich immer ein paar Groschen in der Tasche. Zweimal in der Woche war ich als Laufbursche für einen Geschäftsinhaber unterwegs. Zusätzlich stellte ich abends öfter Kegel für zwei Kegelklubs in einem Gartenlokal auf. Die Mitglieder des Kegelklubs, oft „bessere Herren", waren spendabel und bezahlten mir pro Stunde mehr, als mein Vater in einer Stunde verdienten konnte.

So konnte ich Mutter manchmal aushelfen, wenn der Milchmann die Milchrechung der Woche abkassierte und Vater noch nicht von der Arbeit zurück war. Durch das selbstverdiente Geld konnte ich mir viele historische Filme anschauen, die neu in die Kinos kamen. So erinnere ich mich an „Bismarck", einen Film über den „eisernen Kanzler" von 1940. 1942 kam „Der große König" in die Kinos – eine Idealisierung des von mir verehrten Friedrich II., dem Alten Fritz. Bereits gegen Ende des Krieges sah ich „Kolberg", der das Widerstehen einer ganzen Stadt unter Führung ihres Bürgermeisters, Nettelbeck, und ihres Befehlshabers, Gneisenau, gegen Napoleon auf Zelluloid bannte.

Besonders die letzten beiden Filme forderten zum bedingungslosen Durchhalten, zum Kampf bis auf den letzten Mann im Kriegsfalle auf und hatten eindeutig propagandistische Ziele. Und ich muss sagen, sie erreichten ihre Absicht: Auch wir, jung und für „Ehre" und „Vaterland" leicht zu begeistern, nahmen uns vor, Deutschland, wenn es darauf ankäme, bis zum letzten Blutstropfen zu verteidigen.

Die Geschichtsvorlesung war stark besucht, was mich einigermaßen erstaunte. Der Raum war fast voll. Anders war es bei eindeutig politischen Vorträgen. Nach dem Besuch solcher Veranstaltungen konnte man gewärtig sein, von den eher „rückwärts" gewandten Kameraden, die noch immer die Mehrzahl im Lager bildeten, angefeindet und als „Verräter" beschimpft zu werden.

Aber zurück zum „Geschichtsunterricht": Die erste Vorlesung, zu dem sich Notizen in meinem Heft aus Zementsackpapier befinden, war ein Einführungsvortrag. Sein Thema lautete sinngemäß: Wer gestaltet Geschichte, das Volk oder die Könige? „Das kann ja heiter werden", meinte jemand neben mir ironisch.

Nicht heiter, sondern spannend wurde es, was die große Zahl der Teilnehmer, zumindest bei den nächsten Vorlesungen, bewies. Nicht das Herunterleiern von Geschichtszahlen, die wir, hundertmal eingepaukt, noch spielend aus der Schule beherrschten, war gefragt. Nein der Russe fragte nach Zusammenhängen. Wem also, fragte er zum Beispiel, nutzt ein Krieg, denen „oben", den „Herren", oder denen „unten", den Völkern? Solch Herangehen war neu für uns. Und wir ließen uns von der Fragestellung packen.

Nein, wir sprachen nicht über den Krieg, aus dem wir gerade noch heil herausgekommen waren und unter dessen Eindruck wir noch unmittelbar standen. Das kam erst später. Thema der zweiten Vorlesung in der Reihe war der Deutsche Bauernkrieg, die größte Volkserhebung in der deutschen Geschichte überhaupt.

Der Dozent schilderte anschaulich die Aufsplitterung Deutschlands in kleine Fürstentümer und die Lebensbedingungen von Bauern, Städtern und Geistlichkeit. Anfang des 16. Jahrhunderts hatten die sozialen Missstände in Deutschland einen krassen Höhepunkt erreicht. 1525 wurden von den Bauernführern die „Zwölf Artikel der Bauernschaft zu Schwaben" als Flugschrift verbreitet. Sie stützten sich weitgehend auf die Bibel und forderten die Ablösung der feudalen Lasten. Der Bauernkrieg, auch „Frühbürgerliche Revolution" genannt, wurde teils blutig niedergeschlagen. Gewinner waren – wieder einmal – die Fürsten, die nun erst recht erstarkten.

Ebenso wie andere Gefangene hatte ich mir Notizen auf einem Blatt gemacht. In der freien Zeit übertrug ich die Aufzeichnungen über das Gehörte in sauberer Schrift in mein selbst angefertigtes Heft ein.

Neben dem russischen Dozenten hielten auch deutsche Historiker, Gefangene wie wir, Vorträge. Offensichtlich hatten diese Universitätslehrer dem Hitlerregime und der ihnen aufgezwungenen Lehrmeinung auch schon in der Heimat kritisch gegenüber gestanden; darauf ließ ihr unkonventionelles Herangehen an geschichtliche Themen schließen.

Interessant waren auch die folgenden Vorträge über andere Revolutionen in der Geschichte der Völker, die Französische Revolution ab 1789, die Revolutionen in Deutschland 1848/49 und 1918 in und schließlich die Revolutionen in Russland 1905 und 1917. Bei allen Vorlesungen standen die Ziele und Interessen des Volkes im Mittelpunkt.

Eine andere Frage, die uns nicht nur interessierte, sondern unmittelbar bewegte, war die Frage nach dem Wesen des Krieges. Hierauf ging der russische Dozent gegen Ende seiner Vortragsreihe ein. Er zitierte den preußischen General von Clausewitz, der in seinem Werk „Vom Kriege" den Krieg „als Fortsetzung der Politik mit militärischen Mitteln" bezeichnet hatte. Mit dieser These, so der Dozent, haben sich später nicht nur Militärs fast der ganzen Welt, sondern auch Engels und Lenin auseinandergesetzt. Lenin sprach später von der Unterscheidung in „gerechte" und

„ungerechte Kriege". Was war ein gerechter, was ein ungerechter Krieg? Wir überlegten.

„Entscheiden Sie", forderte uns der Dozent auf, „hat Deutschland einen gerechten oder einen ungerechten Krieg geführt?" Und: „Wessen Interessen diente dieser Krieg, Ihren eigenen vielleicht?" Wo war die Antwort?

Dieser Vortrag löste in allen Kompanien Diskussionen aus. Sogar bei der Arbeit, in den Pausen auf der Baustelle, und abends in den Schlafsälen stritten wir.

Wir waren unter der Losung in den Krieg gezogen, neuen Lebensraum im Osten für Deutschland zu erobern. Das „germanische Herrenvolk" sollte über ganz Mittel- und Osteuropa herrschen. Waren das „gerechte" Ziele? Bisher war uns alles, was Deutschland nutzte, gerecht erschienen.

Und in wessen Interesse wurde dieser Krieg wirklich geführt? Wer stand hinter Hitler? Wir erfuhren, dass es Großindustrielle wie Thyssen und Krupp und Vertreter von Banken wie Schacht gewesen waren, die Hitler mit Spenden in den Sattel geholfen hatten. Große Teile der Wirtschaft – die Konzerne – billigten und unterstützten das nationalsozialistische Expansionsprogramm und Hitlers Angriffskrieg gegen die halbe Welt.

Und andererseits: Wie verhielt es sich mit dem Krieg, den die Sowjetunion gegen Deutschland geführt hatte? Sie hatte zu ihrer Verteidigung gekämpft. War dieses Ziel gerecht gewesen?

Das alles war neu für uns. Erstmals hörten wir eine Definition für die Hitlerpartei – Faschismus sei „die Verflechtung des deutschen Finanzkapitals, der Rüstungskonzerne und der Nazi-Partei".

Nicht auf Anhieb verstanden wir alles. Aber wir erhielten Denkanstöße. Freilich, mancher Kamerad erschien inzwischen nicht mehr zur Vorlesung. Zu ungewohnt war das, was wir zu hören bekamen. „Propaganda", sagten inzwischen einige. Aber ich besuchte weiterhin jeden Vortrag und jedes Seminar im Fach Geschichte. Mein Interesse, hinter Namen und Daten auch die geschichtlichen Zusammenhänge zu begreifen, war geweckt.

Es sind nun schon über 50 Jahre seitdem vergangen, und noch immer diskutieren die Menschen – man denke an den Kosovo-Krieg – über die gleichen Fragen.

Ein Leserbrief an eine Zeitung

Über allem, was ich damals tat und dachte, lag ein Schatten. Fast alle meine Kameraden hatten zu jener Zeit – Ende 1947 – bereits Post aus Deutschland bekommen. Es war schwer für mich, nichts – nicht eine Zeile – von meiner Familie erhalten zu haben. Immer wieder, besonders abends vor dem Einschlafen stellte sich mir die gleiche bange Frage: Leben meine Angehörigen noch?

Stettin, meine Heimatstadt, war längst polnisch. Eltern und Geschwister hatten, wenn sie noch lebten, 1945 die Stadt verlassen müssen. Wie waren sie von dort fortgekommen? War es ihnen gelungen zusammenzubleiben? Ich erinnerte mich an die trostlosen Trecks von Heimatlosen, die uns damals, während unseres Hungermarsches vom niederbayerischen Regen ins Kriegsgefangenenlager Tabor in Tschechien begegnet waren.

Zweimal im Monat durfte jeder Gefangene eine Postkarte nach Hause schreiben. Ich nutzte die Postkarten, um alle mir bekannten Rote-Kreuz-Stellen in Deutschland anzuschreiben. Ich weiß nicht mehr, wie viele Karten ich an die deutschen Suchdienststellen schrieb. Zunächst wandte ich mich an die norddeutschen Länder. Es erschien mir am wahrscheinlichsten, dass die Eltern im benachbarten Mecklenburg oder in Schleswig-Holstein Zuflucht gefunden hatten. Später weitete ich die Suche aus. Bis zum März 1948 war mir kein Erfolg beschieden.

Ich stand nicht allein mit meinen Sorgen. Die deutsche Abteilung Kultur im Lager Wladimir kümmerte sich deshalb um Gefangene, die – ebenso wie ich – noch keine Post von Zuhause erhalten hatten. Wir bekamen mehr Karten als die anderen, um die Ämter in den einzelnen Ländern anzuschreiben. Über Berlin und Brandenburg bis Württemberg und Bayern – ich ließ kein Land aus mit meiner Frage nach den Eltern und Geschwistern.

Mit Bangen erwartete ich die Antwort. Immer negativ. Ich wollte aufgeben. Aber der deutsche Kulturbeauftragte ließ nicht locker. Immer wieder versuchte er, mich neu zu motivieren. Ich schrieb erneut, doch die sehnlichst erwartete Antwort blieb aus.

Ende des Jahres 1947 unterbreitete mir der Mitarbeiter der Kulturabteilung ein ungewöhnliches Angebot. Er kam mit einer Zeitung zu mir. Ich freute mich. Bisher hatte ich noch nie eine ganze Zeitung, immer nur einzelne Ausschnitte von der Wandzeitung, lesen können. Die Zeitung hieß „Start" und wandte sich vor allem an junge Leute. Wie ich später feststellen konnte, handelte es sich um den Vorläufer der heute noch existierenden Jugendzeitung „Junge Welt".

Aber was hatte diese Zeitung mit der Suche nach meinen Angehörigen zu tun? Ich sollte die Zeitung gründlich lesen und danach den Kulturbeauftragen aufsuchen. Das Blatt las sich interessant. Man erfuhr etwas aus der Heimat. Der Wiederaufbau in Deutschland schritt voran, aber die Widersprüche zwischen den Besatzungszonen vertieften sich. Die Zeitung machte die Runde im Schlafsaal, denn jeder wollte sie lesen.

Ich war neugierig. Warum hatte mir der Kulturbeauftragte die Zeitung gegeben? Gleich am nächsten Tag ging ich zu ihm. Er arbeitete in einem Nebengebäude in einem kleinen Raum, den Tisch voller Papiere. Auch ein Stuhl für den „Gast" war vorhanden. Ich nahm Platz.

Er stellte eine merkwürdige Frage: „Hast du auch die Leserbriefe gelesen?" Natürlich, alles hatte ich gelesen, die Gier nach Informationen aus der Heimat war bei allen groß. „Was hältst du davon", sagte mein Gegenüber, „ein paar Zeilen aus Wladimir an die Zeitung zu schreiben und darin eine Suchmeldung für deine Angehörigen unterzubringen?"

Ich war verblüfft und aufgeregt. Dieses Angebot war zu schön. Vielleicht hatte ich ja über die Zeitung die Chance, Verbindung zu meiner Familie aufzunehmen. Was, wenn jemand – vielleicht ein Freund oder Verwandter – meinen Namen unter dem Artikel fand?

Angst vor dem Schreiben eines Artikels plagte mich nicht. Ich hatte ja im Lager bei Brjansk die Wandzeitung geleitet und auch hier in Wladimir Beiträge für die Informationstafel verfasst.

So schrieb ich meinen ersten Artikel für eine Zeitung, dem später viele folgen sollten, im Kriegsgefangenenlager Wladimir.

Papier hatte ich keines zum Schreiben. Auch keinen Stift. Mit Papier und Stift, gegen Brot oder Tabak, wurde gehandelt. Auch hier half mir der freundliche Kulturbeauftragte. Er zweigte aus dem Budget für die Wandzeitung etwas ab. Ich brauchte ja auch nur einen Bogen. Die Leserzuschrift sollte sehr kurz sein. Es war wahrscheinlich doch nicht so einfach, auch noch meine Suchmeldung darin unterzubringen.

An den paar Sätzen habe ich lange gefeilt. Nicht nur, weil es der allererste Artikel meines Lebens war, sondern ich wollte ja auch alles anschaulich und verständlich ausdrücken. Nach zwei Tagen war mein Brief, wie ich fand, druckreif.

Ich berichtete von unserer Arbeit auf der Baustelle, von dem neuen Traktorenwerk in Wladimir; als letzten Satz fügte ich hinzu, dass ich meine Familie, ehemals aus Stettin, immer noch suchte. Darunter setzte ich Vor- und Zunamen.

Ich gab den Brief in der Kulturabteilung ab. Ich konnte wieder hoffen.

Monate vergingen, ohne dass ich ein Echo auf meinen Leserbrief erhielt. Eine Antwort erwartete ich nun nicht mehr. Erst nach meiner Rückkehr aus der Gefangenschaft erfuhr ich, dass die Zeitung „Start" tatsächlich meinen Artikel in ihrer Rubrik „Leserbriefe" veröffentlicht hatte. Post von so weit her – und dann noch aus einem Kriegsgefangenenlager – war sicher selten in einem deutschen Blatt jener Zeit. Ein Bekannter meines Bruders Heinz hatte die bereits abgelegte Zeitung zufällig gelesen. Unser relativ seltener Familienname war ihm aufgefallen. Er sprach meinen Bruder darauf an.

März 1948: Ich hielt meine erste Post – eine Karte von Heinz – in der Hand. Er schrieb aus Melkhof in Mecklenburg, wo er als Lehrer arbeitete. Einige kurze Zeilen nur ließen mein Herz schneller schlagen: „Die Eltern sind am Leben. Sie haben den langen Marsch von Stettin heil überstanden. Mit Elli (unserer Schwester, d. A.) leben sie in Schwerin."

Die Freude über diese Zeilen, die noch lange anhielt und die mir jeder ansehen konnte, kann sicher nur der verstehen, der Ähnliches durchlebt hat. Später, in der Heimat, habe ich mich beim „Start" schriftlich für seine Hilfe bedankt.

Politische Vorträge

Um zu politischen Vorträgen im Lager zu gehen, benötigte man einigen Mut. Ein großer Teil der Gefangenen besuchte keinen der vielen Zirkel oder Vorträge, die im Lager Wladimir geboten wurden. Man kann den Zustand, in dem sich viele befanden, wohl am ehesten als „Lähmung" beschreiben. Sie waren fixiert auf das eigene schwere Los, traumatisiert von den Kriegserlebnissen und den harten Bedingungen des Lebens in den verschiedenen Lagern.

Eine andere Gruppe bildeten die „Endsieger“. Sie schworen auch hier noch, im Lager, – selbst nach der verheerenden Niederlage! – auf den deutschen Endsieg und auf die alten faschistischen Schlagworte wie „Führer und Gefolgschaft“, „Ehre und Treue“ und „nordische Herrenrasse“. Alle Bemühungen der russischen und der deutschen Kulturabteilung, das Leben der Gefangenen durch ein vielfältiges Kulturleben zu normalisieren, taten sie als „Umerziehungsversuch“ ab.

Auch ich war, da ich die Geschichtsvorlesungen besuchte, schon mehrmals als „Iwanfreund“ angepöbelt worden. Anderen erging es noch schlimmer. Die Reaktionäre entfernten Bretter aus den Betten einiger als interessiert geltenden Kameraden, zerschnitten ihre Strohsäcke und versteckten ihre Schuhe. Der Riss ging quer durch die Kompanien.

Ich musste mich entscheiden. Wollte ich weiterhin Vorträge besuchen? Auch politische Themen interessierten mich. Ich befand mich gedanklich auf der Suche. Das Alte abschüttelnd, versuchte ich, für mein Leben einen neuen Sinn zu finden. Sollte ich mich als Verräter abstempeln lassen und es mir mit den Hetzern verderben? Ein älterer Kamerad, den ich schon manchmal um Rat gefragt hatte und der sich um die Beschimpfungen nicht scherte, sagte: „Hab Mut, komm mit!“ Trotzdem habe ich noch tagelang mit mir gerungen, ehe ich mich entschloss, trotz Schikanen meinen innersten Regungen zu folgen. Gemeinsam mit dem Älteren und fünf, sechs anderen ging ich zu einem der Vortragsabende.

An diesen ersten Abend kann ich mich noch gut erinnern. In einem gut gefüllten Saal saßen Soldaten aus vielen Kompanien. Mit ein paar Tischen war ein provisorisches Podium aufgebaut worden. Dahinter saßen einige

Leute, die uns nacheinander vorgestellt wurden. Es waren fast alles Gefangene wie wir. Wir erfuhren, dass sie vor bzw. während der Nazizeit der SPD, der KPD und Anti-Hitlergruppen angehört hatten.

Ich lernte erstmals Männer kennen, die die Nazidiktatur politisch abgelehnt oder sie sogar bekämpft hatten. Ich ließ mir keines ihrer Worte entgehen.

Um mein Erstaunen begreiflich zu machen, muss man weiter zurückgreifen. In der Zeit meines Heranwachsens war das gesamte öffentliche und politische Leben in Deutschland schon längst gleichgeschaltet gewesen. Schon am 14. Juli 1933 hatte das „Gesetz gegen die Neubildung von Parteien" festgelegt: „In Deutschland besteht als einzige Partei die Nationalsozialistische Arbeiterpartei Deutschlands." Selbst die Gewerkschaften waren zerschlagen und in eine vom System kontrollierte Dachorganisation „für alle Schaffenden" – die DAF (Deutsche Arbeits-Front) – zwangsüberführt worden.

Die Uniformität dieses Lebens im „Dritten Reich" zeigte sich schon äußerlich: Bereits die Mitglieder der Hitlerjugend trugen an Feiertagen Braunhemden (das Jungvolk Halstücher mit braunem Lederknoten), ebenso wie die SA und die politischen Leiter. Letztere waren an ihren rockähnlichen braunen Monturen zu erkennen. Ich erinnere mich an ein Plakat, das die radikale Vereinnahmung des Systems schon von Kindern belegt. Das Plakat zeigte ein kleines, vielleicht zehnjähriges Mädchen: „Auch Du", so stand in großen Lettern darauf, „gehörst dem Führer." In Behörden, Betrieben und Schulen, überall begrüßte man sich mit dem Hitler-Gruß.

Ich war erregt: Es hatte also auch Widerspruch, ja sogar Widerstand gegen das Nazi-Regime gegeben?

Der SPD-Mann berichtete davon, wie schwer das Leben im Widerstand gewesen war. Von der eigenen Angst und der Angst um seine Familie, wenn man ihn fasste. Seine

Gruppe hatte versucht, auf Flugblättern Gegeninformationen zur Nazipropaganda zu verbreiten. Tatsächlich ging die Gruppe hoch, und ihre Mitglieder – auch der Sprecher – saßen mehrere Jahre im Gefängnis.

Der zweite Redner war ein KPD-Angehöriger aus dem Strafbataillon 999. In diese gesonderte Einheit hatten die Nazis Systemgegner gepresst und sie gezwungen, als Soldaten am Krieg teilzunehmen. Man hatte ihnen erklärt, dass sie sich an der Front „bewähren" und ihre „Fehler wieder gutmachen" müssten. Dem Sprecher und einigen seiner Kameraden war es dennoch gelungen, zu einem günstigen Zeitpunkt zu den Russen überzulaufen. Ihm war klar, dass er nun bei vielen Gefangenen als „Verräter" galt. „Aber lieber als Verräter beschimpft werden, als bei diesem dreckigen Krieg mitmachen!"

Den ersten Beifall gab es, als er rief: „Wer hat denn an diesem Krieg verdient? Doch nur die Konzerne, ob in Deutschland oder im Ausland! Und wir, die einfachen Soldaten, verrecken!" Ein paar Zuhörer pflichteten ihm laut bei.

Nach dem KPD-Mann meldete sich ein ehemaliger deutscher Offizier zu Wort, der ebenfalls auf der vorderen Stuhlreihe Platz genommen hatte. Während des Krieges hatte er sich im Bund Deutscher Offiziere engagiert. Nun wolle er, erklärte er, am Aufbau eines neuen und demokratischen Deutschland teilnehmen. Auch er erhielt von den Zuhörern Beifall.

Das alles war neu für mich. Ich musste das Gehörte erst verarbeiten. Wie hatten ich und die meisten anderen meiner Kameraden nur so bedingungslos den faschistischen Parolen glauben können? Ich war aufgewühlt. Vielleicht konnte ich hier, bei politischen Vorträgen und Diskussionen, Antworten auf meine vielen Fragen finden.

Mit meinem älteren Begleiter vereinbarte ich, auch den nächsten politischen Vortragsabend zu besuchen.

An einem der folgenden Abende erfuhr ich erstmals davon, dass im Lager antifaschistische Gruppen arbeiteten. Man warb, insbesondere unter den jungen Zuhörern, um neue Mitglieder. Antifa-Jugendgruppen sollten gegründet werden. Ebenfalls angesprochen, sagte ich, dass ich über alles Gehörte erst nachdenken müsste. Ich würde mir zunächst eine Meinung bilden über das, was diese Menschen zu sagen hatten. Ich wollte mir Zeit lassen, bevor ich mich für eine neue politische Richtung entschied.

Ich besuchte noch ähnliche Veranstaltungen. Mein Bettnachbar verhielt sich wie ein Freund. Er „deckte" mich bei den „Endsiegern". Er erfand immer neue Ausreden, wenn sie am Abend nach mir fragten. Eines Tages stellten mich diese Provokateure aber doch. Sie umringten mich drohend. Nein, Prügel verabreichten sie mir nicht. Aber sie nahmen mich ins Kreuzverhör: „Wie kannst du, ein deutscher Junge, zu den Zuchthäuslern und Bolschewisten überlaufen?"

Ich scheute die offene Konfrontation. Sie waren in der Mehrzahl. Aber ich schloss mich enger an jenen älteren Kameraden an, der über die Meute nur lachte. „Tu was du für richtig hältst Junge", sagte der Ältere, „allen kannst du es nicht recht machen. Du musst allein deinen Weg finden. Gegner wirst du in deinem Leben noch viele haben. Also lerne zu kämpfen, aber mit dem Kopf!"

Gemeinsam gingen wir zu jedem politischen Vortrag, der uns interessierte.

Die „Heldendörfer"

Nach den Geschichtsvorträgen blieben manchmal besonders interessierte Zuhörer, Gefangene, und einzelne aufgeschlossene Lehrer, Dozenten in Uniform, ins Gespräch vertieft sitzen. Wir sprachen über das im Krieg Erlebte, jeweils auf der anderen, feindlichen Seite der Front. Der Schrecken des Krieges war uns und unseren russischen Dozenten in dieser Zeit noch nah und gegenwärtig. Fast alle Lektoren hatten in Offiziersrängen am Krieg teilgenommen.

Zu ihnen gehörte auch ein ehemaliger Regimentskommandeur, ein Oberstleutnant, ein guter Pädagoge, der sich besonders viel Mühe mit uns jungen deutschen Kriegsgefangenen gab. Auf unsere Nachfrage berichtete er uns von Operationen, an denen sein Regiment beteiligt gewesen war. Er sprach so anschaulich und lebhaft, dass mir noch einige der erzählten Begebenheiten in Erinnerung sind.

Hier sind seine Geschichten. Die erste Episode spielte sich am Anfang des Krieges ab.

„Zwischen unseren und den feindlichen deutschen Truppenteilen verlief ein Sumpfgebiet. Es bildete sozusagen die natürliche Frontlinie, die beiden Seiten unpassierbar schien. Kein geschulter Militär hätte durch das Moor einen Angriff gewagt. Doch ich wurde zum Divisionskommandeur einbestellt und erhielt von ihm einen Befehl, der mir die Tränen in die Augen trieb.

Eines meiner Bataillone sollte einen Scheinangriff gerade durch dieses Sumpfgebiet unternehmen, lautete der Befehl. Die vorgetäuschte Attacke sollte den Rückzug der Division decken, die vor den überlegenen Deutschen zurückweichen musste.

Mein Divisionskommandeur wusste, was er von mir verlangte. Um Tausenden russischen Soldaten das Leben zu retten, ging eines meiner Bataillone – 250 Menschen – in den fast sicheren Tod.

Es war die schwerste Entscheidung meines Lebens.

Ich habe meinen Unterstellten die Lage geschildert. Einer meldete sich freiwillig für den Vorstoß. Ich lehnte ab, da er Familie besaß. Er würde als Spezialist für besondere Aufgaben beim Rückzug gebraucht, habe ich mein Nein mit einer Notlüge begründet.

Schließlich hat sich ein anderer zögernd gemeldet, um die Aufgabe zu übernehmen, ein junger Absolvent der Offiziersschule. Beide schlossen wir uns fest in die Arme. Wir wussten – wir würden uns nicht wiedersehen. Die Scheinattacke gelang. Die Division konnte sich in sicheres Terrain zurückziehen. Zwei Drittel des Bataillons wurden aufgerieben, die meisten der Männer von den Deutschen getötet. Aber auch sie haben dem Feind Verluste zugefügt. Einige unserer Soldaten konnten sich wie durch ein Wunder wieder zur Division durchschlagen. Und – wer kann meine Freude ermessen – als auch der junge Freiwillige dabei war."

Die Geschichte, die der Kommandeur erzählt hatte, hatte mich in den Bann gezogen. Ich achtete ihn und seine Leute, obwohl sie auf der „anderen", der feindlichen Seite der Front gekämpft hatten.

Und das ist die zweite Geschichte des Regimentskommandeurs, die viel von der „russischen Seele" offenbart.

„Mein Regiment hatte den Auftrag, Benzinfässer zum Front-Flughafen zu befördern. Mit 10 voll beladenen LKWs begannen wir die Fahrt. Zum Schutz vor Fliegerangriffen hielten unsere Fahrzeuge großen Abstand. Aber gleich nach dem ersten Angriff – die Deutschen störten mit ihren Flugzeugen zielgerichtet unseren Nachschub – waren einige Fahrzeuge fahruntüchtig. Drei oder vier LKWs flogen in die Luft. Mit den verbliebenen Fahrzeugen ging die Fahrt weiter. Neuer Angriff am nächsten Tag. Beim dritten Angriff zerstörten die Deutschen die letzten Fahrzeuge. Aber viele Benzinfässer waren nicht explodiert. Wir konnten sie retten und in Büsche beiseite schaffen.

Aber wie weiter? Der Befehl musste ausgeführt werden. Außerdem benötigten die Flieger das Benzin, um zum Schutz der Landstreitkräfte wieder aufzusteigen. Es galt, Mittel und Wege zu finden, den Treibstoff an die Front zu bringen.

Einer meiner Kommandeure schlug vor, Panjewagen und Pferde zu besorgen. Doch die Ställe der Bauern waren bis auf wenige Tiere schon leer. Eine andere Lösung gab es aber nicht. Wir schickten eine Abordnung in das zig Kilometer entfernte nächste Dorf. Es dauerte fast einen Tag, ehe wir am Horizont den ersten Panjewagen näher kommen sahen.

Der Chef des kleinen Trupps, der von den Bauern die Pferde geholt hatte, berichtete: Manche hatten das letzte Pferd gegeben und geweint. – ‚Nimm Söhnchen, es ist für die Heimat.‘

Andere Pferde mussten unter Berufung auf das Kriegsrecht beschlagnahmt werden. Meinem Sergeant hatte das Herz geblutet. Doch es galt, das Benzin an die Front zu schaffen, um Menschenleben zu retten. Während die deutschen Flieger Angriffe flogen, waren unsere Bodentruppen schutzlos. Die Piloten warteten auf Treibstoff.

Mit den Panjewagen und den Restfässern ging es weiter in Richtung Flughafen. Mehrmals wurde unsere Kolonne noch angegriffen. Die Deutschen schossen gezielt und zerstörten nacheinander Wagen für Wagen. Bei Angriffen ließen unsere Soldaten die Fässer so schnell wie möglich vom Wagen rollen, so dass viele der Behälter mit dem kostbaren Benzin den Beschuss heil überstanden.

Doch was nun? Diese Frage stand erneut. Es gab keine Autos, keine Panjewagen mehr. Die Situation schien aussichtslos. Doch der Druck und das Wissen darum, dass unsere Landsleute Fliegerangriffen ohne Luftgegenwehr ausgesetzt waren, schärfte unsere Gedanken. Ein junger Soldat schlug vor: ‚Und wenn wir die Fässer mit der Hand weiterrollen?‘ Die anderen lachten ihn aus.

Wir waren ja nur ein paar Mann. Wir hätten nur wenige Fässer fortrollen können. Was wurde aus den anderen Tonnen? Und es blieben noch fast 15 Kilometer bis zum Flughafen!

Ein älterer Kraftfahrer pflichtete dem Jungen bei: ‚Deine Idee ist goldrichtig. Ich gehe ins nächste Dorf; und wenn es keine Wagen mehr gibt, bringe ich Menschen mit.‘

Stunden vergingen. Es wurde bereits Nacht. Dem alten Soldaten folgten tatsächlich viele Dorfbewohner, auch Halbwüchsige und Frauen. Noch in der Nacht rollten wir mit unseren Helfern die Fässer ins nächste Dorf – nicht wenige Kilometer. Der alte Soldat machte den Vorboten und ging voraus in ein Dorf, das nur noch ein paar Kilometer vom Flugplatz entfernt lag. Dort fand sich eine neue ‚Rollmannschaft‘ zusammen, ebenfalls aus Dorfbewohnern. Die erste erschöpfte Mannschaft konnte ausruhen, die zweite rollte die Fässer weiter.

In den frühen Morgenstunden haben wir mit unseren Helfern aus dem Dorf das Ziel erreicht. Auf dem Flugplatz liefen Flieger und Bodenpersonal zusammen. Sie konnten kaum glauben, was sie sahen. Strahlend lagen sich Frauen, Kinder, Soldaten und Flieger in den Armen.“

Diese Episode, so schloss der Offizier seine Erzählung, sei in das Kriegstagebuch seiner Division aufgenommen worden. Mehrere russische Zeitungen hatten über die „zivile Benzinstaffel“ berichtet. Für ihren Mut sind später die Bewohner der beiden Dörfer ausgezeichnet worden.

Ich habe später noch viel über den Einsatz sowohl der Soldaten der Roten Armee als auch von Zivilisten zum Schutz ihrer Heimat gelesen und gehört. Doch die Geschichten des Regimentskommandeurs sind mir nie aus dem Sinn gegangen. Manchmal habe ich sie weitererzählt.

Es sind stille Geschichten, die keines Kommentars bedürfen. Ihre „Helden“ haben – unter Einsatz ihres Lebens – in schwerer Zeit das Notwenige getan.

Der erste „Ausgang"

Das Lager in Wladimir war von einem Zaun aus Holz und Draht umschlossen. Am Tor befand sich ein Wachhäuschen, in dem die Posten ständig wechselten. Niemand von uns Kriegsgefangenen konnte das Gelände – außer auf dem Weg zur Arbeit, begleitet von Posten – jemals verlassen.

Das Traktorenwerk lag etwas außerhalb der Stadt, ebenso wie die Wohnhäuser, die wir in der Nähe der Fabrik für die Traktorenbauer errichteten. Vom Ort selbst hatten wir zwar schon gehört, jedoch noch nichts von der angeblich so schönen Altstadt gesehen. Wladimir, so hatte uns einer der Dozenten erzählt, sei früher Sitz russischer Großfürsten und eines Metropoliten (Erzbischof) – das politische Herz Russlands – gewesen.

Die meisten Gefangenen interessierte die Geschichte Wladimirs nicht sonderlich. Sie hofften lediglich, in dem im Großen und Ganzen gut organisierten Lager noch bis zum Ende der Gefangenschaft ausharren zu können. Noch immer plagte viele die Furcht davor, noch weiter nach Osten, in die Erzgruben oder zu den Bauplätzen Sibiriens, verlegt zu werden. Sibirien – dieser weite Landstrich hinter dem Ural war für uns gleichbedeutend mit Dauerfrost und Straflager.

Das änderte sich auch nicht, als gegen Ende der Gefangenschaft einige Kriegsgefangene aus dem Kusnezk-Becken nach Wladimir verlegt wurden. Sie erzählten von der Knochenarbeit in den Kohlengruben, für die sie – ebenso wie die dort beschäftigten Russen – auch als Gefangene Zusatzverpflegung erhalten hatten, auf die sie nun verzichten mussten. Aber sie berichteten auch vom Reichtum, ja der wunderbaren Schönheit der sibirischen Natur in einigen Regionen. Die meisten „alten Wladimirer" glaubten diesen „Naturschwärmern" nicht.

Aber zurück ins Lager: Die Kulturabteilung kündigte an, dass Interessierte sich für den folgenden Sonntag zu einem „Ausgang" in die Altstadt Wladimirs anmelden könnten. Das war eine aufregende Neuigkeit. Wir saßen seit Jahren fest hinter Lagerschranken; erstmals würden wir wieder, wenn auch nur für wenige Stunden, die „Normalität" bei einem „Spaziergang" durch eine belebte Stadt kennen lernen, vielleicht auch auf Zivilisten treffen. Wir hatten fast verlernt, wie der Alltag aussah.

Eine Liste wurde herumgereicht. Natürlich trug ich mich ein. Selbstverständlich gab es auch diesmal wieder von den „Endsiegern" Sticheleien: „Haltet schön Händchen mit den Posten, wenn ihr mit ihnen durch die Stadt marschiert!" Ca. hundert Gefangene aus verschiedenen Kompanien fanden sich am Sonntag am Tor ein. Es dauerte ein Weilchen, ehe sich alle, die sich in die Liste eingetragen hatten, versammelt hatten. Aufgeregt und erwartungsvoll war ich nämlich mit zwei, drei anderen Kameraden viel zu früh beim Sammelplatz erschienen.

Der Kulturoffizier kam und brachte einen Zivilisten mit, den er uns auf Deutsch als einen Museumsdirektor aus Wladimir vorstellte. Er sollte die „Stadtführung" leiten. Der Offizier befahl, das Lagertor zu öffnen und rief: „Gehen wir!" Aber nichts geschah. Wir rührten uns nicht vom Fleck. „Worauf warten Sie?", fragte verblüfft der Offizier. Wir hielten nach den Posten Ausschau, die uns auf unserem ersten Ausgang begleiten sollten. Ohne Posten, so die eiserne Regel, kein Schritt aus dem Lager.

Der Kulturoffizier lachte: „Heute, am Sonntag, gehen wir ohne Posten!" Er musste den ersten Gefangenen beim Arm nehmen und vorwärts schieben. „Marsch!" Erst auf diesen Befehl hin setzten wir uns, noch immer verwundert, in Bewegung.

Warum man auf die Posten verzichten konnte? Es lohnte sich nicht, aus dem Lager zu fliehen. Wir befanden uns etwa 2 000 km von der Heimat entfernt. Quer durch das riesige, unbekannte Land, ohne Verpflegung und Papiere, wäre es wohl niemandem von uns gelungen, sich nach Deutschland durchzuschlagen. Mir ist kein einziger solcher Versuch bekannt. Er wäre einem Selbstmord gleichgekommen. Außerdem hatten sich zu diesem Zeitpunkt – Anfang 1948 – die Verhältnisse in den Lagern auch schon weitgehend normalisiert. Die „Lagerschule", die vielen Veranstaltungen und Sportmöglichkeiten, trugen fast „zivilen" Charakter. Selbst Theaterstücke sind in Wladimir von uns aufgeführt worden! Um auch die Frauenrollen ausfüllen zu können, ging es des Öfteren nicht ohne Verkleidung ab. Die Lacher hatten wir, wie man sich denken kann, von vornherein auf unserer Seite.

In der Stadt angekommen, übernahm der Museumsdirektor die Führung. Ein Dolmetscher übersetzte seine Erklärungen zu den einzelnen Gebäuden. An vielen Plätzen, Bauten und Ecken der geschichtsträchtigen Altstadt wurde Halt gemacht. Nun, heutige Touristen wissen ja, wie solche Führungen ablaufen. Teils waren nur noch Reste der historischen Bauten erhalten. U. a. besichtigten wir den uralten, teils zerfallenen Fürstensitz – den Kreml mit seinen zwei Kathedralen aus dem 12. Jahrhundert.

Zum Kreml gelangte man durch das weltbekannte steinerne „Goldene Tor", das ebenfalls zur Blütezeit der großen Handwerker- und Kaufmannsstadt entstanden war. Wir durften eintreten in die historischen Mauern. Der Museumsdirektor berichtete vom Aufstieg und Vergehen dieser Wiege Russlands, die später von Moskau als Residenz abgelöst worden ist. In den Räumen des Tores bildete ein Modell mit zahlreichen Figuren den Ansturm der Mongolen auf die wohlhabende Stadt nach. Die Einwohner hatten dem Angriff heldenhaft widerstanden.

Immer wieder, auch hier, während der Erklärungen des Museumsdirektors, stießen wir auf diese tiefen Gefühle der

Russen für ihr Land – ihre Heimat, die sie zu verteidigen wussten – zu „Mütterchen Russland".

„Hierher müsste man in friedlicheren Zeiten noch einmal reisen", darüber war ich mir mit den meisten meiner Kameraden einig.

Während wir durch die Stadt gingen, sahen wir in Parks und auf den Straßen viele Menschen, die es uns gleichtaten. Sie gingen spazieren, schlenderten durch die Altstadt, besuchten Museen. Wehmütig sahen wir besonders den jungen Paaren hinterher. Wann würden wir unsere Mädchen und Frauen wieder bei der Hand halten, unbeschwert mit ihnen lachen, Ausflüge unternehmen können?

Zum Abschluss erläuterte uns der Museumsdirektor noch die Pläne Wladimirs für die Zukunft. Die Stadt sollte als Zentrum des Maschinen- und Traktorenbaus weiter ausgebaut werden. Noch nicht ganz fertig gestellt, lieferte das Traktorenwerk seine Zugmaschinen schon in viele Landesteile. Die Produktion sollte aber noch bedeutend gesteigert werden. Für die Ansiedlung von Arbeitern entstanden zahlreiche Neubauten – „Aber das wissen Sie ja selbst", sagte er, „Sie helfen ja beim Aufbau mit." Wir nickten. Wahrscheinlich waren wir auch ein wenig stolz auf seine anerkennenden Worte. Es geschah nicht so oft, dass man uns, die Feinde von einst, lobte. Wir bekamen das Gefühl, dass unsere schwere Aufbauarbeit wertvoll und sinnvoll war.

Der Ausgang war schön, etwas Besonderes im eintönigen Lagerleben. „Spassibo", bedankten wir uns zum Abschluss des Rundgangs auf Russisch beim Museumsdirektor und beim Kulturoffizier. Im Lager angekommen, begrüßten uns die ersten Neider. – „Was soll an den ollen Ruinen und Kirchen schon Besonderes sein?" Sie wollten kaum glauben, dass wir – fast wie Touristen und noch dazu ohne Posten! – die Stadt erkundet hatten. Wir hätten doch mitgehen sollten, ärgerten sich viele.

Ich aber habe damals nicht im Traum daran gedacht, dass ich 30 Jahre später wieder durch Wladimir, diesmal mit meiner Frau und als Tourist, spazieren gehen würde. Ich erkannte vieles wieder, den Kreml, die Kathedralen und das berühmte „Goldene Tor". Es war ein schönes Gefühl, in den Straßen von damals – nun als freier Bürger – entlangzugehen.

Der Brotladen

An den Januar 1948 werden sich sicher viele ehemalige russische Kriegsgefangene erinnern können. Damals wurde auf Beschluss der sowjetischen Regierung die Rationierung für Brot im ganzen Land aufgehoben. Wir Gefangene in Wladimir hofften, dass sich nun auch die Versorgung unseres Lagers verbessern würde. Wie wichtig Brot für unser Leben in Gefangenschaft war, wird heute niemand mehr ermessen können. Mit dem Brot ist es wie mit Salz: Man bemerkt nur, wenn es fehlt.

Aber wir hofften vergebens. Die Brotrationen im Lager wurden nicht erhöht. Mehr als die üblichen 600 g gab es nur bei Normübererfüllung – 800 g. Die Norm zu überbieten, fiel jedoch fast allen sehr schwer. Viele Gefangene waren zu jener Zeit, nach mehreren Lagerjahren, schon zu enkräftet.

Wir mussten demnach Schleichwege finden, um an zusätzliches Brot heranzukommen. Das Brot war jetzt gegen Rubel und Kopeken, die russische Währung, erhältlich. Wir brauchten demnach Geld, um unseren Speiseplan aufbessern zu können.

Aber wie kamen wir, eingesperrt hinter Lagermauern, an das russische Geld? Wir begannen, in den freien Abendstunden Gebrauchsgüter für die russische Bevölkerung herzustellen. Unsere „Produktion" war vielfältig. Von der Tabaksdose bis zur formschönen Babywiege entstanden die unterschiedlichsten Gegenstände im Lager. Manche Gefangene, einige von Haus aus Handwerker, brachten es bei der Bastelei fast zur Kunstfertigkeit.

Freilich musste das Material für unsere Handwerksarbeiten zuvor „organisiert", also z. T. auf der Baustelle geklaut werden. Den Posten des Lagers blieb unsere „Nebenbeschäftigung" nicht verborgen. Sie drückten häufig beide Augen zu und sahen weg. Schließlich mussten Wiegen, Schemel, Fußbänke u. a. auch aus dem Lager hinausgeschmuggelt werden.

Für unsere Ware erhielten wir Rubel. Mit den Rubeln konnten wir im „Magasin", dem russischen Kaufladen, Brot kaufen. Das war sehr aufregend, auch für uns Deutsche. Ältere werden sich erinnern, dass es in Deutschland sowohl in den letzten Kriegsjahren als auch in der schweren Nachkriegszeit Brot und viele andere Lebensmittel nur auf Marken gegeben hat. Nun hielten wir Rubel, „richtiges" Geld, in den Händen. Ein gültiges Zahlungsmittel, mit dem man die Ware tatsächlich bezahlen konnte.

Allgemeines vergisst man, Besonderes bewahrt das Gedächtnis über die Jahre auf. Ich hatte schon mehrmals Brot im „Magasin" gekauft, als es bei einem weiteren Einkauf zu einem Zwischenfall kam.

Ich stand in der Schlange vor dem Brotregal an; beim Posten hatte ich mich abgemeldet. Der Duft von frischem Brot erfüllte den Laden. Vor mir warteten vier oder fünf Russen, ältere Männer und Frauen. Sie unterhielten sich auf Russisch. Plötzlich kam ein Junge auf mich zu, den ich zuvor nicht gesehen hatte, vielleicht 13 oder 14 Jahre alt. Er griff mich beim Arm und riss mich aus der Schlange heraus. Dann schrie er mich auf Russisch an. Ich verstand nur ein paar Brocken. „Brot" – „Chljeb", „Deutscher" – „Njemetz" und „Faschist". Aber seine Gesten waren deutlich. Der deutsche Faschist braucht kein Brot!, sagten sie.

Die Aufregung des Jungen kann ich heute, viele Jahre danach, durchaus verstehen. Er war jung, noch immer flammend mit Hass gegen das zuvor faschistische Deutschland erfüllt. Wer weiß, welches Schicksal seine Familie oder Menschen, die ihm nahe standen, während des Krieges erlitten hatten. Reaktionen wie diese im Laden hatte ich auch schon vorher öfter erlebt. Nicht viele, aber einige der Bewohner des Viertels, in dem wir arbeiteten, beschimpften uns noch immer als „Faschisten“, die ihr Land verwüstet hatten. Einmal habe ich gesehen, wie ein alter Mann am Straßenrand wütend vor uns ausspuckte. Von anderen Einwohnern hatten wir dagegen versöhnliche Gesten und Freundlichkeit erlebt.

Ich war erschrocken, machte ein paar Schritte zurück – auf die Ladentür zu. Da packte mich ein Mann am Arm. Es war ein älterer Russe. „Stoi!“, forderte er mich auf. „Bleib stehen!“ Dieser Mann wies den Jungen barsch zurecht. Herausgehört habe ich: Dieser Gefangene arbeitet hart für das Traktorenwerk. Wer arbeitet, soll auch essen.

Er bedeutete dem Jungen, den Laden zu verlassen und schob mich in die Schlange zurück. Ein paar Frauen nickten zustimmend. Sie tauschten ihre Meinung über das Vorgefallene aus. Der Krieg war vorbei, wir leisteten Wiedergutmachung für Deutschlands Verbrechen, arbeiteten hart auf Russlands Baustellen. Es war Zeit für versöhnliche Zeichen gekommen.

Ich hatte mich während des Vorfalls ängstlich zurückgehalten. Ich wusste ja nicht, wie die Menschen im Laden reagieren würden. Als ich wieder in der Reihe stand, schaute ich zu dem Russen hin und bedankte mich mit Augen und Worten: „Bolschoje Spassibo“ – „Schönen Dank“.

Auf der Baustelle und abends im Lager berichtete ich den Kameraden von dem Vorfall. Dabei fiel mir eine Geschichte aus der Heimat ein, die viel Ähnlichkeit mit der Begebenheit im Laden hatte.

Wir Jugendlichen waren im Krieg fast alle als Erntehelfer eingesetzt worden. Bei dem Großbauern, für den ich arbeitete, waren auch Polen und gefangene Franzosen tätig. Die Franzosen aßen gern Weißbrot und liebten Kuchen über alles. Auf dem Lande konnte man damals noch ab und zu Kuchen oder Brot ohne Marken erhalten. Doch an Gefangene oder gar polnische Zwangsarbeiter wurde nichts verkauft. Wer einem Gefangenen half, so die Parole, half dem Feind! Also bekamen die Gefangenen aus Frankreich beim Bäcker im Dorf nichts.

Eines Tages sprach mich ein Franzose an, der mich und meinen Freund immer nett und freundlich behandelt hatte. Ein Kamerad hätte Geburtstag, sagte er. Ob das stimmte, wusste ich nicht. Und ob ich für ihn drei Stücke Kuchen im Bäckerladen kaufen könnte. Er sah mich bittend an.

Ich wusste, dass ich mich in einer heiklen Situation befand. Durfte ich, ein treuer deutscher Hitler-Junge, dem Feind helfen?

Zwei oder drei Stunden überlegte ich, während wir Kartoffeln sammelten. Es war für mich damals eine schwere Entscheidung. Schließlich kaufte ich unter Gewissensbissen den leckeren Kuchen. Einer der Franzosen hatte schließlich Geburtstag. Der Franzose strahlte mich an, als ich ihm den Kuchen gab – „Merci, mon ami!"

Bei dem einen Mal blieb es nicht. – Die Franzosen feierten ihre Geburtstage anscheinend viel öfter als wir! Ich kaufte mehrmals für sie Kuchen und Brot. Die Bäckersfrau hatte Verständnis für uns Jungen aus der Stadt und steckte uns das Gebäck ohne Marken zu: „Ihr Städter, ihr habt wohl immer Hunger!"

Jedes Mal bangte ich neu: Wenn sie mich nur nicht erwischen. Ich bin doch schließlich ein gehorsamer deutscher Junge.

Heute weiß ich, dass jede menschliche Geste – ein Lächeln, ein freundliches Wort oder ein Gruß – uns Kriegsgefangenen und den Zwangsarbeitern, ob Franzose, Pole, Russe oder Deutscher, das Leben in schwerer Zeit ein klein wenig leichter gemacht hat.

Der „verhasste" Bolschewismus

Die Themen der nächsten Vorträge im Lager wurden jeweils an Wandzeitungen und Aushängen in den Kompanien bekannt gegeben. Unter den neu angekündigten Vortragsthemen sprang mir eines Tages ein Motto sofort ins Auge: „Was ist Bolschewismus?", fragte in großen Lettern eine Überschrift für einen der nächsten Vortragsabende.

Ich erschrak fast angesichts dieser Überschrift. „Bolschewismus", das schien mir gleichbedeutend mit einem starken Schimpfwort zu sein. Den verhassten „Bolschewismus" auszurotten, hatte zu den Hauptzielen des deutschen Angriffs auf die Sowjetunion gezählt. Im Bolschewismus und den Juden hatte Hitler bereits in dem 1925 veröffentlichten ersten Teil von „Mein Kampf" seine Hauptfeinde gesehen. Gegenüber dem „Iwan" wagten wir deshalb das Wort Bolschewismus nicht mehr in den Mund zu nehmen und selbst unter uns Gefangenen nur leise auszusprechen.

Nun sollte also der „Bolschewismus" das Thema eines der nächsten Vorträge sein. Sollte ich hingehen, um mir anzuhören, was die Russen unter dem Begriff „Bolschewismus" verstanden? Etwas Negatives schienen sie offensichtlich nicht mit diesem Wort zu verbinden.

Ich erinnerte mich an das, was man uns in der Heimat über den russischen Bolschewismus erzählt hatte. Einmal – es mag im Jahr 1942 gewesen sein – besuchte unsere Schulklasse in meiner Heimatstadt Stettin eine Großausstellung über Russland. Vor dem Eingangstor „begrüßte" ein riesiges Plakat die Besucher: Ein affenähnlicher,

Furcht erregender Russe, ein „Untermensch", sogar mit zwei Hörnern „verziert", schaute auf uns herab.

Wie das Eingangsplakat so die Ausstellung, die sich in Hetztiraden über den russischen Bolschewismus erging. Bolschewisten mordeten, plünderten, vergewaltigten – diese Gewissheit sollten die Besucher von der Schau mit nach Hause nehmen. Sie lebten primitiv, hausten in Massenunterkünften, schliefen in riesigen Schlafsälen. Eine Frau gehörte dem, der sie sich gerade nahm.

Diese Schau appellierte an die niedersten Instinkte der Besucher, die sehr zahlreich erschienen. Ganze Schulen und Firmen mussten geschlossen hingehen. Die Ausstellung sollte Hass schüren. Sie sollte auch uns Schüler, künftige Soldaten des Führers, einschwören auf unseren Einsatz im Krieg gegen die Sowjetunion, der bereits ein Jahr zuvor begonnen hatte. Sicher erinnern sich auch noch andere Menschen meines Alters an die Hetzausstellung, die als Wanderschau durch zahlreiche Städte zog.

Im Fach Geschichte schrieben wir einen Aufsatz über das, was wir in der Ausstellung gesehen und gelernt hatten. Das Fazit lautete: „Deutschland ist dazu berufen, den Bolschewismus zu vernichten."

Kritik wagte kaum jemand an der Ausstellung zu äußern. Von Aktionen gegen diese Gräuelpropaganda in Stettin ist mir nichts bekannt. Jedoch wurde im Mai desselben Jahres von Mitgliedern der jüdischen Widerstandsgruppe um Herbert Baum in Berlin die Hetzausstellung „Das Sowjetparadies" in Brand gesetzt. War es dieselbe Ausstellung, die ich in Stettin gesehen habe? Ich kann es nur vermuten. 28 Mitglieder der antifaschistischen Gruppe Baum wurden hingerichtet und mehr als 50 zu hohen Zuchthaus- und Gefängnisstrafen verurteilt. Ein Teil von ihnen starb in den Gaskammern der KZ.

Vielleicht kann der Leser nun meine Vorbehalte gegen das Wort „Bolschewismus" verstehen. Der Vortragssaal, in dem es um das umstrittene Thema gehen sollte, war gerammelt voll. Der Dozent, ein Universitätsprofessor, wurde vorgestellt. Er sprach nur Russisch, weshalb ein Dolmetscher übersetzen musste.

Der Dozent befasste sich einleitend mit dem Wesen der Sprache. Ein Wort, so hörten wir, bezeichnet ein Ding, eine Sache. Es beschreibt einen äußeren Gegenstand oder Sachverhalt. Jedes Wort hat eine bestimmte Bedeutung. Manchmal bekommen Wörter ein Eigenleben. Sie werden von ihrer Bedeutung losgelöst. Man missbraucht sie. Sie haben dann im allgemeinen Sprachgebrauch einen Bedeutungswandel durchgemacht.

„So", sagte der Dozent, „hat es die deutsche Propaganda mit dem Wort ‚Bolschewismus' gemacht."

Ein Murren ging durch den Saal. Der Dozent reagierte darauf. „In der Wissenschaft muss man mit Beweisen arbeiten", erklärte er.

„Fragen wir also nach der Bedeutung des Wortes Bolschewismus!", forderte er uns auf. Er nahm ein Stück Kreide und ging zur Tafel. Er zeichnete in der Mitte einen senkrechten Kreidestrich.

Er drehte sich um und fragte ins Publikum hinein: „Wie heißen auf Englisch und Französisch die Worte ‚Mehrheit' und ‚Minderheit'?" Einige unter den Zuhören wussten es und riefen in Englisch nach vorn: „Majority" – Mehrheit, und „Minority" – Minderheit. Und dann auf Französisch: „Majorité" und „Minorité".

„Richtig", stellte der Dozent befriedigt fest. Auf jede Seite des Kreidestrichs schrieb er die Übersetzungen.

„Und nun auf Russisch!", drängte der Dozent. Selbstverständlich sprach von uns niemand so gut Russisch, um seine Frage beantworten zu können. Der Professor erklärte: „‚Bolsche' heißt ‚mehr', ‚Bolschistwo' die ‚Mehrheit'. Und ‚Mensche' heißt ‚weniger', ‚Menschinstwo' die ‚Minderheit'."

Er schrieb die genannten Wörter an die Tafel zu den übrigen.

„Gut, nachdem das geklärt ist, können wir uns der Geschichte zuwenden", sagte der Dozent. Er erklärte, dass sich auf dem 2. Kongress der Sozialdemokratischen Partei Russlands 1903 eine Mehrheitsfraktion – die Bolschewiki – und eine Minderheitsfraktion – die Menschewiki – gebildet hätten. In ihr Programm nahm die Mehrheit schon damals – Anfang des 20. Jahrhunderts – die Forderungen auf: Festsetzung des 8-Stundentages für die Arbeiter, Beseitigung der Reste der Leibeigenschaft auf dem Lande, Zumessung von Land an die Bauern.

Aus der Mehrheitsfraktion um Lenin hätte sich später die Kommunistische Partei der Sowjetunion formiert. „Die Herrschaft der Bolschewiki", so endete er, „bedeutet also lediglich Herrschaft der Mehrheit."

Ein Gefangener rief laut in den Saal: „Das konnten wir doch nicht wissen!"

„Das glaube ich Ihnen", sagte der Professor. „Die deutsche Propaganda hat das Wort bewusst verfälscht. Aber denken Sie nach. Ging es nicht auf jenem Parteitag 1903 sehr parlamentarisch zu? Die Mehrheit hat die Minderheit überstimmt. Ganz demokratisch!"

Die Mehrheit der Gefangenen war über das eben Gehörte verblüfft. Die anschließende Diskussion verlief lebhaft und dauerte länger als geplant. Auch auf dem Weg in die Unterkünfte setzten wir die Diskussion fort.

Leider muss man sagen, dass auch heute noch, nach 50 Jahren, die Konservativen Missbrauch mit den Begriffen „Bolschewismus", „Kommunismus" oder auch „Sozialismus" treiben. Geht man auf ihren Ursprung zurück und fragt unvoreingenommen nach ihrer Bedeutung, bezeichnen all diese Wörter Menschheitsutopien. Sie sprechen vom Traum der Menschen von einer besseren und gerechteren Welt.

Der Koffer

Im Frühjahr 1948 kursierten die unterschiedlichsten Gerüchte unter den Gefangenen. Wir hörten davon, dass Gefangenentransporte vorbereitet würden. Die Optimisten vermuteten: Es geht bald in die Heimat. Die Pessimisten behaupteten: Es geht in die andere Richtung, nach Sibirien. Die Diskussionen zerrten mächtig an den Nerven. Manchmal kam es fast zu Handgreiflichkeiten zwischen den Parteien.

Um Genaueres zu erfahren, suchte ich einen Freund aus der Kulturabteilung auf. Er wollte Gerüchte über eine baldige Heimkehr nicht bestätigen, widersprach ihnen aber auch nicht. Als Optimist nahm ich das als gutes Zeichen und fühlte mich bestärkt in meiner Hoffnung, bald nach Hause zurückkehren zu können. Die Miesmacher sagten: „Man hat dir einen Bären aufgebunden." Ich wollte mich nicht geschlagen geben, blieb aber doch ein wenig unsicher. Viel zu oft hatten wir schon gehört: „Skoro damoi" (bald nach Hause). Die falschen Versprechungen einiger Posten waren Wasser auf den Mühlen der „Endsieger" gewesen.

Aber in folgendem Spruch steckt viel Wahrheit im Leben: „Jeder Fluss führt manchmal viel, manchmal wenig und manchmal gar kein Wasser."

Die Optimisten, darunter auch ich, begannen trotz der Ungewissheit mit den „Reisevorbereitungen". In den Abendstunden wurden Geschenke für die Lieben daheim gebastelt. Aus Holz-, Stoff- oder Blechresten entstanden Tierfiguren, Marionetten, Puppen, Brettspiele, Tabaksdosen.

Hätte man all diese handgefertigten Gegenstände im Lager zusammengetragen, hätten sie gut und gern ein Spielzeuggeschäft oder einen Antiquitäten-, nein genauer Trödelladen gefüllt. Aber für uns waren diese kleinen, mit Sorgfalt und Liebe gefertigten Gegenstände Kostbarkeiten.

Niemand von uns hätte sein Mitbringsel aus fremdem Land, zu denen auch eingetauschte typisch russische „Matrjoschkas" – viele ineinander gesetzte kleine Holzpuppen – zählten, aus der Hand gegeben. Wer kein Talent zum Selbstbauen besaß, konnte sein Geschenk bei einem „Spezialisten" in Auftrag geben.

Das Bestellen war nicht schwer, die Bezahlung schon eher. Der Macherlohn bestand aus Brot, Tabak oder Zucker. Das heißt, für eine Puppe oder ein Spiel musste man fünf bis zehn Tage auf die halbe Ration verzichten und darben. Die Vorfreude auf die Heimat, Frauen, Kinder, Eltern, war aber so groß, dass viele Gefangene gern dieses wirklich große Opfer brachten.

Ich hatte in den Jahren der Gefangenschaft – allein in vier Lagern – viel gelernt. Ich konnte aus Rundholz Vierkanthölzer schlagen, Hauswände mauern, Gebäude verputzen, Dächer mit Holzschindeln decken, beim Bau von Dachstühlen zupacken, Hefte aus Zementsäcken anfertigen. Aber als Bastler fehlte mir jedes Talent.

Mein Wunsch war es, die Reise in die Heimat mit einem kleinen Koffer antreten zu können. Fast alle Gefangenen besaßen noch den alten Brotbeutel aus der Wehrmachtszeit. Andere hatten sich selbst Leinen-Rucksäcke zusammengenäht. Der eine oder andere verfügte, wie ich betrübt feststellen musste, über einen kleinen Holzkoffer. Solch einen Holzkoffer, den die Gefangenen der Lagertischlerei in ihrer Freizeit anfertigten, wünschte ich mir auch. Wie viel schöner wäre die Heimkehr mit einem richtigen Koffer als mit einem alten Wehrmachtsbrotbeutel! Als hätte ich vor mehr als drei Jahren nur eine längere Reise angetreten, von der ich nun wohlbehalten zurückkehrte …

Ich nahm Verbindung zu den Gefangenen in der Tischlerwerkstatt auf. Nur einer von ihnen fertigte die nützlichen kleinen Koffer an. Seine Bestellliste war lang. Ich musste noch ein wenig warten, bis er „meinen" Koffer in Arbeit nahm. Ein bisschen Angst hatte ich freilich vor dem Spott der „Endsieger" – „Wozu brauchst du in Sibirien einen Koffer?" Der Preis für den gewünschten Reisekoffer – ein Großteil meiner Rationen – würde sicher hoch sein. Aber selbst ein paar Tage Hungern wollte ich für das begehrte Stück in Kauf nehmen.

Der Tischler war ein freundlicher Mann. Über die Bezahlung verhandelte er nicht lange. Er sagte: „Das Brot brauchst du selbst, aber deinen Tabak würde ich nehmen." Ich hätte vor Freude an die Decke hüpfen können. Ich musste auf mein Brot nicht verzichten. Den Tabak, den ich selbst nicht brauchte, gab ich gerne für den Koffer her. Einen besseren Macherlohn konnte ich mir nicht wünschen. Aus Dankbarkeit, selbst als ich den Koffer schon längst erhalten hatte, bekam der Tischler auch weiterhin meinen Tabak.

Nun galt es, meinen kostbaren Koffer auch zu hüten. Es hieß, die Sprüche der „Endsieger" auszuhalten und darauf aufzupassen, dass mein Reisegepäck nicht wegkam.

In der Kulturabteilung stand ein großer Schrank. Nicht ganz selbstlos bot ich an, in meinem Koffer Bücher zu verstauen und den gefüllten Koffer im Schrank aufzubewahren. Den Wink mit dem Zaunpfahl haben die Kulturobleute offensichtlich verstanden. Sie stellten meinen schönen Koffer, bis oben mit Büchern gefüllt, in den Schrank und schlossen abends den Raum ab. Ich hatte nachts meine Ruhe, denn der Koffer war in Sicherheit.

Wann würde ich meinen Koffer zur Abreise wiederholen und packen können?

Mein Koffer stand mehrere Wochen in dem Schrank. Von baldiger Heimkehr war nicht mehr die Rede. Wieder einmal hatten wir uns vergeblich Hoffnungen gemacht. „Skoro damoi?" – Aber wann würde das sein?

Sicher fragt sich der heutige Leser: Was ist schon Besonderes an einem Koffer? Wie kann ich ihm erklären, welchen unersetzlichen Wert mein Koffer damals für mich besaß? Eventuell an einem Beispiel. – Vielleicht käme heute, in unseren Tagen, der Gewinn einer schönen Reise durch einen einfachen Arbeiter dem Besitz eines Koffers in Gefangenschaft gleich.

Mein Koffer „lebt" heute noch. Er ist nun schon über 50 Jahre alt. Darin liegen meine vergilbte Entlassungsurkunde aus sowjetischer Gefangenschaft und das Heft aus der „Lagerschule" in Wladimir, selbstgefertigt aus Zementsackpapier.

Meine Kinder kennen diesen Koffer seit langem. Meinen Enkeln, von denen einige heute etwa so alt sind, wie ich es damals in Wladimir war, habe ich den uralten Koffer und seinen Inhalt noch nicht gezeigt. Das sollte ich wahrscheinlich nachholen. Vielleicht können ihnen die alten Aufzeichnungen in Sütterlinschrift und der ein wenig ramponierte Bretterkoffer von der Jugend ihres Großvaters in Gefangenschaft mehr erzählen, als manche Worte es vermögen.

Der lange Mantel

Wie nützlich mir der Koffer später werden sollte, konnte ich im späten Frühjahr 1948 noch nicht ahnen. Denn vorerst – das Frühjahr verging und dann auch der Sommer – war von der Heimkehr nach Deutschland nicht mehr die Rede. Meine Tage waren angefüllt mit Arbeit, am Abend besuchte ich oft Vorträge. Immer wieder flackerten vereinzelt Gerüchte über baldige Transporte auf, die sich dann als falsch erwiesen. Aber der Tag der Heimkehr rückte unausweichlich näher: Gefangene aus dem Bahnhofskommando hatten bereits die ersten Heimfahrerzüge durch Wladimir rollen sehen.

Je nach dem Stand der Informationen war unsere Stimmung einmal froh und einmal traurig. An den frohen Tagen malten wir uns aus, wie wir unsere Lieben zu Hause in die Arme schließen würden, was wir in den ersten Tagen in Freiheit alles anstellen könnten, welche und wie viele appetitlichen Speisen wir verschlingen würden ...

Diejenigen, deren Haus und Hof noch standen, freuten sich ungetrübt auf zu Hause. Viele andere hatten wie ich die Heimat verloren. Wir wussten, dass unsere Familien als Umsiedler gedrängt in kleinen Kammern hausten und sich mit Wenigem behelfen mussten. Sie waren gezwungen, sich in der schweren Nachkriegszeit eine neue Existenz aufzubauen. Wie meine eigene Familie hatten viele Deutsche östlich von Oder und Neiße mit der Heimat für den Krieg bezahlen müssen, den Deutschland begonnen hatte.

Was würde uns erwarten? Besonders ältere und erfahrene Gefangene sagten, wenn wir um unsere verlorene Heimat trauerten: „Seid froh, dass ihr noch lebt und dass eure Angehörigen auf euch warten. Es gibt viele im Lager, auf die niemand mehr wartet."

Um über unsere zweifellos bald bevorstehende Rückkehr mehr zu erfahren, ging ich erneut zur Kulturabteilung. Mein Freund dort konnte oder wollte nichts Genaues sagen, aber ich hörte von ihm: „Die Bauarbeiter in den Kompanien müssen ihre Wattejacken abgeben. Das kann nur bedeuten, dass die Transporte bald beginnen. Die Russen werden euch doch nicht mit ihren Wattejacken nach Hause fahren lassen ..."

Das war einleuchtend. Doch in den nächsten Tagen rührte sich in unserer Kompanie nichts. Man muss bedenken, dass in Wladimir ca. 2 000 bis 3 000 Gefangene lebten. Ehe auch wir unsere Wattejacken abgeben mussten, vergingen noch zwei Wochen.

Aber dann, eines abends Ende August, kam der Leiter der Kulturabteilung mit einem russischen Offizier zu uns in die Kompanie. Trocken und knapp, als ob er uns die nächsten Arbeitsaufgaben erläuterte, teilte er uns mit:

„Übermorgen werden Ihre Wattejacken gegen Militärmäntel eingetauscht. Maurer, die Filzstiefel erhalten haben, geben die Stiefel an Sammelstellen ab!“ Mehr erfuhren wir nicht von ihm. Kein Wort über Transporte und die Rückkehr nach Deutschland. Wir zweifelten. War die Rückgabe der Jacken tatsächlich ein sicheres Zeichen für die baldige Heimkehr? Ich – als Optimist – war mir dessen sicher.

Der Umtausch der Jacken begann. Die Mäntel und Uniformjacken, die wir bekamen, waren meist nagelneu. Sie stammten offensichtlich aus alten Militärbeständen, die die Russen beschlagnahmt hatten. Nun kamen sie uns zugute. Beim Tausch nahmen es die Verantwortlichen im Depot nicht so genau. Für die Wattejacke konnte man einen Mantel oder, auf Wunsch, auch einen Uniformrock bekommen. Ich suchte ein wenig in den Kleidungsstücken. Dann erwischte ich einen schweren, großen Kraftfahrermantel. Er war grau und hatte ein molliges schwarz-graues Innenfutter.

In der Kompanie, als ich den Mantel vorführte, brach alles in Lachen aus. Denn der Kraftfahrermantel war riesig, einige Nummern zu groß für mich. „Was willst du Knirps denn mit dem langen Mantel“, spotteten die Kameraden. Aber bald verstummten sie. Ich hatte den extra-großen Mantel ja mit Absicht ausgewählt.

Ich wendete den Mantel von innen nach außen: „Schaut euch mal das Innenfutter an. Allein aus dem Futterstoff kann man Verschiedenes schneidern!“ Meine Mutter hat viele Jahre in Heimarbeit genäht. Ich wusste also genau, wovon ich sprach. „Und zu Hause in Deutschland gibt es alles auf Marken!“ Die Briefe aus der Heimat hatten von dem Mangel an vielem Lebensnotwendigem erzählt.

Die Kameraden waren baff. Das Lachen war ihnen vergangen. Auf eine solche Idee war noch keiner von ihnen gekommen. Aber in einer Familie mit fünf Kindern lernt man früh, zu sparen und aus Wenigem das Beste zu machen. Und hatten uns nicht auch die Russen gelehrt zu improvisieren?

Es war ja auch warm in diesem August, in dem wir Tag für Tag auf die Nachricht von unserem Rücktransport hofften. Ich musste also den langen Mantel auf der Heimfahrt nicht anziehen.

Als es schließlich so weit war und wir im Zug saßen, hat der weite und weiche Mantel mir gute Dienste geleistet: als doppelte Unterlage oder als Zudecke beim Schlafen. Während ich ihn nachts herausholte, wurde er am Tag im Koffer verstaut. Voller Vorfreude stellte ich mir vor, wie ich meiner Mutter den Mantel übergeben würde.

Ich dachte zurück an die Stettiner Kindheit. Was hatte meine Mutter für uns fünf Kinder oder für sich selbst und Vater nicht alles aus billigen Stoffen oder abgelegten Kleidungsstücken von Verwandten gezaubert! Vor den Kindern im wohlhabenden Vorderhaus mussten wir uns nicht verstecken. Wir Jungen in schicken Anzügen und unsere Schwester Elli im Kleidchen mit weißem Kragen, brach die Familie zum Sonntagsspaziergang auf. Meine Mutter besaß Phantasie und Geschmack, so dass wir mancher neuen Mode eher folgen konnten als die Vorderhaus-Kinder. Noch spät nachts saß sie oft an ihrer Nähmaschine im Wohnzimmer, dicht am Fenster.

Aber dann, zurück in der Heimat, kam alles ganz anders. Mutter war scheinbar um viele, viele Jahre gealtert. Sie war grau geworden. Den Verlust der Heimat, den Tod meines Bruders Karl an der Front und die schwere Krankheit meiner Schwester Elli hatten ihr viel von ihrer Lebenskraft genommen. Sie konnte nicht mehr gut sehen, musste auf das Nähen und Ändern verzichten. Ihre Nähmaschine hatte sie bei der Flucht aus Stettin stehen lassen müssen.

So wanderte der lange graue Mantel zunächst in eine Ablage im Schrank. Aber sehr lange blieb er dort nicht liegen. Es verging nur wenig Zeit, bis ich aus der Enge der elterlichen Einzimmerwohnung auszog. Ich lernte Mädchen kennen, schnell war „die Richtige" dabei, meine Frau Gudrun. Wir heirateten bald, obwohl wir noch sehr jung waren.

Zwei, drei Jahre nach unserer Hochzeit fiel mir in einem kalten Winter auf, wie wenig der Mantel meiner Frau – ein „Fähnchen" – sie wärmte. Mir kam der lange Kraftfahrermantel wieder in den Sinn.

Kurze Beratung, Militärmantel geholt, Schneider aufgesucht und den Fachmann um Rat gefragt. Es war ein guter Schneider, der auch die Kunst des Änderns beherrschte.

Das Innenfutter meines Mantels verwandelte sich in ein Prachtstück, einen schönen warmen Wintermantel, den meine Frau mehrere Jahre lang trug. In dieser Zeit, wo es noch alles auf Bezugsscheine bzw. Marken gab, war dieser Mantel, die „Abschiedsgabe" aus Wladimir, ein Geschenk.

Ich erinnerte mich an den Spott meiner Kameraden, als ich vor ihnen in dem Mantel auf- und abgelaufen war. Er hatte fast auf die Erde gereicht und ich war darin ganz und gar versunken. Aber meine junge Frau fand ich in diesem Mantel einfach schick. Das fanden auch der Schneider, Verwandte und Bekannte. Oft musste meine Frau die Frage nach der Herkunft des Stoffes beantworten. Im Kaufhaus und in Kurzwarenläden gab es nämlich zu jener Zeit solche Stoffe nicht.

Ob heute noch jemand meinen Stolz auf diesen Mantel nachvollziehen kann? Es herrscht an vielem Überfluss, die Moden wechseln, ehe man sich's versieht. Aber damals war dieser Mantel aus Uniformstoff ein Schatz. Verstehen werden das vielleicht nur diejenigen, die ähnlich schwere Zeiten durchgemacht haben. Aber ich bin sicher, dass es wichtig ist, sich hin und wieder auch der schweren Zeiten zu erinnern. Im Frieden vergisst man schnell, wie schrecklich Krieg ist.

Das Konzert unter freiem Himmel

„Hier gibt es ja mehr Kultur als zu Fressen!", sagte drastisch ein Kamerad, der vor der Informationstafel unserer Kompanie stand. Er las uns Hinzugekommenen laut einen Anschlag vor, der für den nächsten Sonntag ein „Konzert" im Lager ankündigte. Ein russisches Kulturensemble – Chor und Tänzer – sollte vor den Kriegsgefangenen in Wladimir auftreten. Ich nehme an, dass es auch in anderen Lagern solche Auftritte gegeben hat.

Aus heutiger Sicht würde ich sagen: Es war ein „Abschiedskonzert", das man uns bot. Aber damals, zwischen Hoffen und Bangen, als die Nachrichten über die bevorstehende Heimkehr täglich wechselten, sahen die meisten nur eine willkommene Abwechslung vom Lageralltag in dem Auftritt des russischen Ensembles. Die ewigen Nörgler meckerten natürlich: „Was will der Russe uns schon bieten!" Und: „Wozu russische Lieder, wir werden ja doch nichts davon verstehen!"

Das Konzert fand auf einer Wiese auf dem weitläufigen Lagergelände statt. Es war ein schöner warmer Sommertag. Wir lagerten unter blauem Himmel auf dem Rasen; vor uns eine provisorische Bühne aus schnell zusammengezimmerten Holzplanken. Die Leute von der Kulturabteilung hatten sogar einen Vorhang vor das niedrige Podest gespannt.

Trotz der möglichen Verständigungsprobleme waren halbe Kompanien zu der Wiese gekommen. Der Vorhang öffnete sich. Stille trat ein. Eine Frau – nicht in Uniform, sondern in hübschem zweiteiligem Kleid – begrüßte uns. Sie sprach, mit russischem Akzent, deutsch und sagte: „Unsere Sänger, Tänzer und Musiker möchten Ihnen mit Gesang und Tanz verschiedene Völker der Sowjetunion vorstellen."

Kaum war sie abgetreten, „stürmten", in großen Sätzen, mehrere Harmonikaspieler auf das Podest. Mit unglaublichem Temperament „bearbeiteten“ sie virtuos ihr Instrument. Augenblicke später drehten sich ein paar Paare in Nationaltrachten rasant im Rhythmus der Musik auf der Bühne. Sie stampften und schritten, klatschten in die Hände und feuerten sich juchzend an. Solisten lösten sich gegenseitig ab. Wenn sie von der Bühne wegschnellten, schienen sie kaum Bodenberührung zu haben. Das Tempo und der Schwung ihrer Darbietung rissen uns mit.

Als der Vorhang fiel, applaudierten auch Skeptiker. Wir kannten die Russen eher als behäbig, fast phlegmatisch. Es musste schon etwas Besonderes passieren, ehe sich einer unserer Posten aus der Ruhe bringen ließ.

Die junge Frau in dem schicken Kostüm kündigte jeweils an, aus welcher Region die nächste Gruppe kam: Usbeken in reich bestickten bunten Gewändern, Grusinier in langer, taillierter Tracht, Aserbaidshaner in weiten Pluderhosen und Ukrainerinnen mit bunten Bändern und Blumen im Haar. Die Kostüme übertrafen sich in Schmuck und Farbenpracht.

Ebenso die Leistungen der Tänzer und Musiker.

Die Sprecherin erklärte, was bisher kaum jemand von uns wusste: „In der Sowjetunion leben etwa 100 Nationen, Völkerschaften und nationale Gruppen.“ So viele? Wir hatten zwar bemerkt, dass auch unsere Posten verschiedenen Nationalitäten angehörten. Ich erinnere mich an Kasachen, Ukrainer, Weißrussen, Armenier u. a. Manchmal verständigten sie sich, während wir arbeiteten, in ihrer Muttersprache. Auch unser Russisch-Dolmetscher konnte – und sollte! – sie dann oft nicht verstehen. Aber dass sich diese Völkerschaften auch in ihren Kulturen, Tänzen, Liedern so stark unterschieden, überraschte uns am Tag des Konzerts doch.

Ich habe in meinem Leben Menschen vieler Nationen kennen gelernt. Engländer und Franzosen, die als Kriegsgefangene für die Stettiner Stadtverwaltung gearbeitet haben. Polnische Zwangsarbeiter, denen ich bei Arbeitseinsätzen auf den Feldern begegnet bin. Die rumänischen Docker im Hafen von Galati. Schließlich die „russischen" Posten aus „aller Herren Länder" der riesigen Sowjetunion.

Was ich dabei lernte, ist vor allem eines: Dass Menschen nicht nach Sprache oder Nationalität zu beurteilen sind, sondern nach ihrem Wesen und Handeln, das vor allem auch durch soziale Erfahrungen geprägt wird. Wird es große Unterschiede in der Weltsicht und Erfahrungswelt von Bergleuten aus Frankreich, Polen oder Deutschland geben? Oder ist es vor allem die Sprache, die sie voneinander trennt?

Wir mussten unser einseitiges „Russland-Bild" überdenken, das bei einigen noch immer von den Vorkriegsvorstellungen und der Hetzpropaganda der Nazis bestimmt war.

Ein Akkordeon-Tusch: Die Ansagerin bat um Aufmerksamkeit. Sie erklärte, dass nicht das ganze Programm gezeigt werden könnte. Einzelne Künstler hätten abgelehnt, vor Deutschen aufzutreten. Sie hatten im Krieg Familienangehörige verloren. Sie bat um Verständnis.

Auf der Wiese war es still. Vielleicht waren es Augenblicke wie diese, die auch die unerschütterlichen Russenfeinde zum Nachdenken zwangen.

Das Programm ging weiter. Auf der Bühne erschien ein stämmiger Russe in Uniform. Hinten nahmen einige Musiker Platz. Er fing an zu singen. Die Menschen auf der Wiese horchten auf. Der Russe sang deutsch. Bereits nach ein paar Noten erkannten wir das Lied.

Fast andächtig schauten wir auf den Russen, der gefühlvoll eines der bekanntesten deutschen Volkslieder interpretierte. Seine volle Stimme tönte weit über den Platz. „Im schönsten Wiesengrunde"...

Stille auf dem Platz. Man hätte nach seinem Vortrag eine Stecknadel auf den Boden fallen hören. Wer hätte geglaubt, ich habe es selbst gesehen, dass es selbst harten deutschen

Burschen, langgedienten Frontkämpfern, die Tränen in die Augen trieb.

Der Applaus war gewaltig. Er wollte nicht enden.

Der Russe kam noch einmal auf die Bühne und stimmte ein weiteres deutsches Volkslied an. Diesmal lauschten wir dem Lied vom „Heidenröslein" – „... musst es eben leiden ..."

Fast zwei Stunden dauerte dieses Konzert.

Am Abend und noch Tage danach beherrschte es die Gespräche im Lager. Wir waren beeindruckt. Das war kein Wunder. Sicher gab es unter uns auch Kameraden, die noch nie in ihrem Leben oder nur selten ein Konzert besucht oder ein Theater betreten hatten.

Kunst, ob ein Buch, ein Theaterstück, ein Konzert oder eine Ausstellung, kann viel. Sie kann Freude schenken, erbauen, erheben. Und bestenfalls kann es einem nach einem guten Bühnenstück so ergehen: Man tritt aus dem Theater, tauscht sich mit Freunden aus und glaubt, vom Erlebten beeindruckt, ein bisschen mehr von der Welt verstanden zu haben ...

So ähnlich ging es uns damals in Wladimir.

Ein unerschöpfliches Thema boten auch die Tänzerinnen, durchweg schöne Mädchen und hübsch anzuschauen. „Hast du die Mädchen in den schwarzen Stiefeln mit den kurzen Röcken gesehen?" „Ich fand die Ukrainerinnen niedlicher", tauschten wir gegenseitig unsere Eindrücke aus. Die unübersehbaren Reize der Tänzerinnen wurden in der Männerwelt des Lagers phantasiereich kommentiert. Man darf nicht vergessen, so nah waren wir seit Jahren keiner hübschen Frau mehr gekommen.

An das Konzert in Wladimir wurde ich ein bis zwei Jahre nach meiner Heimkehr erinnert. Damals reiste das legendäre „Alexandrow-Ensemble" mit großem Erfolg durch die ostdeutschen Städte. Meine Frau und ich erlebten einen der Berliner Auftritte mit. Es fand auf dem noch zerstörten Alexanderplatz statt. Massen von Menschen bevölkerten den großen Platz. Nur vorn gab es ein paar Sitzreihen für ältere Menschen. Tausende standen und harrten aus bis zum Schluss. Tosender Applaus.

Ich hörte abermals „Im schönsten Wiesengrunde", doch diesmal in der Heimat.

„Söhnchen, komm wieder!"

Im Leben eines jeden Menschen gibt es Minuten, Stunden oder Tage, die er wohl nie vergessen wird. Manches Durchlebte begreift man in seiner vollen Bedeutung nicht sofort. Erst später, im Lauf des Lebens, werden einem Sinn und Gewicht eines bestimmten Augenblicks bewusst. Der entscheidende Moment – das Schlüsselerlebnis – wirkt prägend nach und bestimmt die Sicht auf das Leben entscheidend mit. Einen solchen Moment, tief eingegraben in mein Gedächtnis, erlebte ich in den Stunden des Abschieds von Wladimir.

Anfang September 1948 ging alles sehr schnell. Appell, Einteilung in Kolonnen, Aufruf mit Namen, Nennen des Abfahrtstermins. „Skoro damoi?" Ja – bald waren wir Zuhause! Diesmal gab es keinen Zweifel. Wir kehrten in die Heimat, nach Deutschland zurück. Wir brachen beim Appell in Jubel aus. Die Freude war allgemein. Selbst unser Streit mit den „Endsiegern" war für Momente vergessen. Wir freuten uns gemeinsam, teilten das Glück.

Lange erwartet, war die Nachricht von der Heimkehr doch schwer zu fassen. Wir hatten zu lange Zeit in russischen Lagern verbracht und schon zu oft vergeblich auf Heimkehr gehofft. Sollte das Leben in Gefangenschaft tatsächlich zu Ende sein? Wir wären „frei" – könnten ein „normales", „ziviles" Leben beginnen? Bis zum Tag der Abfahrt blieb eine große Unruhe in mir.

Aber zunächst holte ich meinen Koffer aus der Kulturabteilung ab, den ich dort sicher verwahrt hatte. Legte den
Mantel hinein, das Geschenk für Mutter. Für Vater eine
„erstandene" Tabaksdose, gefüllte mit Machorka. Oben-
drauf kam ein Büchlein, ein „Abschiedsgeschenk" aus
Wladimir: „Die Geschichte der Sowjetunion", ein Lehr-
buch für russische Schüler in deutscher Sprache aus dem
Jahre 1947. Der deutsche Kulturleiter hatte einigen Teil-
nehmern der Vorlesungen diese Bücher im Auftrag der russischen Kulturabteilung übergeben.

Ich besitze dieses Buch immer noch. Es enthält eine persönliche Widmung des Kulturverantwortlichen. Von Hand
und in blauer Tinte geschrieben notierte er für mich und
die anderen einen Spruch Maxim Gorkis auf der ersten
Seite:

„Das ehrliche Herz kennt keine Schranken
Das ehrliche Denken weist lockere Zugeständnisse von
sich
Die ehrliche Hand schafft unentwegt
Solange das Herz schlägt."

Hin und wieder habe ich das Buch hervorgeholt, eine Erinnerung an die Lagerjahre. Warum? An schwere Tage erinnert man sich ja nicht gern. Man schiebt die bösen Gedanken beiseite, verdrängt sie, wenn man kann. Zur Mah-
nung an harte, leidvolle Jahre? Hatte ich nicht auch manche gute Erfahrung gemacht?

„Wer das, was schön war, vergisst, wird böse. Wer das,
was schlimm war, vergisst, wird dumm", sagt Erich Kästner. Ich habe mich bemüht, nichts zu vergessen. Nicht das
Schlimme und auch nicht das Schöne. Ja, ich habe Hunger
gelitten. Mein Leben stand auf Messers Schneide, als ich
auf der Krankenstation – wegen Malariaverdacht – schwere Tage durchmachte. Ich habe auf russischen Baustellen

hart gearbeitet als Wiedergutmachung deutscher Schuld und trotzdem den Hass seitens einiger russischer Zivilisten erlebt. Ich habe selbst Hass gefühlt – gegen die unverbesserlichen Nazis, die auch noch im Lager Ideen anhingen, die ganze Völker ins Verderben gestürzt haben.

Und das Schöne? So wird jeder fragen, der jemals Berichte über Gefangenenlager – ob in Russland, Großbritannien oder Frankreich – nach dem zweiten Weltkrieg gelesen und gesehen hat. Ich war jung, habe auch im Lager manchmal gelacht, manchmal geträumt. Ich habe gelernt: in meinem „zweiten Beruf", dem des Maurers, bei der Teilnahme an der kulturellen Arbeit und in den vielen unterschiedlichen Vorlesungen im Lager von Wladimir. Ich habe begonnen, Fragen zu stellen und auch die eine oder andere Antwort erhalten. Eventuell einen Ansatz für einen Neubeginn in schwerer Nachkriegszeit gefunden. Und ich habe bei all der Härte auch Menschlichkeit erlebt – bei Deutschen und Russen.

Man kann wohl sagen: Ich durchlief in den russischen Lagern die Schule des Lebens. Und erst mit dem Älterwerden begriff ich: Die Zeit hinter Stacheldraht beeinflusst mein Denken, Fühlen und Handeln bis heute.

Aber ich habe um Jahrzehnte vorgegriffen. All das war mir damals, im September 1948, noch nicht bewusst.

Auf LKWs ging es am Tag unserer Abreise zum Bahnhof. Wir waren aufgekratzt, lachten und schrien durcheinander. Am Bahnhof angekommen, waren wir basserstaunt. Eine russische Militärkapelle schmetterte auf dem Bahnhofsvorplatz Marschmusik, aber auch – deutsche! – Volkslieder. „Muss i denn, muss i denn zum Städtele hinaus ..."

Nun, unsere Trauer, dass wir die Stadt verließen, hielt sich in Grenzen. Freudig kletterten wir von den LKWs, formierten uns in Fünferreihen und näherten uns – zum letzten Mal geordnet! – dem Bahnhofseingang. Um uns herum ein Spalier aus russischen Bürgern. Viele schwiegen, Einzelne winkten auch. Die Schüler einer Schulklasse hielten Blumen in den Händen und verteilten sie an die abziehenden gefangenen deutschen Soldaten. Aber man sah auch hasserfüllte Blicke und hörte Rufe wie: „Faschist!"

Mit meinen Kameraden hatte ich den Bahnhofsvorplatz schon fast überquert, als ein älteres Mütterchen auf mich zukam. Es packte meinen Arm so fest, dass ich erschrocken stehen blieb. Die alte Frau schaute mich an. Sie hatte Tränen in den Augen, als sie sagte: „Söhnchen, komm wieder, aber o h n e Waffen." Ich war bestürzt und nickte nur. Mir fehlten die Worte, obwohl ich inzwischen bereits viele Sätze in Russisch beherrschte.

Schon im Zug, dachte ich noch lange über die Worte dieser alten Frau nach. Nein, ich hatte ihre Worte nicht falsch verstanden. Das Mütterchen hatte tatsächlich mich, einen Angehörigen der ehemaligen feindlichen Armee, aufgefordert, wiederzukommen in sein Land. Hierher nach Russland, die Heimat, die wir Deutschen mit unendlichem Leid überzogen hatten.

Ich hatte nur genickt. Mit „Da!" – „Ja!" geantwortet. Doch zu unwahrscheinlich erschien mir damals, in jenem Augenblick, dass ich Russland oder gar die Stadt Wladimir jemals wiedersehen würde.

Und dann, ca. drei Jahrzehnte danach, besuchten meine Frau und ich als Touristen auf der Reiseroute „Moskau–Susdal–Wladimir" doch die Stadt, in der ich etwa eineinhalb Jahre als Gefangener verbracht habe. Wir sahen die schöne Altstadt wieder, den Bahnhof, von dem damals die Züge nach Deutschland abfuhren. Ich ging zu den Bahnsteigen. Gerade fuhr ein Zug ein. Ich sah im Geist das alte Mütterchen wieder, hörte innerlich seine Abschiedsworte ...

Das „Söhnchen", längst erwachsen geworden und vielleicht in einem Alter wie damals das „Mütterchen", war tatsächlich wiedergekommen. Friedlich und ohne Waffen, aus einem Deutschland, das mit den sowjetischen Völkern befreundet war. Dieser Teil Deutschlands nannte sich damals DDR.

Beim gemeinsamen Abendessen unserer deutschen Reisegruppe mit russischen Restaurantgästen erzählte ich von meinem Abschied aus Wladimir vor langer Zeit. Ich wiederholte die Worte des „Mütterchens". Erinnerte mich jenes berührenden Augenblicks, der mein Leben mitgeprägt hat. Mit einem Toast stieß ich mit unseren russischen Tischnachbarn auf den unvergessenen Moment an: „Ich bin wieder gekommen, in diese schöne Stadt, ohne Waffen, und als ein Freund eures großen und schönen Landes. Das Mütterchen hat Recht behalten!"

Es wurde ein langer Abend. Noch viele Trinksprüche wurden, wie es die russische Sitte verlangt, bei guten und starken Getränken ausgebracht. Einen Toast habe ich damals bestimmt nicht vergessen: Mit einem dankbaren Gefühl auf die „russische Seele" anzustoßen.

Die Heimfahrt

Der Zug, vorn eine Dampflokomotive, setzte sich langsam in Bewegung. Wladimir, die Außenbezirke mit den vielen Neubauten und schließlich die Stadtsilhouette verloren sich in der Ferne. Wir ließen Wälder und Seen hinter uns. Die zuvor sattgrüne Landschaft zeigte schon die ersten herbstlichen Sprenkel. Der Reihe nach – wie auf den Fahrten zuvor – wechselten wir uns ab auf dem oberen Platz am Guckloch. Der jeweilige Beobachter kommentierte, was er sah.

Und doch: Wie anders verlief diese Fahrt als alle vorangegangenen in den Gefangenenzügen! Wir trugen saubere, teils nagelneue Uniformröcke. Kein Stacheldraht mehr vor dem kleinen Ausguck. Die Türen nicht mehr verschlossen. Und vor allem – der Zug fuhr gen Westen, die Fahrt ging heimwärts. Unser kleiner Kreis vertrauter Kameraden aus dem ehemaligen „Literaturzirkel" hielt sich eng zusammen.

Viele im Waggon waren aufgewühlt und wurden nicht müde, sich unsere Ankunft in Deutschland auszumalen. Welche Wünsche und Träume wir hegten? „Eine Kohlroulade", sagte einer, „mein Leibgericht." „In Zivil durch die Stadt spazieren", meinte ein anderer. „Mein Mädchen küssen", schwärmte ein Dritter. Die anderen brachten ihre Mädchen, Lieselotte, Ilse, Ida, ins Gespräch. „Ich werde eine ganze Woche nicht aus dem Bett aufstehen und keine Arbeit anfassen", wünschte sich ein Vierter. Es waren vor allem die einfachen, scheinbar selbstverständlichen Dinge des Alltags, die wir im Lager, bei Schwerstarbeit und in Massenunterkünften, vermisst hatten. Wir schätzten: „Wenn alles gut geht, sind wir in sechs bis acht Tagen zu Hause."

Eine andere Gruppe von Gefangenen konnte unsere Euphorie nicht teilen. Einige Kameraden hatten während der angloamerikanischen Flächenbombardements auf deutsche Städte zwischen 1942 und 1945 das Liebste und Wichtigste im Leben verloren: Frau und Kinder. Für wen und wozu weiterleben, fragten sie sich in ihrer Verzweiflung. Wieder andere, aus Pommern, Schlesien, dem Sudetenland, beklagten den Verlust der Heimat, einige Bauern darunter. Wovon sollten sie – ohne eigene Scholle – leben, womit neu anfangen? Sie standen vor dem Nichts. Der Krieg, den Deutschland angezettelt hatte, war mit aller Wucht auf die Deutschen selbst zurückgefallen.

Auch ich hatte meine Heimat Stettin verloren. Doch ich war mir – von Haus aus Optimist und gerade einmal 20 Jahre alt – gewiss, dass ich den Neuanfang – womöglich im erlernten Beruf? – schaffen würde. Immerhin hatte ich meine Lehre als Verwaltungslehrling beendet und den Abschluss in der Oberstufe der Verwaltungs-Schule in Stettin erreicht. Und ich hatte auch im Lager – bei Freizeit- und Kulturarbeit sowie durch Organisation – viel hinzugelernt. Die Verwaltungen von Städten und Ländern waren im Aufbau. Sie suchten sicher tüchtige und fleißige junge Leute. Meine Eltern lebten nun im mecklenburgischen Schwerin. Nun, und? Die große Stadt musste ja auch verwaltet werden! Außerdem saß in Schwerin die Mecklenburger Landesregierung. Ja, soweit dachte ich damals im Zug schon voraus ...

Immer wieder hieß es unterwegs Stopp. Der Zug hielt oft auf freier Strecke. Er passierte zahlreiche Bahnstationen. Mehrere Städte, einzelne Nester. Dann Moskau, Bjelorussischer Bahnhof. „Jetzt sind es nur noch etwa 1 800 km bis nach Hause!“, rechneten wir aus. Danach Smolensk, noch in Russland, und später Minsk, die weißrussische Hauptstadt. Bei jeder größeren Stadt, die wir durchquerten, wurden die Kilometer abgezogen. Die Stimmung stieg von Stunde zu Stunde. Es wurde geredet, diskutiert, gestritten – bis tief in die Nacht.

Und unsere Querelen mit den „Endsiegern“? Selbst in Heimfahrtsstimmung hatten die Parteien keinen Frieden geschlossen. Mir graut noch heute vor den Parolen dieser „germanischen Übermenschen“. – Wie hätte denn nach einem deutschen Sieg die Welt aussehen sollen? Sich dieses Horror-Szenario auszumalen fällt schwer. – Ein faschistisches Europa mit Abermillionen osteuropäischen Sklaven und Berlin als „neuer Welthauptstadt“ hatte Hitler vorgeschwebt. „Es ist unverrückbar, dass wir diesen Siedlungsraum ausfüllen, dass wir hier einen Pflanzgarten germanischen Blutes im Osten errichten ... die anderen herauszudrängen. Das ist unsere Aufgabe ...“, so hatte sein Adlatus Himmler schon früh die Pläne der faschistischen Verbrecherclique für Osteuropa beschrieben.

„Deutschland wird wieder hochkommen!“, sagten die einen immer noch. Mit ihnen legte sich nicht nur unser einstiger „Literaturzirkel“ an. Eine andere Gruppe ging genauso energisch gegen die „Endsieger“ an. Die Kameraden dieser Gruppe wollten in ihrem Leben nie wieder eine Waffe anfassen. Sie schworen sich, niemals wieder in eine Armee einzutreten, nie wieder gegen einen Menschen auch nur die Hand erheben. Ihr „Pazifismus" fußte auf der unmittelbaren Erfahrung dieses schrecklichen Krieges. Er war Ausdruck eines starken Gefühls, ihre ganz persönliche Konsequenz aus dem Erlebten.

Was wir damals nicht wussten: Von der Nazi-Diktatur waren auch deutsche Pazifisten, ebenso wie andere intellektuelle Systemkritiker, scharf verfolgt worden. Zu ihnen gehörte Carl von Ossietzky, der schon früh die geheime Wiederaufrüstung der Wehrmacht enthüllt hatte. Noch in der Nacht des Reichstagsbrandes war Ossietzky inhaftiert und dann in das KZ Sonnenburg verschleppt worden. Der antifaschistische, linksbürgerliche Publizist hatte 1936 den Friedensnobelpreis erhalten und musste aufgrund weltweiter Proteste freigelassen werden. Bis dahin unter Gestapo-Aufsicht, war er 1938 an den Folgen der KZ-Haft gestorben.

Aber nach der unmittelbaren Kriegserfahrung hatte die Idee der Gewaltlosigkeit auch für viele einfache deutsche Soldaten, die das Geschehene gedanklich reflektieren konnten, eine große Anziehungskraft.

Fast naiv mutet vielleicht aus heutiger Sicht der Einfall dieser Kameraden an, ihre Überzeugung hier und jetzt, noch auf der Zugfahrt, mit einer Art „Zeremoniell" zu bekräftigen. Aber, das muss man wissen, in damaligen Schülergruppen, doch besonders in der Hitlerjugend, waren Rituale und Schwüre, z. B. der Treueid auf die Fahne, nichts Ungewöhnliches. Ernst und Spaß standen wohl gleichzeitig Pate, als einer von den „Pazifisten" sich den Finger mit einem Messer einritzte, bis Blutstropfen hervorquollen. Ein paar seiner Kameraden taten es ihm gleich; wie in einem Lederstrumpf-Roman. Das Blut, die Finger aneinandergelegt, wurde vermischt. Dann der „Schwur": Nie wieder fassen wir eine Waffe an!

Dass sie von den „Endsiegern" nur Hohn und Spott ernteten, war nicht anders zu erwarten gewesen. Aber auch
unser „Literaturzirkel" stand dem „Indianerschwur" skeptisch gegenüber. Wir fanden die Motive dieser Kameraden
ehrenwert, vertraten aber eine andere Auffassung.

„Hätten Frankreich, Großbritannien, Polen, die Sowjetunion und die anderen überfallenen Länder sich nicht wehren sollen gegen die faschistische deutsche Wehrmacht?",
fragten wir sie. Oder – ein historisches Beispiel – waren die
Befreiungskriege der Völker gegen Napoleon nicht ein not-
wendiger und berechtigter Kampf gewesen? – So einfach
wie die Pazifisten die Frage sahen, das wussten wir inzwischen, war die Frage von Krieg und Frieden nicht. Die
Meinungen prallten aufeinander.

Ein lauter Aufschrei ließ alle das Diskutieren vergessen:
Ein Freudenruf erscholl: „Wir sind an der polnisch-russi-
schen Grenze!" Brest! Wir hatten schon Brest erreicht. Der
Zug hielt. Wir stiegen aus den Breitspur- in Normalspur-
wagen, die schon bereitstanden, um. Nach dem Aufenthalt
ging es dann zügiger weiter. Jeder wusste: Jetzt noch Polen
durchquert und dann sind wir in der Heimat!

Die Gedanken an Frauen, Eltern, Kinder rückten in den
Vordergrund.

Die Oder, den Schicksalsfluss, der nun Polen und
Deutschland trennte, überquerten wir am Abend des
21. September. In Frankfurt an der Oder befand sich ein
großes Sammellager für Gefangenentransporte aus dem
Osten. Der Krieg hatte diese einst schöne Stadt doppelt geschlagen. Das Stadtzentrum war nicht nur durch Bomben
schwer zerstört; die Odergrenze trennte nun die Stadt –
mitten durchs Herz – in zwei Hälften, in eine polnische
und eine deutsche Seite. Anders als Stettin, meine Heimatstadt, die nun ganz auf polnischer Seite lag.

Waren es zwei oder drei Tage, die ich im Sammellager,
mit Registrierung und oberflächlicher ärztlicher Untersu-

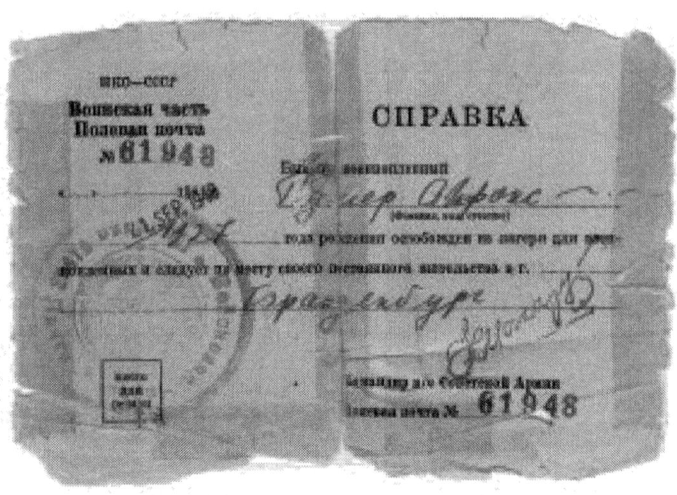

Entlassungsausweis aus der Kriegsgefangenschaft,
ausgestellt am 21. und 24. September 1948

chung, verbrachte? Ich war übermüdet, aufgewühlt und ungeduldig. Die letzten Stunden und Tage vor der Heimkehr verschwimmen in der Erinnerung. Jeder, selbst der Schwerkranke, wollte als gesund gelten. Behandlung oder Einweisung in die Krankenstation hätten eine unerträgliche Verzögerung auf dem Weg nach Hause bedeutet.

Nein, ich musste sogar vier Tage in Frankfurt ausharren. Der alte und zerfetzte, aber noch gut leserliche Entlassungsausweis – „Sprawka" – korrigiert meine Erinnerung. Auf der einen Seite russisch, am 21. September, auf der anderen Seite deutsch, am 24. September, beschriftet und abgestempelt, vermerkt er An- und Abreise aus Frankfurt.

Der Inhaber des Ausweises sei „aus dem Kriegsgefangenenlager entlassen worden und befindet sich auf der Heimreise", heißt es in russischer und deutscher Sprache. Endlich! Nach drei Jahren und fünf Monaten! Ich war frei!

Abschied von den Kameraden. Kaum jemand drehte sich nach seinem Nebenmann um. Das letzte Stück Weg nach Hause nahm jeder allein.

Wahrheit und Lüge

Im September 1948 war ich endlich zu Hause. Man kann das Gefühl, nach so langer Zeit wieder frei durch die Straßen zu gehen, die Schönheit der Natur zu bewundern und die Menschen bei ihren Beschäftigungen zu beobachten, sicher kaum beschreiben. Eine der schönsten Erinnerungen an diese September- und Oktobertage ist die Bootsfahrt mit einem Mädchen auf dem herbstlichen Schweriner See.

Womit mein Entlassungsort aus der Kriegsgefangenschaft auch schon genannt ist. Wie bereits erwähnt, hatten meine Eltern in Schwerin eine neue Zuflucht gefunden. Sie bewohnten ein Zimmer in einem reetgedeckten Häuschen in einer der verwinkelten Schweriner Gassen. Es war ein schwerer Anfang. Ein Topf, Geschirr, Stuhl oder Bett, jeder Gebrauchsgegenstand war in der von Flüchtlingen überfüllten Stadt ein Schatz.

Am späten Abend des 26. September, wohl gegen 22.00 Uhr, pochte ich, wie ich es mir wohl Hunderte Male vorgestellt hatte, an die Tür meiner Eltern. Mein Herz klopfte. Niemand öffnete. Ich klopfte noch einmal. Die unbeschreibliche Freude dieses Augenblicks lässt sich nicht erklären. Als wäre es erst gestern gewesen, steht dieses Bild wieder vor mir: MeinVater – ungläubig – mit weit ausgebreiteten Armen in der Tür: „Ach Gott, min Jung, endlich biste tu Hus!"

Mutter, fix und fertig, begriff erst am nächsten Morgen alles richtig.

Was ich tat in den ersten Tagen in Freiheit? Ich hatte den Kopf voll. Vieles stürmte neu auf mich ein. Ich wollte die Sorgen abschütteln, dennoch waren sie da. Ich besuchte meine schwerkranke Schwester Elli im Krankenhaus Schwerin. Es ging ihr schlecht, die Folgen der langjährigen Mangelernährung machten sich bemerkbar.

Um Abstand zu gewinnen, aber auch um Näheres über sein neues Leben zu erfahren, besuchte ich meinen ältesten Bruder Heinz in Melkhof, einem verträumten Dorf bei Schwerin. Heinz, gelernter Buchbinder, hatte nach dem Krieg die Chance ergriffen zu studieren. Er kam als Neulehrer und Schulleiter in das kleine Dorf.

War das auch für mich eine Zukunft?

Ich musste überlegen, wollte mir aber noch ein wenig Zeit lassen, bevor ich mich entschied.

Ich erfuhr – das war schwer – vom Tod meines Bruders Karls an der Kurlandfront 1945 wenige Monate vor Kriegsende. Er hatte anfangs als vermisst gegolten.

Mutter schleppte mich, wenige Tage nach der Ankunft, zu einem Konfektionsgeschäft direkt am Pfaffenteich. Sie wollte für mich einen schönen Anzug auswählen, sie kannte sich ja mit Stoffen gut aus. Alle Heimkehrer in der russischen Besatzungszone hatten eine „Punktkarte" zum Kauf von Bekleidung und etwas Geld erhalten.

Mutter wählte für mich einen grau-blauen Anzug aus, der auch gut saß. Ich fühlte mich wie neu! So ausgerüstet war ich reif für die Schweriner Tanzböden. Ich musste vieles nachholen. Mehr als drei Jahre meiner Jugend! Erste Tanzschritte, erste Verliebtheit. Ein niedliches Mädchen hat mir meine Angst, als schlechter Tänzer zu gelten, genommen.

Hinterm Haus zeigte mir Vater seinen ganzen Stolz: Ein paar Kaninchen in einem selbstgebauten Stall auf dem Hof. Wie schon vor dem Krieg sorgte er gut für die nun kleiner gewordene Familie. Er hatte – ein Glückslos so kurz nach dem Krieg! – in Schwerin eine Stelle als Bäcker, seinem ursprünglichen Beruf, gefunden. Er klagte: „Aber weiße Bäckerhosen habe ich nicht." Beratung mit mir, und Mutter wusste Rat. Sie hatte in meinem kleinen Holzkoffer zwei paar lange weiße Untergarnituren, die Abschiedsgabe der Russen für die Gefangenen aus Wladimir, entdeckt. Die russischen Unterhosen, für sibirisch-kalte Winter gedacht, kamen nun als Bäckerhosen zu Ehren.

An einem anderen Abend besuchte ich mit Vater einen russischen Chorabend in der Nähe des Schweriner Schlosses. Mein Vater, der selbst gut singen konnte und als Kind im Kirchenchor aufgetreten war, mochte Chormusik. Lustige Lieder wechselten mit schwermütigen Weisen ab, wie ich sie von den Arbeiterinnen in dem Dorf bei Brjansk kennen gelernt hatte.

Der Saal war voll, die Leute applaudierten. Beim Abgang des Chores gab es sogar ein paar Bravos. Nach dem Chorauftritt sollte eine Diskussion mit einem deutschsprachigen Sowjetoffizier stattfinden. Die Bürger konnten Fragen stellen. Ein Teil der Besucher verließ den Saal, der andere blieb. Mein Vater, der als Bäcker früh aufstehen musste, ging nach Hause.

Verschiedene Fragen wurden gestellt und auch beantwortet. Meist ging es um die noch in Russland verbliebenen Kriegsgefangenen. Wann kommen unsere Männer oder Brüder heim, fragten die Frauen. Unruhe kam auf, als jemand rief: „Ihr lasst doch die Menschen barfuß laufen und vor Hunger verrecken!" Spontan, ohne zu zögern oder zu überlegen, rief ich laut: „Das ist eine Lüge!"

Ich war von meinem Platz aufgesprungen. Ich war sehr erregt. Ich war kaum mehr als eine Woche zu Hause und musste schon wieder neue Lügen hören. Jahrelang hatten mich die „Helden" des Dritten Reiches belogen.

Es musste damit Schluss sein!

Der Mann, der gerufen hatte, schrie zu mir herüber: „Du Pimpf, sei ruhig und setz dich, was weißt du schon!"

Er hatte gesehen, dass ich noch sehr jung aussah. Obwohl schon 20-jährig, sah ich, schlank und klein, tatsächlich erst wie ein Siebzehn- oder Achtzehnjähriger aus. Er konnte deshalb auch nicht ahnen, was danach passierte.

Der russische Offizier fragte mich: „Warum haben Sie ‚Lüge' gerufen?"

Ich zog meinen Entlassungsschein aus der Tasche, hielt ihn hoch und erzählte, dass ich erst vor zehn Tagen in die Heimat zurückgekommen war. Immer noch aufgeregt, sprach ich weiter und erklärte, dass ich mehr Brot als Russen, die nicht arbeiteten, erhalten hatte und dass niemand in meinem Lager barfuß zur Arbeit gegangen war.

Im Saal war es ruhig geworden. Aber von hinten hörte ich, wie jemand zischte: „Iwanfreund!"

Nein, ich war noch kein Freund, obwohl man es mir andichtete. Mir ging es um die Wahrheit. Nach dem Krieg, so dachte ich damals, musste doch das Lügen endlich aufhören! Ich war noch aufgewühlt, als ich nach der Veranstaltung den Saal verließ. Es hatte doch ein wenig Mut erfordert, frei und vor einem ganzen Saal über die Zeit meiner Gefangenschaft zu reden. Aber war es besser, wie früher den Mund zu halten und sich wieder zu ducken? Nein, das sollte mir nie wieder passieren.

Aber als ich mich spontan zu Wort meldete, hatte ich nicht an den Rückweg gedacht, den ich nun allein antreten musste, da Vater schon nach Hause gegangen war.

Vor der Tür schöpfte ich Luft, die Leute zerstreuten sich. Aber schon nach einer kurzen Strecke merkte ich, dass mir eine Gruppe von vier Männern folgte. Nichts ahnend ging ich weiter, bis sie mich einholten und umringten. Für mein Eintreten für die Wahrheit sollte ich offensichtlich bezahlen. Ich sollte zur Strafe Schläge beziehen.

Zunächst brüllten sie nur. Es waren die alten braunen Parolen. Dann stießen sie. Obwohl ich mich gut wehren konnte, hatte ich gegen vier keine Chance.

Diese Vier hatten die deutsche Niederlage offensichtlich nicht verkraftet und suchten jemanden, über den sie einen leichten „Sieg" erringen konnten.

Sie standen mir nicht Mann gegen Mann – wie man ehrlich ringt – gegenüber, sondern feige vier gegen einen. Hat denn der Krieg die Menschen nicht verändert, fragte ich mich nach diesem Vorfall.

Ehe ich am Boden lag, hatte ich Glück im Unglück. Eine größere Gruppe Menschen kam vorbei. Ich schlüpfte in der Gruppe unter und kam um weitere Schläge herum.

Zu Hause angekommen, erinnerte ich mich an eine Diskussion im „Kulturzirkel" des Lagers. Wir hatten uns gefragt: „Was sollen wir den Leuten in der Heimat über die Gefangenschaft berichten?" An die Antwort eines russischen Offiziers konnte ich mich genau erinnern: „Sagt wie es war, sagt einfach die Wahrheit!"

In der Heimat zurück, begann mir klar zu werden: Wer die Wahrheit sagt, wird es schwer haben. Dennoch wählte ich in meinem Leben meist den schwierigeren Weg.

Aber zurück nach Schwerin im Herbst 1948: Am Tag nach diesem Vorfall war ich mit einem Mädchen verabredet. Es war die niedliche Tänzerin, die mich wohl ebenfalls sympathisch fand. Wir waren am Schweriner Innensee verabredet. Ich atmete die Herbstluft. Ein Boot legte an. Man hatte schon wieder Schwäne auf dem See ausgesetzt.

Aufgeregt fragte ich mich: „Wird sie zur Verabredung kommen?"